교회의 길

(부제: 교회생활에 관한 더 전진된 말씀)

FURTHER TALKS ON THE CHURCH LIFE

by Watchman Nee

Originally Published by
Living Stream Ministry, Anaheim, California, U. S. A.

교회의 길

(부제: 교회생활에 관한 더 전진된 말씀)

워치만 니

한국복음서원

* 이 책에 인용된 성경 본문 중 신약은 회복역을 사용하였고, 구약은 개역 개정판을 사용하였습니다. 개역 개정판의 경우, 원문의 의미를 정확하게 전달할 필요가 있을 때에는 단어나 구절의 일부를 새롭게 번역하여 사용하였습니다.
* 이 책에 인용된 찬송가는 특별한 언급이 없는 경우 한국복음서원 찬송가입니다. 영어 찬송가는 리빙 스트림 미니스트리(Living Stream Ministry)에서 출간한 것입니다.

차례

서문 6

1. 교회의 터 11

2. 도시에 있는 교회와 집에 있는 교회 45

3. 교회의 내용 75

4. 교회의 합일 111

5. 교회의 봉사 201

6. 앞으로의 일을 위한 길 221

부록: 교회의 명칭 249

서문

이 책은 워치만 니 형제님이 1948년부터 1951년까지의 기간 동안에 교회생활에 관하여 나눈 몇 가지 더 전진된 말씀들을 모아 엮은 것이다. 이 말씀들은 〈사역의 재고〉라는 제목의 책(현재는 "정상적인 그리스도인의 교회생활"이라는 제목으로 출간됨)에 포함된 메시지들이 발간되고 나서 십여 년 후에 주어진 것이다. 이 책의 제4장에 실린 교회의 합일에 관한 말씀은 니 형제님이 투옥되기 직전인 1951년에 주어진 것이다. 니 형제님의 수감 생활은 1952년 초에 시작되었다.

이 대화들 중 하나에서, 니 형제님은 '교회에 관한 빛'이 심지어 십여 년간의 체험과 시험을 거친 후에도 이보다 더 분명해질 수 없다는 것을 강조했다. 이 '교회에 관한 빛'은 주님께서 1937년 이전에 니 형제님에게 주신 것으로, 1937년에 그의 모든 동역자들에게 알려졌고, 〈사역의 재고〉라는 제목으로 발간되었다. 또 다른 대화에서, 니 형제님은 자신이 이전에 본 것을 더한층 굳게 믿는다고 분명하고 명확하게 선포했다. 따라서 이 대화들은 니 형제님이 자신의 사역의 마지막 단계에 이르기까지, 교회생활에 관하여 사역 기간 내내 늘 갖고 있었던 것과 동일한 견해를 여전히 견지했다는 충분한 증거이다. 그뿐만 아니라, 이 대화들은 형제님이 매우 오랜 기간의 시험을 거치기에 앞서, 주님에게서 받아 그분의 몸에게 공급한 교회생활의 실지적인 방면에 관한 빛을 강하게 확증하는 것이기도 하다.

니 형제님의 사역은 언제나 두 방면, 곧 영적인 방면과 실지적인 방면으로 이루어져 있다. 니 형제님의 책들 중 몇 권이 영어로 번역되어 출간됨으로써, 형제님의 사역의 영적인 방면이 영어권에 있는 주님의 백성에게 어느 정도 알려졌고 그들에게 큰 도움이 되었다. 주님의 회복 안에서의 그분의 현재의 움직임은 서방 세계로 확산되었고, 지금도 점점 더 힘을 얻어 확산되고 있다. 이에 따라, 니 형제님의 동역자들 중 한 사람으로서 나는 형제님의 사역의 실지적인 방면에 관한 책들 중 몇 권을 발간할 깊은 부담을 받아 왔다. 이 책들은 영적인 방면에서 이미 니 형제님의 사역의 도움을 받은 사람들이, 주님께서 그분의 몸을 위해 형제님에게 위임하신 사역 전체에 대한 완전한 식견과 균형 잡힌 조망을 갖도록 도와줄 수 있다. 현재 세상에는 심한 혼란과 좌절시키고 빗나가게 하는 것들이 난무하고 있다. 이러한 상황에서 이러한 책들을 발간한다면, 우리는 하나님의 자녀들 가운데 있는 수많은 추구하는 이들의 긴급한 필요가 채워질 것이라고 확신한다.

이 책의 제1장에 있는 교회의 터라는 문제에 관한 말씀은 오늘날의 난국을 풀어 줄 참된 해결책이다. 이 장은 교회의 터가 두 가지 기본 항목, 곧 그 영의 권위와 지방의 경계로 이루어져 있음을 단언한다. 오늘날 사람들은 그 영의 권위에 대해서는 상당히 강조하지만, 지방의 경계에 대해서는 거의 완전히 무시한다. 심지어 어떤 사람들은 지방이라는 문제를 의도적으로 반대하고 악의적으로 취급한다. 그러나 이러한 것은 교회생활의 실행을 합당하게 실현하는 것에 대한 시험이다.

제2장에 있는 말씀은 집(가정)에 있는 교회에 대한 정의를 명확하게 하고, '한 지방에 오직 한 교회'라는 원칙을 확인해 준다. 한편 제3장에 있는 말씀은 어떤 지방에 있든 참된 교회는 반드시 포괄적이어야 함을 보여 준다. 각 지방에 있는 교회는 반드시 모든 유형의 참된 그리스도인들과 성경의 모든 긍정적인 것들을 포괄하고 담을 수 있는 역량이 있어야 한다. 그러지 않으면 교회의 터를 잃게 된다.

제4장에 있는 말씀은 매우 의미심장하다! 그것은 우리에게, 교회의 참된 합일은 각 지방에 있는 참된 교회들 안에서 표현된 그리스도의 몸 전체의 합일임을 지적해 준다. 다른 종류의 합일들은 모두 분열에 속한 것들이다.

요약하자면, 처음 네 장은 우리에게 교파들이 잘못된 것이고 교회들이 지방적이라는 것을 분명하게 말하고, 강조해서 말하며, 솔직하게 말한다. 어떤 교파든, 어떤 종파든, 어떤 분파든 하나님 앞에서는 유죄 판결받는다. 이것은 어떤 경우에서도 변명의 여지가 없다. 교회는 반드시 지방적이어야 하고, 합일의 터 위에 서 있어야 하며, 하나님의 모든 자녀를 받아들일 준비가 되어 있어야 하고, 기꺼이 모든 성경적인 것들을 포괄해야 한다.

이 말씀들은 '교회를 위해 유익한 것은 어떤 것도 보류하지 않고', '결코 사람들을 기쁘게 하려고 하지 않은' 한 사람의 신실한 말씀이다. 니 형제님이 당하고 겪은 수많은 반대와 박해는 주로 교회생활의 실지적인 방면에 대한 사역에 형제님이 신실했기 때문이다. 니 형제님은 어떤 것도 보류하려고 하지 않았는데, 어떻게 우리가 주님의 권익 안에서 그와 함께 서 있는 그의 동역자들로서 어떤 것을 보류하거나, 형제님이 늘 그래 왔던 것처럼 주님의 위임에 신실하지 않을 수 있겠는가?

주님은 주권적이시며 승리하신다! 그분은 지난날 동안 간교한 자의 반대와 공격에도 불구하고 그분의 길을 입증해 오셨다. 그분께서 자신의 교회를 위해 친히 정하신, 그리고 이 마지막 때에 그분의 신실한 사람들이 취한 그 길에 넘치는 축복을 쏟아부어 주심으로 이렇게 입증하시는 일을 지속적으로 증대시키시기를 바란다! 그분은 은혜로우시고, 믿을 만하시며, 능력이 있으시다! 그분은 자신이 말씀하신 것을 성취하실 것이다. 그러나 '귀가 있는 사람은 그 영께서 교회들에게 하시는 말씀을 들어야 하고', '지혜는 자기의 모든 자녀로 말미암아 의롭다는 것이 밝혀진다'.

이 메시지들은 원래 중국어 구어체 형태로 출간된 것이었다. 현재의 영어 번역본, 특히 처음 네 장은 독자들에게 저자의 참된 사상을 가장 정확하게 제시해 주기 위해 가능한 한 문자 그대로 번역한 것이다. 그러므로 번역할 때, 언어보다는 주로 그 의미에 주의를 기울였다.

위트니스 리
미국 캘리포니아주 로스앤젤레스에서
1968년 12월 20일

*부록은 중국어 원문에만 있는 것으로서 이 개정판과 함께 출판하였다 – 역자 주

1.

교회의 터

제1장

교회의 터

(1950년 4월 1일 상하이에 있는 형제자매들과 나눈 대화로서 1950년 6월 30일 자의 '열린 문'에 게재된 것임)

질문: 십 년 이상 우리와 함께 집회해 온 형제자매들은 모두 우리의 터를 알고 있고, 또 우리의 터와 다른 사람들의 터에 어떤 차이가 있는지 알고 있는 것 같습니다. 그러나 지난 칠팔 년 동안에 구원받은 형제자매들, 특히 최근 육칠 년 사이에 구원받은 사람들은 우리의 터가 무엇인지 모릅니다. 그러므로 저는 교회의 실지적인 터가 무엇인지 묻고 싶습니다.

이 문제의 중요성

답변: 나는 이 문제가 매우 중요하다고 생각합니다. 왜냐하면 주님께서 성경을 통해, 교회에게 명확한 터가 있다는 것을 우리에게 확실히 보여 주셨기 때문입니다. 나는 우리 모두가 하나님의 축복이 교회

안에 있고, 하나님의 성령과 하나님의 빛도 교회 안에 있으며, 심지어 주 예수님 자신의 생명 자체도 교회 안에 있다는 것을 인식하고 있으리라 생각합니다. 우리는 보통 개개인들 안에 있는 주님의 생명을 강조하지만, 사실상 그분의 생명은 교회 안에 있습니다. 하나님께서 매우 많은 영적인 것들을 교회에게 위임하셨기 때문에, 소위 '교회'가 참으로 교회인지의 여부는 매우 중요한 것입니다. 만약 하나님께서 많은 영적인 것들을 우리 개개인에게 주셨다면 문제가 그리 크지 않을 것입니다. 그러나 성경 안에서 하나님은 우리에게, 모든 영적인 것들을 교회 안에 두셨다는 것을 보여 주셨습니다. 그러므로 우리가 속해 있는 무리가 교회인지의 여부는 매우 심각한 문제입니다. 만약 우리가 교회가 아닌 많은 형제자매들과 교통하고 있다면, 그것은 큰 손실일 것입니다.

한 가지 예를 들겠습니다. 병원 실험실에서 일하는 자매들 중 어떤 이들은 세균 실험을 위해 깔유리(현미경의 대물렌즈 아래 끼워 받치는 투명한 유리판—역자 주)를 사용합니다. 그러한 목적을 위해서는 깔유리 하나면 충분합니다. 그러나 만약 어떤 형제나 자매가 우리를 방문하러 올 경우, 여러분이 매일 사용하는 그 깔유리를 사용하여 그 사람에게 음료를 대접할 수는 없습니다. 깔유리는 실험실에서는 중요한 용도로 쓰이지만, 형제나 자매에게 물 한 잔을 대접하는 데에는 쓸모가 없습니다. 그 형제는 메뚜기나 참새가 아닙니다. 따라서 그는 깔유리 위에 있는 물로는 만족할 수 없습니다. 그에게 물을 주려면 유리컵을 사용해야 합니다. 단지 유리판 하나로는 많은 문제들을 결코 해결할 수 없습니다. 최소한 여러 유리 조각이 합해진 컵이어야 이 갈증의 문제를 해결할 수 있습니다.

평면이 담을 수 있는 것은 입체가 담을 수 있는 것보다 훨씬 적습니다. 우리는 하나님 앞에 있는 어떤 사람의 영적인 업적을 무가치한 것으로 만들려는 것이 아닙니다. 개인적으로 누구나 많은 영적인 것들을 누릴 수 있고, 때때로 위대한 영적인 고지(高地)에 도달할 수도 있습니다. 그러나 하나님은 더 많은 영적인 것들을 교회에게 위임하셨습니다. 그러므로 어떤 사람이 개인으로서 그러한 것들을 구할 때 얻지 못하게 됩니다. 이 말은 개인에게 축복이 없다는 것이 아니라, 개인적으로 구해서는 그러한 축복을 얻을 수 없다는 뜻입니다. 오늘날 하나님은 그분의 풍성을 교회 안에 두셨습니다. 교회는 음료수 컵처럼 입체적인 것입니다. 개인(個人)인 어떤 사람이 생수를 접촉하려면 먼저 이 '컵'의 일부가 되어야 합니다. 오직 교회만이 영에 속한 많은 것들을 담을 수 있습니다.

그러므로 하나님 앞에서 우리는 많은 영적인 것들이 개인에게 있지 않고 교회 안에 있다는 것을 분명히 보아야 합니다. "내가 이 반석 위에 내 교회를 건축할 것이니"라고 하신 주님의 말씀은 매우 분명하고 놀랍습니다. 그 결과는 바로 이것입니다. "음부의 문들이 교회를 이기지 못할 것입니다."(마 16:18) 이 약속은 개인들을 위한 것이 아니라 교회를 위한 것입니다. 많은 경우 개인들이 원수에게 서항하기란 매우 어렵습니다. 그러나 일단 교회가 나타나기만 하면 사탄은 패배당합니다. 최근 몇 년 사이에 우리는 개인들이 축복을 체험하고 있는 것을 분명히 보았습니다. 그러나 그들의 축복은 제한적입니다. 오직 교회 안에서만 축복이 무한하고 풍성합니다. 그러므로 누구든지 교회의 길에서 떠나는 순간, 그의 축복은 제한되며 그와 함께하는 하나님의 임재도 제한됩니다. (나는 축복과 임재가 '전혀 없다'고 말하는 것이 아니라

'제한적'이라고 말하고 있습니다.) 나아가, 그는 하나님 앞에서 많은 것들을 만질 수 없게 됩니다. 부디 내가 솔직하게 말하는 것을 용서하십시오. 특히 최근 십 년 동안 나는 사람들이 교회가 무엇인지 아는지를 보려고 관찰해 왔습니다. 매우 이상한 것은, 주님을 안 지 이삼십 년이 된 많은 형제들이 하나님의 교회를 모르고 있다는 점입니다. 이로 인해 그들이 이미 얻은 것은 점차 쇠퇴했고, 따라서 그들 자신이 가지고 있다고 생각하는 것들도 원래대로 보존될 수가 없었습니다. 그와 동시에 또 한 무리의 형제자매들은 하나님의 교회를 압니다. 그로 인해 머리의 풍성이 그들의 풍성이 되었고, 그들은 지속적으로 전진할 수 있었습니다.

그러므로 나는 모든 젊은 형제자매들이, 그리스도인이라면 반드시 자기 자신의 유익만이 아니라 자기가 교통하고 있는 형제자매들이 교회인지의 여부를 관심해야 한다는 것을 주의하기 바랍니다. 각 사람은 다만 개인에 불과하다는 것을 기억하십시오. 두 사람은 교회일 수가 있고, 혹은 두 개인에 불과할 뿐 교회가 아닐 수 있습니다. 오백 명이나 천 명이 함께 모이면 그것이 교회일 것이라고 추정하지 마십시오. 그렇지 않을 수도 있습니다. 천 명의 사람이 교회가 될 수 있는 것으로 인해 하나님께 감사하십시오. 그러나 천 명도 다만 천 명의 개인에 불과할 수 있습니다. 따라서 그들은 여전히 개인들일 뿐 아직 교회가 아닙니다. 여기에 매우 큰 차이가 있습니다. 오늘날 하나님의 자녀들은 한 사람이 교회가 될 수 없다는 것을 분명히 압니다. 그러나 그들은 천 명이 다만 천 명의 개인일 뿐 여전히 교회가 아닐 수 있다는 것에 대해서는 인정하지 않을 것입니다. 심지어 만 명도 만 명의 개인으로 남아 있을 뿐 교회가 아닐 수 있습니다. 하나님 앞에서 교회는 다른 필요조건들을 지니고 있습니다. 그러므로 하나님의 자녀들인 우리는 반드시 교회의 터에 특별한 주의를 기울여야 합니다.

두 가지 기본적인 필요조건

오늘 나는 두 가지 문제를 내놓고자 합니다. 이 두 가지가 다 존재해야 교회가 있을 수 있습니다. 신약 성경은 우리에게 두 가지 기본적인 필요조건을 분명하게 보여 줍니다. 첫째는 성령의 권위이고, 둘째는 지방의 경계입니다.

성령의 권위

우리는 성령께서 계시지 않는 곳에는 교회도 없다는 것을 반드시 깨달아야 합니다. 교회는 결코 위트니스 리 형제나 장위즈(張愚之) 형제나 위청화(俞成華) 형제가 아닙니다. 오직 성령만이 교회이십니다. 바꾸어 말해서, 교회는 그 시작부터 끝까지 오직 한 권위와 한 능력과 한 생명이신 성령만을 가지고 있어야 합니다. 교회에는 오직 성령의 한 생명, 성령의 한 능력, 성령의 한 권위만 있습니다. 예를 들면 오늘 이 자리에는 연장한 형제님들이 많이 계십니다. 두(科) 형제님이 "나는 이십 년간 교회 안에 있었기 때문에 어떤 주장을 내세우거나 어떤 일을 시작할 수 있습니다."라고 말할 수 있습니다. 이것은 무언가 지나친 것이 방해하는 장애물로 드러난 것입니다. 두(科) 형제님이 표현될 때, 여기에는 성령도 교회도 없게 됩니다. 어디든 성령께서 계시지 않으면 교회도 없다는 것을 부디 기억하십시오. 주님의 영은 교회를 통해 아무런 방해도 받지 않으시고 그분의 갈망을 표현하실 수 있습니다. 바로 그런 곳이 교회입니다. 주님께서 이 땅에 계셨을 때 마리아에 의해 그분께 주어진 몸을 사용하셨듯이, 오늘날 성령 안에 계신 그분은 교회를 사용하십니다. 교회의 가장 높은 경지는 그리스도의 몸입니다. 바꾸어 말해서, 성령의 생각을 표현할 수 있는 것만이 교회라 불릴 수 있습니다.

오직 성령께만 권위가 있음

나는 먼저 연장한 형제님들에게 말함으로써 조금 더 나아갈 것입니다. 어느 정도 우리는 권위가 무엇인지를 알고 있습니다. 그래서 우리는 나이가 더 어린 형제들에게 권위에 복종하라고 말합니다. 오늘날 기본적인 문제는 여기에 있습니다. 우리가 권위에 순종하고 있을 때, 누구의 권위에 순종하는 것입니까? 나는 젊은 형제들이 그들 자신을 따라 말할 때 방해물이 되듯이, 연장한 형제들이 그들 자신을 따라 말할 때 또한 방해물이 된다는 것을 말하고자 합니다. 자신을 따라 말하는 젊은이들이 방해물이고, 자신을 따라 말하는 연장한 이들 또한 방해물입니다. 오직 성령의 권위만이 권위입니다. 그렇다면 왜 나이가 더 어린 형제들이 나이가 더 많은 형제들에게 순종해야 합니까? 그 이유는 연장한 형제들이 하나님 앞에서 배운 공과가 많고 하나님의 권위를 많이 알기 때문이며, 따라서 성령께서 그들을 통해 더 쉽게 흘러나오실 수 있기 때문입니다. 그들은 여러 해 동안 아무런 막힘없이 물이 흐른 수도관과 같습니다. 젊은 사람들이 연장자들에게 순종해야 하는 것은 연장자들이 권위이기 때문이 아니라 성령께서 그 연장자들을 통해 말씀하시기가 더 쉽기 때문입니다. 그들은 오랜 세월 동안 주님을 위해 일해 왔기 때문에, 성령께서 그들에게서 흘러나오시기가 더 쉽습니다. 내가 연장한 형제들에게 복종하기를 배우는 것은 그들 안에 성령의 권위가 있기 때문입니다. 내가 순종하지 않는 순간, 나는 쉽게 내 안에 있는 성령의 권위를 잃어버립니다. 지금 나는 결코 연장한 형제들의 권위를 세우고 있는 것이 아니라, 연장한 형제들에게서 쉽게 흘러나오시는 성령의 권위를 세우고 있는 것입니다. 바꾸어 말해서, 교회 안에 있는 유일한 권위는 성령의 권위뿐입니다. 교회에는 개인들에게서 나오는 어떤 권위도 없습니다. 장로들에게도 권위가 없고, 연장한 형제들에게도 권위가 없으며, 영적인 사람들에게도 권위가 없습니다. 오직 성령께만 권위가 있습니다. 이것이 바로 그리스도의 몸입니다.

성령의 권위의 출구

최근에 나는 어떤 형제에게 벌어진 일을 보았습니다. 그는 몇 년 전에 매우 무거운 어떤 물건을 먼 곳으로 옮긴 적이 있었습니다. 그 당시에는 손에 약간의 통증만을 느꼈는데, 이제는 그 손을 거의 움직일 수 없을 정도로 아주 못쓰게 되었습니다. 그 형제는 "온몸이 내 것이지만 이 손만은 내 것이 아닙니다. 이 지체는 다른 사람의 것처럼 보입니다. 계속해서 나와 다툽니다."라고 말했습니다. 나는 이전에는 한 번도 어느 누군가가 이렇게 말하는 것을 들어 본 적이 없습니다. 나는 종종 병을 앓은 사람입니다. 질병을 통해 내가 알아낸 것이 있는데, 그것은 어떤 부위의 존재가 느껴질 때마다 그 부위가 틀림없이 어떤 종류의 병에 걸렸다는 것입니다. 사람의 몸이 온전한 상태에 있을 때에는 몸의 존재에 대한 의식이 없습니다. 언제든지 폐의 호흡이 느껴질 때 폐에 문제가 있는 것입니다. 언제든지 심장이 뛰는 것을 느낄 때 심장에 문제가 있는 것입니다. 나는 태어나서부터 십 대까지 한 번도 치아를 의식한 적이 없었습니다. 그러나 어느 날 내가 치아의 존재를 느꼈을 때, 나는 밤새도록 잠을 이루지 못했습니다. 몸은 매우 자연스럽고 자동적인 것입니다. 몸이 조화로우면 몸의 어떤 부분을 의식하는 일이 일어나지 않습니다. 오히려 몸의 조화로움으로 인해 몸이 존재한다는 것이 느껴지지 않습니다. 오늘 우리는 자신에게 손가락들이 있다는 것을 느끼지 못할 것입니다. 만약 우리가 "당신은 자신에게 손가락들이 있다는 것을 느낍니까?"라는 질문을 받으면, 그것을 이상하게 여길 것입니다. 그러나 만약 우리의 손가락들 중 하나가 부러졌다면 우리는 하루 종일 불편함을 느낄 것입니다. 언제든지 우리가 무언가를 느낄 때, 그 무언가에 문제가 있는 것입니다. 몸이 그 지체들 중 하나를 사용할 수 없을 때마다 병든 것입니다. 성령께서 교회 안에서 완전한 권위를 얻으시려면, 아무 장애 없이 온몸이 자유롭게 움직일 수 있어야 합니다. 어떤 부분에 저해하는 요인이 있게 되면, 그것은 몸이 병든 것을 의미합니다. 모든 사람이 성령의 권위 아래 있을 때, 그분은 모든 사람을 사용하실 수 있습니다. 그럴 때 몸 안에는 어떤 장애도 없고 모든 것이 순조롭게 움직입니다. 권위가 순조롭게 작용할 때 몸은 건강합니다. 모든 사람이 성령께 쓰임받을 수 있을 때, 성령은 권위를 가지시며 모든 것이 매우 자연스럽고 자동적입니다. 성령의 완전한 권위가 바로 교회의 터입니다. 이 권위가 존재하는 곳에 그리스도의 몸이 있습니다.

오늘날 어떤 단체의 경우, 일부 형제자매들은 성령의 권위 아래 있지만 다른 형제자매들은 성령의 권위 아래 있지 않을 수 있습니다. 그 즉시 우리는 거기에 교회의 터가 없음을 볼 것입니다. 교회의 터는 성령입니다. 성령께서 마음이 상하시게 될 때마다 교회의 터는 상실됩니다. 모든 형제자매들이 어떤 일을 만장일치로 결정한다 해도, 그것으로는 그리스도의 몸이 되지 않습니다. 이것은 천육백 명이 다 손을 들어 어떤 결의안을 통과시키면 거기에 교회가 존재하는 문제가 아닙니다. 중요한 것은 그 천육백 명의 문제가 아니라, 성령의 권위가 집행되었는지의 문제입니다. 성령의 권위가 없다면 교회의 터도 없는 것입니다. 오직 모든 사람이 성령의 권위에 복종할 때에만 교회는 그 터를 갖게 됩니다.

몸은 우리가 자유롭게 사용하고 이리저리 움직일 수 있는 것입니다. 몸에는 어떤 갈등이나 어려움이 전혀 없습니다. 무엇을 시키든 그대로 하는 것이 바로 몸입니다. 우리와 싸우는 것은 몸이 아닙니다. 한 지방에 교회가 나타날 수 있는지의 여부는 성령께 복종할 수 있는지의 여부에 달려 있습니다. 이런 종류의 복종이 나타날 때 교회도 나타나게 됩니다. 그러므로 어떤 형제가 스스로 말하고 결정하는 것을 좋아한다면, 성령의 권위가 손상을 입고 그리스도의 몸이 손상을 입으며 교회가 손상을 입습니다. 그 결과 그 지방에 교회가 없게 됩니다. 어떤 곳이든 간판을 걸어 놓았다고 해서 다 교회인 것은 아닙니다. 오직 형제자매들이 자기 자신의 생각들을 내려놓고 성령의 권위에 복종하면서, 성령의 권위가 아무런 방해를 받지 않고 그들을 통해 흐르도록 허락해 드릴 때에만 교회가 있게 됩니다.

하나님을 섬기고 일 안에서 책임을 지고 있는 형제들로서 우리는 이 한 가지를 기억해야 합니다. 그것은 바로 이십 년, 삼십 년, 오십 년,

심지어 육십 년이 지난 후 우리의 모든 머리카락이 희어졌을 때에도, 우리는 여전히 다만 권위를 전달하는 사람, 곧 권위의 통로나 출구에 불과할 뿐이라는 사실입니다. 우리는 여전히 권위가 아닐 것입니다. 우리가 권위가 될 때마다 모든 것이 끝나게 됩니다. 일꾼들인 형제자매들은 반드시 성령의 권위가 무엇인지를 철저히 알아야 합니다. 오늘 우리가 어떤 제안들을 할 수 있다고 생각하지 마십시오. 우리의 제안들은 통하지 않을 것입니다. 주님은 결코 우리에게 우리 자신의 제안들을 내놓을 권위를 주시지 않았습니다. 우리는 다만 권위의 통로가 될 수 있을 뿐 권위 그 자체가 될 수 없습니다. 우리가 백 세까지 살고 그 백 년 동안 주님을 따랐다 하더라도, 우리가 어떤 제안들을 할 수 있을 것이라고 생각해서는 안 됩니다. 오직 우리의 영이 더 훈련을 받아 단련되고, 우리가 무언가를 배우며, 우리의 영의 감각이 더 예민해지고, 우리가 더 많은 빛을 받아들이며, 하나님의 기본적인 원칙들을 만짐으로써 하나님의 말씀에 더 익숙하게 될 때에만, 우리를 통해 더 쉽게 성령의 권위가 나가게 될 것입니다.

우리는 형제자매들을 다스리기 위해서가 아니라 섬기기 위해서 권위를 사용합니다. 권위는 단지 우리의 봉사의 한 부분일 뿐입니다. 나는 가정 집회를 인도하는 이들 모두가 이것을 주의하기 바랍니다. 권위는 여러분의 사역과 관련되어 있습니다. 그것은 여러분의 많은 사역들 중 하나입니다. 그것은 다른 사람들을 다스리기 위한 것이 아니라 공급하기 위한 것입니다. 어떤 점에서 우리는 다른 형제들이 보지 못한 것을 볼 수 있고, 다른 형제들이 이해하지 못한 것을 이해할 수 있습니다. 우리가 하나님의 마음의 갈망을 이해한 후에야, 우리는 그들에게 하나님의 갈망에 대해 말해 주면서 "형제님들, 여러분은 그러한 방식으로 이 일을 해서는 안 됩니다. 나는 이것이 통하지 않으리라는 것을 압니다. 여러분이 이렇게 하는 것은 하나님의 권위를 거스르는 것입니다. 여러분은 이 일을 반드시 포기해야 합니다."라고 말할 수 있습니다. 이렇게 말하는 것은 형제들을 다스리기 위해 권위를 행사하는 것이 아니라, 형제들에게 공급하고 그들을 섬기기 위하여 권위를 행사하는 것입니다. 주님 앞에서 우리는 성령의 권위의 출구가 되어 형제들에게 공급하기를 배우고 있습니다. 우리는 형제들을 다스리고 있지 않습니다. 우리는 하나님의 권위가 하나의 공급으로서 나가게 하는 것을 배우고 있습니다. 우리는 우리 자신의 권위를 세우기 위해 여기에 있지 않습니다.

한 형제가 어떤 지위를 가지고 있는지와 관계없이, 즉 그가 감독이든 사도든 집사든 간에 자기 자신의 권위를 세우거나 나타낼 때마다 교회의 터 전체를 잃어버리고 망칩니다. 교회의 터는 전적으로 성령의 권위 위에 세워집니다. 그분의 권위가 침범당할 때마다 교회의 터는 사라지고 문제들이 생겨납니다.

교회 전체가 성령의 권위 아래 있을 때, 그 교회는 마치 주님께서 이 땅에 계셨을 때 마리아를 통해 입으신 몸과 같습니다. 그분은 원하시는 대로 말씀하시고 들으시며 행하실 수 있습니다. 마리아가 주님을 위해 준비한 몸은 그 이상 알맞을 수가 없었습니다. 그분의 몸은, 마치 몸이 전혀 존재하지 않는 것처럼 주님 자신이 홀로 행하실 수 있을 정도로 그분께 협력했습니다. 그분의 몸은 아주 조화로웠고, 화합이 잘 되었으며, 문제나 갈등이 조금도 없었습니다. 그분의 손은 필요할 때 한 번도 유용하지 않은 적이 없었고, 그분의 눈은 보는 것이 필요할 때 한 번도 제대로 기능을 발휘하지 않은 적이 없었으며, 그분의 혀는 말해야 할 필요가 있을 때 한 번도 말이 나오지 않은 적이 없었고, 그분의 생각은 무언가 생각할 필요가 있을 때 한 번도 반응이 없었던 적이 없었습니다. 이와 마찬가지로 교회도, 마치 교회가 전혀 존재하지 않는 것처럼 그리스도께서 홀로 행하실 수 있는 그러한 수준에 이를 수 있습니다. 그러면 주님은 자연스럽게 움직이셔서 그러한 출구를 자유롭게 통과하실 수 있습니다. 그러한 조화, 그러한 하나(oneness), 그러한 자연스러움 가운데 있을 때, 주님께서 교회를 전혀 통과하지 않으시는 것처럼 보일 수 있습니다. 성령의 권위가 아주 자유롭고 조화를 이루어 교회를 통과하기 때문에, 마치 성령께서 교회를 전혀 통과하지 않으신 것처럼 보입니다. 성령의 권위가 그토록 완전하게 운행할 수 있을 때 그곳에 교회가 있습니다. 언제든지 저항이나 방해가 있을 때 그것은 교회가 아닙니다. 성령께서 움직이실 수 없을 때마다, 개인들이 두드러질 때마다, 그곳에는 어떤 문제가 있고 교회는 손상당합니다. 그러한 경우, 그곳은 더 이상 교회로 여겨질 수 없습니다.

이제 나는 오늘날의 문제로 되돌아오고자 합니다. 세상에는 소위 교파 교회들이 많습니다. 주님은 우리에게 그들을 비판할 자유를 주시지 않았습니다. 그러나 우리가 시인하지 않으면 안 되는 한 가지는 우리 가운데 교파에서 나온 연장한 형제들이 많다는 점입니다. 그들은 많은 역사를 알고 있습니다. 다른 많은 형제들은 세상과 죄에서 나왔습니다. 그러나 그들은 주님의 이름을 사용하는 단체들 가운데에 사람의 의견과 결정과 방법과 조직과 이름과 전통이 얼마나 많은지 모를 것입니다. 나는 이것에 대해 더 이상 말하고 싶지 않습니다. 우리는 주님의 부르심을 받은 때부터 하나의 근본적인 터를 고수했습니다. 그것은 바로 우리가 반드시 교회 안에서 성령의 권위에 순종하고, 성령의 권위를 세우며, 우리 자신의 권위를 무너뜨려야 한다는 것이었습니다. 내가 이렇게 말하는 것을 주님께서 용서하시기 바랍니다. 왜냐하면 성령의 권위는 사람이 세워 줄 필요가 없기 때문입니다. 젊은 형제들을 위해 다음과 같은 예시를 사용하는 것을 용서하십시오. 만약 내가 호랑이 한 마리를 거리에 풀어놓는다면, 이 호랑이를 보호하기 위해 경호원들을 붙여 줄 필요가 있겠습니까? 그럴 필요가 없습니다. 호랑이는 경호원들이 없어도 자신을 스스로 보호할 줄 압니다. 이와 마찬가지로 성령은 우리의 부축이 필요하지 않으십니다. 성령의 권위는 교회 안에 있습니다. 그러므로 우리가 열심을 내어 그것을 세울 필요가 없습니다. 하나님의 자녀들 가운데 유일하게 필요한 것은 기꺼이 헌신하고 그분께 자신을 굴복시키는 것뿐입니다. 그럴 때 성령의 권위가 그들에게서 끊임없이 나올 수 있습니다. 이제 중요한 것은 우리가 기꺼이 우리 자신을 헌신하는가의 문제입니다. 언제든지 하나님의 자녀들이 순종하지 않을 때, 성령의 권위는 나타날 수 없습니다. 오늘날의 기본적인 문제는 우리 자신을 충분히 헌신했는지의 여부에 있습니다.

나는 우리가 성령의 권위를 위하여 주님께 우리 자신을 새롭게 헌신하기를 바랍니다. 우리는 이렇게 기도해야 합니다. "주님, 당신은 교회 안에서 머리이십니다. 제가 방해하고 내항하는 사람이 되지 않도록 은혜를 허락하소서. 제 자신에게 속한 것은 아무것도 갖지 않게 하소서." 우리는 무엇이든 우리 자신에 속한 것을 교회 안으로 가져올 때마다, 그것이 얼마나 좋은 것인지와 상관없이, 다른 무언가가 교회에 더해지고 장애물이 생긴다는 것을 반드시 깨달아야 합니다. 내 몸은 오직 나 자신의 지체들로만 이루어질 수 있습니다. 나는 내 몸에 다른 사람의 것을 덧붙이도록 허용할 수 없습니다. 다른 사람들의 제일 좋은 것일지라도 내 몸 안에 넣어 둘 수 없습니다. 내 몸에는 반드시 나 자신에 속한 것들만 있어야 합니다. 다른 사람들의 것이 아주 귀할 수 있지만, 일단 그것이 내 몸에 더해지면 아마 독이 될 것입니다. 우리는 하나님 앞에서 우리 자신의 것을 교회 안에 가지고 들어오지 않기를 배워야 합니다. 그러한 것들 중 어떤 것들은 매우 좋을 수 있습니다. 그러나 그것들이 성령에게서 나온 것이 아니라면, 교회 안으로 그러한 것들을 가지고 들어올 수 없습니다. 그러한 것들이 교회 안에 있으면 그 즉시 교회는 그 터를 잃게 됩니다. 교회 안에는 오직 한 성령, 한 권위, 한 능력, 한 교통, 한 이름만 있습니다. 무엇이든지 성령에게서 나오지 않은 것을 교회 안에 가져올 때, 그로 인해 교회의 터는 파괴될 것이고 교회는 더 이상 없게 됩니다.

성령께서 시작하지 않으신 것은 어떤 것이든지 교회가 아님

상하이(上海)에서는, 많은 사람들이 전도회나 신학교나 성경 학교나 사경회(査經會)를 세울 수 있습니다. 그러한 잘못은 사소한 것입니다. 그러나 교회를 세울 수 있는 사람은 한 사람도 없습니다! 우리가 성령께 순종하지 않고 사람의 권위와 사람에게 속한 것들이 들어올 때, 그러한 곳에는 교회가 없습니다. 성령에 의해 시작된 것이 아니라면, 그것은 교회가 아닙니다. 나는 우리가 이것의 엄중함을 본 적이 있는지 모르겠습니다. 우리 중 몇 사람은 공장을 세울 수 있습니다. 이것은 비교적 하기가 쉽습니다. 감히 말하지만, 우리는 성령의 인도가 있는 사람들입니다. 성령의 인도가 없는 세상의 많은 사람들은 공장을 열 수 있습니다. 그러나 교회는 이와 같이 시작할 수 없습니다. 우리가 민는 사람이든 믿지 않는 사람이든, 우리에게 하나님의 생명이 있든 없든 관계없이, 우리는 교회를 세울 수 없습니다. 성령에 의해 시작되지 않은 것은 교회가 아닙니다. 이것은 매우 엄중한 문제입니다. 그 누구도 교회를 시작할 수 없습니다. 왜냐하면 사람에게서 시작된 일에는 성령의 권위가 없기 때문입니다. 성령의 권위가 없다면, 교회도 없는 것입니다. 상황이 어떠하든지, 우리는 성령께서 시작하지 않으시면 교회를 시작할 수 없습니다. 먼저, 우리는 반드시 "시작이 어떠한가?"라고 물어야 합니다. 성령께서 시작하지 않으셨다면, 우리는 어떤 것도 시작할 수 없습니다. 우리는 반드시 성령의 강한 능력에 복종해야 하고, 하나님을 따라 운행하는 권위 아래 자신을 두어야 합니다. 우리는 우리 자신의 자유를 구하지 않고 온전히 제한받아야 합니다. 우리는 성령의 권위가 자유롭게 우리 모두를 통과하도록 해야 합니다.

지방의 경계

위에서 말한 것에 더하여, 교회에는 두 번째 터가 있어야 합니다. 두 번째 요소가 없어도 교회의 터가 없게 됩니다. 우리는 아마 이렇게 물을지도 모릅니다. "성령의 권위를 표현하고 그 아래 사는 것으로 충분하지 않습니까? 교회를 세우는 데에는 이것으로 충분하지 않습니까?" 아닙니다. 그것으로는 충분하지 않습니다. 성경은 우리에게, 교회를 세우려면 두 가지가 반드시 존재해야 한다는 것을 분명하게 보여줍니다. 첫째는 성령의 권위이고, 둘째는 지방의 경계입니다. 우리가 이것을 보지 못했다면 교회의 터를 깨닫지 못한 것입니다. 이것이 이상하게 보이지 않습니까? 이것은 마치 교회의 터가 저 높은 하늘에서 땅으로 떨어진 것처럼 보이지 않습니까? 그렇습니다. 그러나 교회가 또한 땅에 있다는 것을 부디 기억하십시오. 교회는 일부는 하늘에 속하고 일부는 땅에 속합니다. 하늘에 속한 부분은 성령의 권위와 관련되고, 땅에 속한 부분은 지방의 경계와 관련됩니다. 이것은 성경 안에 있는 매우 기묘한 일입니다. 성경은 우리에게 이 한 가지, 즉 교회가 완전히 지방에 속한 것임을 분명하게 보여 줍니다. 예를 들면, '예루살렘에 있는 교회'(행 8:1)에서 예루살렘은 하나의 장소입니다. '고린도에 있는 교회'(고전 1:2)에서 고린도도 하나의 장소입니다. '안디옥에 있는 교회'(행 13:1)에서 안디옥은 하나의 도시이며, '에베소에 있는 교회'(계 2:1)에서 에베소는 하나의 항구 도시였습니다. 성경에서 교회의 터는 교회가 있는 그 지방입니다. 교회들 모두가 지방을 경계로 삼습니다.

여기에 특별한 요점이 있는데, 부디 이것에 주의를 기울이시기 바랍니다. 예를 들어, 상하이에 있는 형제자매들이 교회의 터 위에 서기를 갈망한다면, 오직 성령이라는 터와 상하이라는 터 위에 서 있어야 합니다. 그들은 반드시 성령이라는 터 위에 서 있어야 하고 또한 상하이라는 터 위에 서 있어야 하는데, 그 이유는 상하이가 그들이 살고 있는 지방이기 때문입니다. 우리가 지방을 무시한다면, 그 즉시 교회의 터를 잃게 됩니다. 몇 가지 예를 들어 보겠습니다.

교회와 교회들

사도행전 9장 31절은 유대에 있는 교회들에 대해 말합니다. 여기서 교회를 말할 때, 헬라어와 영어와 중국어에서 모두 복수로 되어 있습니다. 그것은 '유대에 있는 교회들'입니다. 그것이 복수로 되어 있는 것은 그 당시 유대가 로마의 한 도(道)였기 때문입니다. 한 도에는 많은 지방이 포함되어 있었으므로, 그곳에 많은 교회가 있었던 것입니다. 따라서 성경은 '유대에 있는 교회'라고 말하지 않고 '유대에 있는 교회들'이라고 말합니다. 성경에는 각 지방에 한 교회가 있을 뿐 도(道) 교회가 없습니다. 갈라디아의 경우도 마찬가지입니다. 갈라디아는 많은 지방으로 이루어진 하나의 도였습니다. 그러므로 갈라디아서 1장 2절은 '갈라디아의 교회들'이라고 말합니다. 에베소는 항구, 곧 하나의 지방이었습니다. 그러므로 '에베소에 있는 교회'는 단수로 언급됩니다. 성경 안에서 이 점은 매우 분명합니다. 빌라델비아는 하나의 도시였고, 따라서 그곳에는 오직 한 교회만 존재했습니다. 아시아, 곧 지금의 소아시아는 큰 도(道)였습니다. 그러므로 성경은 '아시아에 있는 교회'가 아니라 '아시아에 있는 일곱 교회'(계 1:4)라고 말합니다.

한 지방에 오직 한 교회뿐임

우리 모두가 반드시 주목해야 할 한 가지가 있습니다. 그것은 바로 세계 교회가 없다는 것입니다. 그러므로 로마 천주교는 틀린 것입니다. 국교회가 없기 때문에 성공회(다시 말하면, 영국 교회나 감독 교회)도 틀린 것입니다. 도(道) 교회가 없으며 민족 교회도 없습니다. 성경에서는 가장 작은 행정 단위만 교회와 관련됩니다. 오직 한 지방이나 한 도시에 한 교회가 있을 따름입니다. 한 지방에 있는 교회는 결코 다른 지방에 있는 교회와 합하여 한 교회를 이룰 수 없습니다. 한 남편에게 한 아내만 있듯이, 한 도시에는 한 교회만 있을 뿐입니다. 그러므로 안디옥에는 '안디옥에 있는 교회들'이 아니라 '안디옥에 있는 교회'가 있습니다. 만약 안디옥에 있는 교회들이라고 말한다면, 그것은 잘못된 것입니다. 하나님의 안배에 따르면, 한 지방은 많은 교회들이 아닌 오직 한 교회와만 짝을 이룰 수 있습니다. 성경에서 우리는 결코 '고린도에 있는 교회들'이나 '안디옥에 있는 교회들'을 찾을 수 없습니다. 그러나 성경은 분명하게 '안디옥에 있는 교회', '빌립보에 있는 교회', '빌라델비아에 있는 교회'를 말합니다. 이 교회들 모두가 단수로 되어 있습니다. 안디옥이나 빌립보나 빌라델비아에는 복수의 교회들이 없습니다.

하나님께서 교회에 대해 안배하신 것은 영적인 면에서는 성령의 권위이고, 외관으로는 지방의 한계입니다. 고린도에 있는 교회가 스스로를 네 부분으로 막 나누려고 할 때, 그 즉시 바울은 그들에게 분열적이고 육체적이라고 말하며 책망했습니다(고전 1:10-13, 3:3-4). 고린도 사람들이 바울 교회, 게바 교회, 아볼로 교회, 그리스도 교회 등 더 작은 여러 교회들로 나누어지려고 했을 때, 성령은 그것이 육체적인 것이라고 말씀하셨습니다. 한 도시, 한 지방은 오직 한 교회와만 짝을 이룰 수 있습니다. 한 지방에 하나를 초과하는 교회가 나타날 때마다, 그것은 하나님께서 거절하시는 분열 곧 종파입니다. 그러므로 하나님의 관점에서 볼 때, 고린도에 있는 교회는 육체적인 것이 되었는데, 그것은 한 지방에는 오직 한 교회만 있을 수 있기 때문입니다. 결코 두 번째 교회가 세워질 수 없습니다. 하나의 교회가 이미 세워져 있다면 두 번째 것은 분열이고 육체적인 것입니다. 한 지방에는 하나를 초과하는 교회가 결코 있을 수 없습니다. 어떤 사람은 사람들에게 영적인 양식을 공급하기를 갈망해서 교회를 세운다고 말할지 모르지만, 영적인 양식을 공급하는 것으로는 교회를 세우는 충분한 터가 될 수 없습니다.

어떤 사람은 많은 사람들이 성경을 이해하도록 돕기 원해서 교회를 세운다고 말할지 모릅니다. 그러나 다른 사람들이 성경을 이해하도록 돕는 것도 교회를 세우는 충분한 터가 될 수 없습니다. 사람들이 성령을 알도록 가르치는 것도 교회를 세우는 터로 충분하지 않습니다. 어떤 사람은 우리에게 부흥이 필요하다면서 '부흥 교회(Revival Church)'가 세워져야 한다고 말할지 모릅니다. 최근 어떤 장소에 누군가가 오직 부흥만을 위하는 부흥 교회를 세웠습니다. 그러나 부흥도 교회를 세우는 충분한 터가 되지 못합니다. 사람들은 교회를 세울 수 없습니다. 왜냐하면 사람들에게는 교회를 세울 터가 없기 때문입니다. 바울에게는 교회를 세울 터가 없었습니다. 마찬가지로 게바나 아볼로에게도 교회를 세울 터가 없었습니다. 에베소라는 지방은 교회를 세울 터를 지니고 있었지만, 바울은 에베소와 같지 않았습니다. 고린도라는 지방은 교회를 세울 터를 지니고 있었지만, 바울은 고린도와 같지 않았습니다. 게바와 아볼로도 마찬가지였습니다. 그들은 모두 고린도와 같지 않았습니다. 그들에게는 근거가 없었고, 따라서 교회를 세울 자격이 없었습니다. 왜냐하면 한 교회는 반드시 한 지방과 짝을 이루어야 하기 때문입니다. 한 지방에 못 미치는 것은 그것이 무엇이든 교회를 세울 근거가 될 수 없습니다. 지방이 없다면 교회도 없습니다. 하나님께서 지방의 경계를 터로 삼으신다는 것은 매우 분명합니다.

상하이에는 오직 한 교회만 있을 수 있음

상하이에서 교회는 교파주의나 종파주의나 다른 터 위에 서 있지 않고 상하이라는 터 위에 서 있습니다. 이것이 바로 '상하이에 있는 교회'입니다. 내가 장 형제와 다툰다고 가정해 보십시오. 그는 난양루(南陽路)에서 모임을 갖고, 나는 베이쓰촨루(北四川路)에서 한 장소를 찾아 집회를 갖는다고 합시다. 한 사람은 남쪽으로 가고, 다른 사람은 정반대인 북쪽으로 갑니다. 베이쓰촨루에서 나는 복음을 전할 수 있고, 이로 인해 한 무리의 사람들이 구원받을 수 있습니다. 난양루의 집회소에 이천사백 명이 앉을 수 있다면, 나는 베이쓰촨루에서 이천육백 명이 앉을 수 있는 더 큰 집회소를 지을 수 있습니다. 비록 내가 복음을 전하고, 집회를 시작하여 많은 사람들을 구원으로 이끌며, 메시지들을 전하고, 성도들을 온전하게 한다 하더라도, 나는 결코 교회가 될 수 없습니다. 왜냐하면 상하이를 교회의 터로 삼는 자격 요건이 이미 충족되었기 때문입니다. 나는 또 다른 교회를 세울 자격이 없는데, 그것은 상하이에는 오직 한 교회만 있을 수 있기 때문입니다.

교회가 존재하지 않는 지방에만 교회를 세울 수 있음

오늘날 구이저우성(貴州省)의 비제(畢節)에는, 지방의 터 위에 교회를 세운 사람이 아무도 없습니다. 누구든지 교회를 세우기 원한다면 비제로 가는 것은 괜찮습니다. 그 이유는 한 지방에는 오직 한 교회만 있을 수 있기 때문입니다. 만약 그곳에 교회가 하나 더 나타난다면, 하나님은 그것을 분열이라고 말씀하실 것입니다. 이것은 한 남자에게 한 아내만 있는 것과 같습니다. 어떤 남자에게 아직 아내가 없다면, 한 여자는 그 남자와 결혼하여 그의 아내가 될 수 있습니다. 그런데 만약 그 남자에게 이미 아내가 있다면, 어떻게 그녀가 그의 짝이 될 수 있겠습니까? 그녀는 오직 아내가 없는 남자의 짝만 될 수 있습니다. 신약 성경 전체는 우리에게 이 한 가지, 즉 교회가 지방적인 것임을 보여 줍니다. 우리는 교회가 지방적인 것임을 반드시 보아야 합니다. 서신서들은 '고린도에 있는 교회'와 '에베소에 있는 교회'에 대해 말합니다. 요한계시록은 아시아에 있는 '일곱 교회'에 대해 말합니다. 한 지방에 오직 한 교회만 있습니다. 교회는 지방으로부터 독립할 수 없습니다.

그러므로 교회가 없는 지방에서만 교회를 세울 수 있음을 부디 기억하십시오. 어떤 지방에 교회가 있다면, 우리는 다만 그 교회에 가입할 수 있을 뿐입니다. 우리는 또 다른 교회를 세울 수 없습니다. 일단 우리가 또 다른 교회를 세우면, 그것은 하나님께서 유죄 판결하시는 분열이고 종파입니다. 여기서 나는 "한 남자의 아내인 여자와 첩 사이에는 어떤 차이가 있는가?"라고 묻고 싶습니다. 위치를 제외하고는 모든 것이 똑같습니다. 오직 터만 다를 뿐 다른 것은 다 똑같습니다. 비록 외적으로는 그들이 비슷하게 보일지 모르지만 한 가지에서 무언가 부족한 것이 있는데, 그것은 바로 터입니다.

분열이란 무엇인가?

무엇이 분열입니까? 분열은 곧 터가 없는 것입니다. 터가 없는 것은 분열이고, 하나님께서 유죄 판결하시는 것입니다. 내가 다시 비제를 예로 드는 것을 용서하시기 바랍니다. 비제로 가서 복음을 전하여 사람들을 구원하고 사람들을 온전하게 하는 것과 상하이에 있는 베이쓰촨루에 가서 동일한 일을 하는 것 사이에 무슨 차이가 있습니까? 겉으로는 아무런 차이가 없습니다. 베이쓰촨루에서 복음을 전했을 때, 사람들이 구원받을 수 없고 영원한 생명을 받을 수 없다는 말이 아닙니다. 베이쓰촨루에 있는 사람들이 그들의 구원의 체험을 잃어버릴 것이라는 말도 아닙니다. 복음의 진리는 어디에서나 변함이 없습니다. 메시지들도 똑같을 수 있습니다. 모든 것이 똑같은 것 같습니다. 그러나 우리는 베이쓰촨루에 또 다른 교회를 세울 수 없습니다. 만약 우리가 베이쓰촨루에 가서 교회를 세운다면 그것은 분열입니다. 비제에서 전해진 메시지가 베이쓰촨루에서 전해진 메시지와 정확히 같을 수 있습니다. 그러나 서로 다른 그 두 지방에는 서로 다른 두 개의 터가 있습니다. 비제에 있는 것은 교회일 수 있지만, 베이쓰촨루에 있는 것은 분열입니다. 이 두 지방에서 똑같은 메시지가 전해지지만 얼마나 큰 차이가 있는지! 우리가 비제에 떡을 떼는 주님의 상, 즉 주님의 만찬을 세운다고 가정해 보십시오. 만약 우리가 그 상과 함께 모든 참석자들을 비제에서 베이쓰촨루로 옮긴다면, 우리는 이전과 동일한 방식으로 기도하고, 이전처럼 성경을 공부하며, 이전처럼 주님을 찬양할 것입니다. 이러한 것들에는 차이가 전혀 없습니다. 그러나 비제에는 교회가 있는 반면에, 베이쓰촨루에는 분열이 있습니다. 어떤 여인이 독신 남자에게 시집가면 그의 아내이지만, 이미 결혼한 남자에게 시집가면 그의 아내가 아닙니다. 우리가 교회가 없는 곳으로 가면 교회를 세울 수 있습니다. 그러나 교회가 이미 있는 곳에서는 교회에 가입할 수 있을 뿐 또 다른 교회를 세울 수 없습니다. 이것이 성경의 기본 원칙입니다. 우리가 지방의 경계를 주의하지 않는다면 모든 것이 끝난 것입니다. 이 기본적인 터를 버릴 때 우리에게는 터가 없게 됩니다.

나는 우리가 하나님 앞에서 이 두 가지 요점을 깨닫기 바랍니다. 첫째는, 하나님의 교회가 성령의 권위 위에 세워진다는 것입니다. 둘째는, 하나님의 교회가 지방의 경계와 함께 세워진다는 것입니다. 교회의 터는 성령의 인도에 따른 어떤 것입니다. 우리는 "성령께서 우리를 인도하셔서 베이쓰촨루에서 모이게 하셨습니다."라고 말할 수 없습니다. 성령의 인도와 관련하여 그분은 무엇보다 먼저 우리가 모이고 있는 장소가 잘못된 것이라고 말씀하실 것입니다. 그 결과로 우리는 성령의 첫 번째 제한을 위반하고 범하게 되며, 따라서 우리에게는 서 있을 터가 없습니다. 우리에게 성령이 있다고 말하는 것으로는 충분하지 않습니다. 우리는 반드시 성령께서 세워 놓으신 지방의 경계에도 주의를 기울여야 합니다. 우리는 결코 지방의 경계를 위반할 수 없습니다. 우리는 다만 복종해야 합니다. 사람은 성령께서 세우신 지방이라는 관할 범위에 있어서 어떤 자유도 없습니다.

지방은 분파의 형성을 제한함

나는 형제자매들이 이 기본적인 원칙을 굳게 붙잡기를 바랍니다. 형제자매들이 이렇게 한다면, 소위 교파들과 교회들, 단체들, 조직들의 입지에 대해 분명해질 것입니다. 만약 어떤 단체든 지방의 터 위에 세워지지 않았다면, 우리는 그 단체가 교회가 아님을 볼 것입니다. 우리는 이것에 대해 분명합니까? 이것이 놀랍지 않습니까? 나는 성경 말씀에서 이것을 읽을 때 놀랐습니다. 성령의 권위에서 지방의 경계로 가는 것은 저 멀리 아득한 하늘에서 땅으로 곧장 떨어지는 것처럼 보입니다. 성경은 교회의 터가 성령의 권위에 기초를 두고 있다는 것을 우리에게 계시합니다. 그러나 성경은 또한 성령만으로는 부족하고 거기에 지방의 터가 더해져야 함을 우리에게 보여 줍니다. 이 두 가지가 합해져야 교회를 산출할 수 있습니다. 이제 우리가 되돌아볼 때 여러 가지 것들이 점점 더 분명해집니다. 따라서 우리는 더욱더 주님을 찬양해야 합니다. 과거 이천 년 동안에 교회 안에 있는 사람들이 기꺼이 지방에 의해 제한을 받았다면, 많은 어려움과 혼란이 없었을 것입니다. 만약 사람이 하나님의 권위에 복종했었다면, 로마 천주교와 개신교가 결코 세워지지 않았을 것입니다. 오늘날 중국에 있는 백 개가 넘는 교파들, 그리고 전 세계의 육백여 개의 큰 단체와 오천여 개의 작은 단체들이 세워질 수가 없었을 것입니다. 그 이유는 그들 모두가 지방의 경계에 의해 제한을 받았을 것이기 때문입니다.

지방은 결코 바뀌지 않음

내가 정치적인 용어들을 사용하는 것에 대해 용서하시기 바랍니다. 왕조는 바뀔 수 있지만 지방은 바뀌지 않습니다. 정당은 바뀔 수 있지만 지방은 바뀌지 않습니다. 심지어 나라가 바뀔 수 있어도 지방은 바뀌지 않습니다. 상하이는 항상 상하이로 남아 있고, 창춘(長春)은 항상 창춘으로 남아 있습니다. 청나라 때에도 상하이는 상하이였고, 중화민국 때에도 상하이는 여전히 상하이였으며, 지금도 상하이는 상하이로 남아 있습니다. 중일 전쟁 기간 동안에 나라 전체가 거의 다른 나라의 것이 되었을 때에도 지방은 동일하게 남아 있었습니다. 많은 것들이 바뀌겠지만 지방은 결코 바뀌지 않을 것입니다. 하나님은 지방을 교회를 위한 터로 정하셨습니다. 우리에게 하나의 지방인 로마에 있는 교회는 있지만 로마 제국의 교회는 없습니다. 이름은 비슷하지만 사실상 같은 것이 아닙니다. 성령은 로마시에 있는 교회는 인정하시지만, 로마 제국의 교회는 인정하지 않으십니다. 이러한 이유로, 우리는 반드시 하나님 앞에서 지방의 터를 지키기를 배워야 합니다.

부디 이 한 가지, 즉 교회가 반드시 지방의 터 위에 서야 한다는 것을 기억하십시오. 우리는 여러 해 동안 이 터 위에 서 있으면서, 이 터와 일치하지 않는 모든 것을 거절하고 모든 다른 이름들을 거절해 왔습니다. 어떤 단체든 지방을 그 터로 취하지 않는다면 교회가 아닙니다. 우리는 상하이에 있는 교회를 건축할 소망을 가지고 여기에서 봉사해 왔습니다. 외부인이 이것에 대해 물어볼 경우, 우리는 그에게 교회는 내적으로는 성령의 권위를 내용으로 갖고 있고, 외적으로는 지방을 경계로 갖고 있다는 것을 분명하게 대답해 주어야 합니다. 성령의 권위에 지방의 경계가 더해져야 교회가 됩니다. 안에 성령의 권위가 없고 밖에 지방의 경계가 없으면 교회도 없습니다.

교회의 터와 영적인 축복

교회의 터가 분명할수록 영적인 축복은 더욱더 풍성합니다. 우리는 하나님께서 최근 몇 년 사이에, 특히 지난 일이 년 동안에 교회의 터를 축복하셨음을 보았습니다. 많은 형제자매들이 개인주의의 길과 교회의 터 사이의 차이점을 보기 시작했습니다. 성령의 권위가 모든 지체들 안에서 나타나서 그들이 개인적으로 활동하지 않고 동역하여 하나님을 섬기게 될 때, 우리는 주님의 축복을 봅니다. 몇몇 지방에 있는 교회들에서는 지체들의 수가 두 배, 다섯 배, 열 배로 증가합니다. 즉 모두가 배수로 증가합니다.

타이베이는 본래 지체들이 삼십여 명밖에 되지 않았는데, 지금은 이미 천 명 이상으로 증가했습니다. 우리가 몇 형제들을 보냈는데, 그들은 매우 열심히 수고했습니다. 하나님은 계속 축복해 오셨고, 지체들은 계속 증가하고 있습니다. 내가 홍콩에 있을 때 어떤 형제님에게서 편지를 받았습니다. 나는 다음과 같은 사건으로 인해 이 형제님이 교회가 무엇인지를 아는 사람이라고 느낍니다. 타이베이에 있는 교회는 설날 연휴 기간 중에 있는 복음 집회를 위트니스 리 형제님이 책임지도록 준비했다고 합니다. 이렇게 결정된 후에, 리 형제님은 어떤 일들로 인하여 홍콩에 있는 나에게로 와야 했습니다. 그들은 자신들 스스로는 복음 집회를 할 수 없다고 생각했었기 때문에 참으로 실망했습니다. 리 형제님이 그들에게 "여기에 위트니스 리가 있는 것은 그저 한 형제가 더 있는 것뿐이고, 위트니스 리 형제가 없는 것은 그저 한 형제가 없는 것뿐입니다."라고 말했습니다. 만약 타이베이에 교회가 있다면, 위트니스 리 형제님이 있거나 없는 것은 다만 한 형제가 더 있고 없는 문제입니다. 그러나 만약 타이베이에 교회가 없다면 그것은 끔찍할 것입니다. 결국 타이베이에 있는 형제들은 스스로 복음을 전하게 되었습니다. 여러분이 복음을 전할 수 없을 것이라 여겼을 몇몇 형제들도 예상 밖으로 복음을 전했습니다. 그 결과 천사백여 명이 주님을 영접했습니다. 이어진 집회들에서, 첫날에만 침례 받은 인수가 이백이십팔 명이었습니다. 한 형제가 있거나 없는 것은 중요하지 않은데, 그것은 그곳에 교회가 있기 때문입니다. 이제 그 형제님의 편지로 돌아가겠습니다. 나는 그 형제님이 이와 같이 쓴 글을 매우 좋아합니다. "저는 우리 형제들이 동역하는 방식으로 주님을 섬기는 것을 배운다면, 새로 구원받은 사람들이 삼천 명이 아니라 만 명이라 하더라도, 우리가 그들을 다 소화할 수 있을 것이라 믿습니다. 교회가 나타나고 기능을 발휘하기 시작할 때, 새로운 믿는 이들 오백 명이 오면 오백 명을 소화하고, 천 명이 오면 천 명을 소화할 수 있습니다." 이것이 무엇입니까? 바로 이것이 하나님의 교회입니다.

하나님의 축복을 담을 수 있는 그릇이 필요함

우리 중 어떤 사람들은 주님께, 오순절날에 교회를 축복하신 것처럼 우리를 축복해 주시기를 기도합니다. 만약 주님께서 참으로 우리의 기도에 응답하신다면, 우리는 어떻게 할 것입니까? 참으로 주님께서 오순절의 축복을 우리에게 허락하신다면, 어떻게 할 것입니까? 주님께서 우리에게 삼천 명이나 오천 명을 주신다면, 어떻게 할 것입니까? 만약 수천 명이 갑자기 우리의 집회소를 채운다면, 그 즉시 우리는 그들 모두를 다 소화할 수 없음을 보게 될 것입니다. 가령, 상하이에서 한 번에 삼천 명이 더해졌다면, 우리는 그들을 소화할 수 없을 것입니다. 우리는 어떻게 그들에게 침례를 주어야 할지, 주님의 상을 위해 그들을 어떻게 여러 가정 집회로 나누어야 할지, 그들을 어떻게 온전하게 하고 심방해야 할지 모를 것입니다. 그러나 하나님께서 축복하시고 교회가 강할 때, 우리는 쉽게 그들을 소화할 수 있습니다. 아무리 많은 사람이 온다 하더라도, 우리는 그들을 적절하게 돌보는 면에서 우리의 무능력 때문에 질질 끌지 않을 것입니다. 지금 우리 가운데에는 약 천오륙백 명의 형제자매들이 있습니다. 벌써 우리의 교통이 충분히 이루어지지 못하고 있습니다. 그런데 또 다른 천 명이 더해진다면, 우리는 어떻게 할 것입니까? 하나님께서 그렇게 많은 사람들로 우리를 축복하신다 해도, 우리가 그들을 감당하기가 어려울 것입니다. 우리는 조직이 아니라 하나님의 축복을 담을 수 있는 용기(容

器)에 대해 말하고 있습니다. 하나님께서 우리를 축복하셔서 우리에게 삼천 명을 주셨는데 이틀이 지난 뒤에 이천 명이 사라졌다면, 이것은 교회가 아닐 것입니다. 만약 우리가 사람들이 언제 오고 가는지를 모른다면, 또는 얼마나 많은 사람들이 더해지고 떨어져 나갔는지를 모른다면, 이것은 교회가 아닙니다. 교회는 하나님의 축복을 담을 수 있는 역량을 지닌 그런 용기입니다. 교회는 하나님께서 넘치게 축복하실 때, 그 축복을 받을 수 있는 그릇이 되는 그러한 정도에까지 도달해야 합니다.

모든 형제자매들이 성령께 순종할 때, 그들 모두가 일어나 섬기고 축복을 받을 것입니다. 누구도 자신의 의견들을 가져오지 않을 것입니다. 그러면서도 모든 사람이 봉사에 여념이 없을 것입니다. 이러한 일이 일어날 때 하나님의 교회는 나아갈 것입니다. 우리가 성령의 일을 위해 준비되어 있지 않다면 그분은 일하지 않으실 것입니다. 우리는 반드시 성령의 일을 위해 준비되어 있어야 합니다. 우리는 항상 더 많은 공간을 준비해야 합니다. 우리는 주님께서 사람들을 데리고 나가시도록 두는 것보다 사람들을 이끌어 오시도록 해야 합니다. 성령께서 일하시기 시작할 때, 우리는 참으로 충분한 공간이 없다는 것을 보게 될 것입니다. 우리는 반드시 성령의 일을 위해 준비되어야 합니다. 우리는 반드시 더 넓은 집회소를 준비하고 우리의 역량을 키워야 합니다. 그럴 때 주님은 축복하실 것입니다. 우리는 봉사할 사람들을 준비해야 합니다. 그러면 주님께서 축복하실 것입니다. 만약 우리가 모든 사람이 봉사하도록 준비하지 않는다면, 성령은 일할 방법이 없으실 것입니다.

모두가 봉사하기를 배워야 함

나는 형제자매들이 교회의 터가 지방과 성령의 권위에 근거를 두고 있다는 점을 보기 바랍니다. 성령의 권위가 들어오게 한다는 것은 모든 사람이 자기 자신의 생각을 거절하고 하나님의 권위에 복종하기를 배운다는 뜻입니다. 모든 사람이 봉사하기를 배울 때 하나님의 교회가 나타납니다. 교회로서 우리 자신의 개인적인 의견이 부인되는 것으로는 충분하지 않습니다. 적극적인 방면에서, 각 사람이 다 성령의 권위에 복종해야 합니다. 일단 우리가 성령의 권위에 복종하게 되면, 즉시 성령께서 각 사람이 봉사하도록 인도하시고 가르치실 것입니다.

나는 인도하는 형제들, 특히 가정 집회를 인도하는 형제들에게, 내가 다음과 같은 말을 하는 것에 대해 용서를 구합니다. 하나님 앞에서 여러분이 져야 할 최소한의 책임은 봉사를 하는 것이지만 이것만으로는 부족합니다. 만약 여러분이 자신만 봉사하고 다른 사람들을 이끌어 봉사하게 할 수 없다면, 여러분은 실패한 것입니다. 성령은 각 사람이 다 봉사하도록 인도하고 계십니다. 부정적인 방면에서는 모든 사람이 자신의 생각들을 가져와서는 안 되지만, 긍정적인 방면에서는 성령께서 각 사람이 봉사하게 인도하시도록 해 드려야 합니다. 성령의 권위란 바로 성령께서 모든 사람을 한 사람 한 사람 통과하실 수 있다는 것, 즉 모든 사람을 한 사람 한 사람 인도하실 수 있다는 것을 의미합니다.

그러므로 누구든지 자신만 봉사할 수 있고 일을 다른 사람에게 맡기지 못하는 사람은 실패한 사람입니다. 누구든지 책임을 자기 수중에 쥐고 있지 않고 형제자매들이 동일한 일을 함께할 수 있도록 나누어 주는 사람이 하나님의 손에 유용한 사람입니다. 우리는 어떤 상황들이 생겼을 때 스스로 모든 것을 해야 한다고 생각해서는 안 됩니다. 스스로 일들을 급하게 끝내고, 일들을 자신의 수중에 쥐고 있고, 다른 사람들에게 그러한 일들을 할당하려고 하지 않는 사람들은 성령의 일을 방해하고 있는 것입니다. 반드시 책임을 분산시켜야 합니다. 그러한 책임들을 우리 자신의 수중에 붙들고 있어서는 안 됩니다. 일들을 우리 자신의 수중에 붙들고 있는 것은 걸림돌이 됩니다. 일들이 우리에게서 꼼짝 못 하게 있어서는 안 됩니다. 교회 안에서 성령의 권위에 완전한 자유가 주어질 때, 중요한 것은 더 이상 어떤 일을 하는가 하지 않는가의 문제가 아니라, 성령께서 그분 자신을 해방하실 자유를 갖게 해 드리는가의 문제입니다. 성령의 권위가 온몸 안에서 운행하고 움직이고 해방될 때, 그것이 바로 교회입니다. 일은 반드시 항상 나누어 주어야 하며, 나누어 주는 것이 원칙입니다. 어떤 책임이 우리에게 올 때마다, 우리는 즉시 그것을 나누어 주어야 합니다. 어떤 일은 한 사람이 할 수도 있고 다섯 사람이 할 수도 있습니다. 그러나 그 일을 다섯 사람에게 나누어 주는 것이 더 좋습니다. 항상 여러분도 포함되게 하고, 항상 다른 사람들도 포함하십시오. 우리가 이렇게 실행한다면, 그것은 형제들을 훈련시키고 그들에게 합당한 인도를 제공하는 것입니다. 이렇게 함으로 모든 사람이 봉사하는 법을 배울 것입니다.

위트니스 리 형제님과 나는 긴 시간 동안 주님을 앙망하며 대화해 왔습니다. 우리는 우리가 이전에 본 것을 더욱더 믿습니다. 앞으로 하나님은 분명히 이주의 길을 취하실 것입니다. 그러므로 모든 형제들이 다 훈련을 받아야 합니다. 우리는 사람들이 장래에 난창(南昌: 중국 동남부 장시성(江西省)의 성도(省都))으로 이주한 다음에 난창에 있는 교회가 그들을 훈련시켜 주기를 기대해서는 안 됩니다. 우리는 지금 그들을 훈련시켜야 합니다. 나는 형제자매들이 하나님 앞에서 아무런 훈련도 받지 않았을까 봐 염려됩니다. 그러면 이주할 시기가 왔을 때, 그러한 사람들은 나갈 수 없을 것입니다. 그러므로 모든 사람은 반드시 교회에 대하여 무언가를 배워야 합니다. 우리는 반드시 하나님 앞에서, 온몸이 어떻게 봉사하는지에 관해 더욱더 배워야 합니다. 우리가 이렇게 한다면, 하나님께서 우리에게서 나아가실 길이 있게 될 것입니다.

이 메시지는 워치만 니 형제님이 전한 것으로서
쿤밍(昆明) 형제들을 비롯해 여러 사람들이 기록한 것에
토대를 두었습니다.
1950년 4월 1일

2.

도시에 있는 교회와 집에 있는 교회

제2장

도시에 있는 교회와 집에 있는 교회

(1950년 4월 1일 상하이에 있는 형제자매들과 나눈 대화로서
1950년 6월 30일 자의 '열린 문'에 게재된 것임)

질문: 교회의 터와 관련하여, 우리는 한 도시에 오직 한 교회만 있어야 한다고 말해 왔습니다. 그 이유는 오직 한 단위만 있기 때문입니다. 그러나 어떤 사람들은 자신들의 주장의 근거로 성경 말씀을 인용하면서, 지방에 부가적인 단위로서 '어떤 집에 있는 교회'를 언급합니다. 그것은 교회가 한 지방 안에서 여러 단위를 가지고 있을 수도 있다는 것을 암시합니다. 이러한 주장에 대해 어떻게 말해야 합니까?

답변: 신약 성경에는 '어떤 집에 있는 교회', 즉 어떤 가정에 있는 교회를 언급하는 단락이 총 네 군데 있습니다.

로마서 16장 5절

"또 그들의 집에 있는 교회에게 문안하여 주십시오." '그들'은 로마서 16장 3절에 언급된 브리스가와 아굴라를 가리킵니다. 여기에서의 사실은 간단한 것입니다. 로마에 있는 교회는 수백 수천의 다른 지방에 있는 교회들처럼, 처음에 어느 형제의 집에서 시작되었습니다. 이것은 그러한 집의 주요 구성원이 주님 안의 형제자매들이었고, 또 교회의 인수가 많지 않았기 때문에 그 형제의 집을 모임 장소로 사용했다는 것을 의미합니다. 이것은 교리상의 문제가 아니라 역사상의 문제입니다. 교리는 설명할 수 있어도 역사상의 일은 설명할 수 없습니다. 그 이유는 역사상의 일은 사실이기 때문입니다. 역사를 익히 아는 사람은 누구나 수백 수천의 교회들이 처음에 가정들에서 시작되었다는 것을 알고 있습니다. 그러므로 어떤 지방에 있는 교회가 어떤 특정인의 집에 있는 교회가 된 것입니다. 로마에 있는 교회는 브리스가와 아굴라의 집에 있는 교회였습니다.

질문: 어떤 사람들은 바울이 로마에 있는 교회에게 문안하고 어떤 집에 있는 교회에게도 문안했기 때문에, 이것은 한 지방에 있는 교회뿐만 아니라 어떤 집에 있는 교회도 있었다는 것을 의미한다고 말합니다. 그러므로 그곳에 두 개의 교회가 있지 않았습니까?

답변: 이 문제를 천천히 살펴보도록 합시다. 나는 여러분이 지금까지 하나님의 말씀에 주의 깊게 귀를 기울이지 않았을까 봐 염려됩니다. 로마서에서는 한 번도 '로마에 있는 교회'라는 말을 언급하지 않았

습니다. 그런데 어떻게 사도가 '로마에 있는 교회'에게 문안할 수 있었겠습니까? 로마서에는 로마에 있는 교회에게 문안하고, 또 집에 있는 교회에게 문안한 기록이 분명하게 제시되어 있지 않습니다. 다만 브리스가와 아굴라의 집에 있는 교회에게 문안한다고 말했습니다. 이것은 그러한 문안이 브리스가와 아굴라의 집에서 모이고 있었던, 로마에 있는 교회에게 하는 것임을 함축하고 있었습니다. 그러므로 로마에 있는 교회가 바로 브리스가와 아굴라의 집에 있는 교회였습니다.

나는 집에 있는 교회와 그 지방에 있는 교회에 관해 논쟁하는 사람들의 어려움이 바울이 5절 이후에 매우 많은 사람들의 이름을 언급한 데 있다고 추정합니다. 나는 성경 해설가들이라면 모두가 바울이 5절에서 교회에게 문안한 후에, 의도적으로 여러 중요한 '개인들'을 언급하면서 특별히 그들 한 사람 한 사람에게 문안했음을 알고 있을 것이라 생각합니다. 그러나 이것은 그들이 그 집에 있는 교회 '바깥에' 있었다는 의미가 아니라, 그 집에 있는 교회 '안에' 있는 사람들이었다는 것을 의미합니다. 바울은 이들에게 '특별히' 문안한 것입니다. 어떤 사람들의 경우에는, 바울이 교회에게 일반적으로 문안한 것에 포함될 뿐만 아니라 특별한 주의를 기울여 주는 것이 필요했습니다. 교회에게 문안하는 것에 모든 사람이 포함되어 있으므로, 개별적으로 그들에게 추가로 문안하는 것이 필요하지 않다고 생각하는 실수를 범하지 마십시오. 그렇게 생각하는 것은 거룩한 보살핌도, 사실도 아닙니다. 바울은 그러한 일을 하지 않았고, 여러분이나 나도 그렇게 하지 않았을 것입니다.

3절이 이것을 증명합니다. 만약 교회에게 문안하는 것에 자동적으로 모든 사람이 포함되었고, 특정한 이름들을 언급함으로 다시 그들에게 문안하는 것이 필요하지 않았다면, 바울은 3절에서 브리스가와 아굴라에게 문안하지 말아야 했습니다. 바울은 5절에서 다만 "그들(브리스가와 아굴라)의 집에 있는 교회에게"만 문안해야 했습니다. 이 문안에는 이미 브리스가와 아굴라가 포함되어 있지 않았겠습니까? 온 교회에게 문안하는 것은 자연스럽게 개인들을 포함합니다. 그러나 교회에게 문안하는 것에 더하여 개인들을 언급한다고 해서, 그것이 이 개인들이 '교회에 속하지 않은 다른 단체의 구성원들'이라는 의미가 아닙니다. 만약 그러하다면, 브리스가와 아굴라는 '그들 자신의 집에 있는 교회에 속하지 않은 것입니다'! 요점을 아시겠습니까? 3절에서 바울은 브리스가와 아굴라에게 문안했습니다. 그런 다음에 5절에서 그는 그들의 집에 있는 교회에게 문안하는 데로 나아갔습니다. 만약 교회에게 문안하는 것에 추가하여 개인의 이름들을 언급하는 것이 그 개인들이 이 교회에 속하지 않았을 뿐더러 또 다른 교회가 존재했다는 것을 의미한다면, 심지어 브리스가와 아굴라도 바울이 따로 이름을 언급하여 문안한 사람들이기 때문에 그들 역시 그들 자신의 집에 있는 교회에 속하지 않은 것이 됩니다!

사실은 브리스가와 아굴라의 집에 있는 교회가 바로 로마에 있는 교회였습니다. 당시 로마에 있는 교회는 브리스가와 아굴라의 집에서 모였습니다. 5절 이전에 언급된 브리스가와 아굴라와 같은 개인들이 이 교회에 속해 있었던 것처럼, 5절 이후에 거명된 많은 개인들도 이 교회에 속해 있었습니다. 그뿐 아니라 이름이 언급되지 않은 많은 개인들도 이 교회에 속해 있었습니다.

10절과 11절에서 두 집이 더 언급되었고, 그들 또한 주님의 백성이었습니다. 그럼에도 불구하고, 바울은 "아리스도불로의 집에 있는 '교회'에게 문안하십시오." 또는 "나깃수의 집에 있는 '교회'에게 문안하십시오."라고 말하지 않았습니다. 바울은 오직 5절에서만 "그들(브리스가와 아굴라)의 집에 있는 교회에게 문안하여 주십시오."라고 분명하게 말했습니다. 비록 아리스도불로의 온 집안이 주님을 믿었지만, 로마에는 오직 한 교회밖에 없었습니다. 로마에 있는 교회는 곧 브리스가와 아굴라의 집에 있는 교회였습니다. 그러므로 아리스도불로의 집안에 주님을 믿는 사람들이 있었지만, '그들은 교회가 될 수 없었습니다'. 나깃수의 집안에 주님을 믿는 사람들이 많았지만, 그 집에 있는 믿는 이들도 독립적인 교회가 될 수 없었습니다. 로마에는 오직 한 교회, 곧 브리스가와 아굴라의 집에 있는 교회밖에 없었습니다. 그러므로 성경은 나깃수의 집에 있는 교회를 언급하지 않습니다. 아굴라의 집안과 아리스도불로의 집안과 나깃수의 집안은 모두 로마에 있는 교회에 속했습니다. 주님을 믿는 집안이 셋이었지만, 교회는 셋이 아니라 하나밖에 없었습니다. 로마는 한 지방이었습니다. 그러므로 로마에는 오직 한 교회만 있었습니다. 그 교회는 브리스가와 아굴라의 집에서 모였습니다.

역사는 우리에게, 주님께서 이 땅에 계셨을 때 로마가 매우 큰 도시였음을 말해 줍니다. 그러나 초기 시절에 로마에 있는 믿는 이들은 인수가 적었습니다. 도시가 크고 믿는 이들이 도시 전역에 걸쳐 산재해 있었기 때문에, 바울이 브리스가와 아굴라의 집에서 모이고 있었던, 로마에 있는 교회에게 문안할 때 개인적인 문안들을 추가한 것은 정상적인 것이었습니다. 그는 특별히 "아순그리도와 블레곤과 허메와 바드로바와 허마와, 그들과 함께 있는 형제들에게 문안하여 주십시오."(롬 16:14)라고 언급했고, 또 "빌롤로고와 율리아와 네레오와 그의 자매와 올름바와, 그들과 함께 있는 모든 성도들에게 문안하여 주십시오."(15절)라고 언급했습니다. 오늘날 상하이에 있는 교회의 성도들이 양수포

(楊樹浦) 구역이나 장완(江灣) 지역에 살고 있는 것같이, 그들은 로마시에서 서로 멀리 떨어진 곳에 흩어져 살고 있었습니다. 그러나 바울은 우리에게, 로마시에는 오직 한 교회만 있었고, 그것은 곧 브리스가와 아굴라의 집에 있는 교회였다고 말합니다. 그들이 흩어져 살았고 부근에 많은 형제자매들이 함께 있었지만, 바울은 그들을 교회라고 부르지 '않았습니다'. 바울은 다만 그들을 "그들과 함께 있는 형제들" 또는 "그들과 함께 있는 모든 성도들"이라 불렀습니다. 한 지방에는 오직 한 교회만 존재할 수 있습니다.

고린도전서 16장 19절

"아시아의 교회들이 여러분에게 문안합니다. 아굴라와 브리스가가 그들의 집에 있는 교회와 함께 주님 안에서 여러분에게 진심으로 문안합니다."

이 인사말은 주후 59년에 한 것으로, 그때 아굴라와 브리스가는 에베소에 살고 있었습니다(행 18:18-19). 에베소에 있는 교회가 그들의 집에서 모이고 있었으므로 '그들의 집에 있는 교회'(고전 16:19)라고 불렀습니다. 이것은 한 교회가 에베소라는 도시에 있고, 또 다른 교회가 그들의 집에 있었다는 의미가 아닙니다. 그것은 에베소라는 도시에 있는 교회가 바로 아굴라와 브리스가의 집에 있는 교회였다는 의미입니다. 이러한 역사적인 사실은 바꿀 수 없습니다.

후에 그들은 로마로 돌아가, 다시 그들의 집을 열어서 로마에 있는 교회의 집회 장소로 삼았습니다. 그들은 참으로 신실하고 사랑스러운 부부였습니다.

골로새서 4장 15절과 16절

"라오디게아에 있는 형제들과 눔바와 그의 집에 있는 교회에게 문안해 주십시오. 여러분이 이 편지를 읽은 후에 라오디게아 사람들의 교회에서도 읽게 하고, 라오디게아에서 오는 편지를 여러분도 읽으십시오."

역사적인 사실에 따르면, 라오디게아에 있는 교회는 눔바라는 형제의 집에서 모였습니다. 눔바는 골로새가 아니라 라오디게아에 있는 믿는 이였습니다(참고 무어(Moore), 알포드(Alford), 얼(Earle), 핀리(Finley)의 글들). 그러므로 여기서 바울은 라오디게아에 있는 교회를 눔바의 집에 있는 교회라고 불렀습니다. 즉 눔바의 집에 있는 교회가 라오디게아에 있는 교회였습니다. 이것은 하나의 사실이고, 또한 매우 분명합니다.

질문: 골로새서 4장 15절에 언급된 '형제들'이 교회와 다를 수 있습니까?

답변: 아닙니다. 어떻게 그럴 수 있겠습니까? 바울은 세 범주의 사람들을 언급합니다. 바로 (1) 형제들, (2) 눔바, (3) 교회입니다. 만약 여기의 '형제들'과 '교회'가 동일하지 않다면, '눔바'는 어느 편에 있습니까? 이 절은 '형제들과 눔바'라고 말합니다. '형제들'은 '눔바'를 포함합니까, 포함하지 않습니까? 누구나 다 '형제들'에 '눔바'가 포함되어 있다는 것을 인정할 수밖에 없습니다. 이렇게 볼 때, '형제들'과 '눔바'는 둘 다 같은 그룹에 속합니다. 둘 다 같은 그룹에 속하지만, 바울은 형

제들에게 문안한 후에(다시 말해서, 형제들에 대한 문안에 눔바가 포함된 후에), 특별히 눔바를 뽑아서 그에게 개인적으로 문안했습니다.

그뿐 아니라 '눔바'와 '그(눔바)의 집에 있는 교회'와 관련하여, 후자는 전자를 포함합니까? 물론, 교회에는 마땅히 눔바가 포함되어야 합니다. 그렇다면 바울이 '눔바의 집에 있는 교회에게 문안해 주십시오.'라고 하는 것으로 충분하지 않습니까? 눔바의 집에 있는 교회에 눔바가 포함되는데도 불구하고, 바울은 여전히 "눔바와 그의 집에 있는 교회에게 문안해 주십시오."라고 말합니다. 그는 교회에게 문안하고, 특별히 눔바에게 문안합니다.

눔바는 이 세 범주의 사람들에 다 포함됩니다. 이와 같은 방식으로 '형제들'과 '교회'는 동일합니다. 그러므로 바울은 '라오디게아에 있는 형제들'에게 문안하는 것으로 멈추지 않고, '눔바'라는 이름의 특정 형제에게 문안하는 데로 나아갑니다. 교회의 집회가 눔바의 집에 있기 때문에, 바울은 '그의 집에 있는 교회'에게 문안하는 데로 나아갑니다. '형제들'은 개인들을 가리켜 말한 것인 반면에, 교회는 무리 전체를 가리켜 말한 것입니다. 그러나 그들은 동일합니다. 바울은 먼저 개인들에게 문안하고, 그런 다음 교회 전체에게 문안합니다.

질문: 골로새서 4장 15절의 '그의 집에 있는 교회'와 16절의 '라오디게아 사람들의 교회' 사이에는 어떤 관계가 있습니까?

답변: 15절은 문안이고, 16절은 편지를 읽는 것에 관한 것입니다. 15절에서 바울은 라오디게아에 있는 형제들, 곧 눔바의 집에서 모이는 교회에게 문안합니다. 16절에서 그는 자연스럽게 골로새의 형제들에

게, 그가 15절에서 문안한 라오디게아에 있는 형제들이 바로 눔바의 집에서 모이는 교회이고, 이 교회가 라오디게아에 있는 교회라는 것을 추가적인 설명 없이 분명하게 알려 줍니다. 이제 그는 자신이 골로새 사람들에게 보낸 편지를 라오디게아에 있는 형제들이 읽도록 해 주어야 한다고 요청합니다. 골로새는 라오디게아에서 불과 12마일(약 19킬로미터) 떨어진 곳입니다. 이 두 절을 자세히 읽어 보면, 여러분은 라오디게아의 눔바의 집에 있는 교회(15절)가 바로 라오디게아 사람들의 교회(16절)임을 볼 것입니다. 베드로는 게바이고, 게바는 베드로입니다. 이 두 이름을 서로 바꾸어서 사용할 수 있는 것처럼, 여기서도 마찬가지입니다.

빌레몬서 1절과 2절

"… 빌레몬과 … 압비아와 … 아킵보와 그대의 집에 있는 교회에게 편지합니다."

빌레몬은 골로새에 살고 있는 믿는 이였고, 사도 바울의 동역자였습니다. 골로새에 있는 교회는 그의 집에서 모였습니다. 그러므로 여기서 '그대의 집에 있는 교회에게'라는 문구는 골로새에 있는 교회를 가리킵니다. 이것은 역사입니다.

데오토리안(Theotorian)은 5세기까지 사람들이 골로새를 관광할 때마다, 빌레몬의 집을 유명한 고적지로 여겨 방문하고자 했다고 말했습니다. 빌레몬의 집은 관광객들이 골로새에서 놓칠 수 없는 곳이었습니다. 그것은 골로새에 있는 교회가 그 특별한 집에서 모인 사실 때문이었습니다.

빌레몬의 집에 있는 교회가 곧 골로새에 있는 교회였는데, 그것은 골로새에 있는 교회가 빌레몬의 집에서 모였기 때문입니다. 그러므로 성경 안에 있는 교회들은 모두 지방을 단위로 취합니다. 다시 말해서 집은 결코 교회에 대한 단위가 될 수 없습니다.

집은 단위가 되기에 충분하지 않음

우리는 신약이 어떤 집에 있는 교회에 대해 네 차례 언급한 것을 보았습니다. 이 모든 것이 사실상 무엇을 의미합니까? 이제 우리는 다른 각도에서 이 문제를 검토함으로써, 집이 한 교회의 관할 범위에 대한 단위가 되는지의 여부를 보아야 합니다. 나는 여러분이 '관할 범위의 단위'가 무엇을 의미하는지를 이해하고 있는지 어떤지를 모릅니다. 예를 들어, 우리는 물건의 무게를 잴 때 근(斤)을 측정 단위로 삼습니다. 이처럼 근은 '중량의 단위'입니다. 우리가 물건의 길이를 잴 때는 자를 단위로 삼습니다. 자는 '길이의 단위'입니다. 근은 중량의 단위이고, 자는 길이의 단위입니다. 집이 교회의 관할 범위의 단위가 됩니까? 내가 이전에 다른 여러 곳에서 말한 것처럼, 교회의 관할 범위의 단위는 한 도시나 한 지방입니다. 이것은 하나님의 가르침에 근거한 것입니다.

한 도시나 한 지방이 단위가 되는 이유가 무엇입니까? 그것은 에베소, 서머나, 버가모, 두아디라, 사데, 빌라델비아, 라오디게아가 다 지방이었고, 각 지방에 오직 한 교회만 있었기 때문입니다. 만약 하나님께서 지방을 교회의 관할 범위의 단위로 삼지 않으셨다면, 이 일곱 지방에 일곱 교회가 없었을 것입니다. 그 대신 일곱 지방 모두를 위해 하나의 교회만 있었을 것입니다. 바꾸어 말하자면, 어떤 사람이 그곳에 일곱 지방이 있다고 말할 수는 있어도, (교회가 지방에 토대를 두지 않는다고 가정할 경우) 그 일곱 지방에 있는 일곱 회중을 일곱 교회라고 부를 수는 없습니다. 그러나 성경에서 하나님은 우리에게, 그곳에 일곱 지방이 있었고 또한 '그곳에 일곱 교회도 있었다!'고 말씀하셨습니다. 그들은 '아시아에 있는 교회'가 아니라 '아시아에 있는 일곱 교회'였습니다. 그들은 '교회'가 아니라 '교회들'이었습니다. 원문에서도 교회(ekklesia)가 아니라 교회들(ekklesiae)입니다. 이 땅 위에 다른 일곱 교회가 있었을 뿐만 아니라, 주님 앞의 성소 안에 일곱 등잔대가 있었습니다. 하나가 아니라 일곱이 있었습니다. 그러므로 의심할 여지 없이 분명한 것은 지방이 교회의 관할 범위의 단위가 되어야 한다는 것입니다. 이것이 하나님께서 우리에게 보여 주신 것이고, 사람들은 마땅히 이것에 순종해야 합니다.

한 교회는 한 지방을 그 단위로 취합니다. 우리가 하나를 초과하는 단위를 함께 더할 때, 그것은 우리에게 단지 한 단위만 있는 것이 아닙니다. 그렇게 하려면 반드시 둘 이상의 교회들이 있어야 합니다. 그러므로 우리는 '유대(도, 道)에 있는 교회들'(살전 2:14)과 '갈라디아(도)의 교회들'(고전 16:1)을 삽습니다. 하나의 도는 많은 지방들로 구성되어 있으며, 교회의 기본 단위는 한 지방이기 때문에 많은 지방이 있으면 많은 교회들도 있습니다.

다시 한번, 나는 집이 교회의 단위가 될 수 있는지를 묻고 싶습니다. 이 질문에 답변하려면, 생각이 아주 분명해야 합니다. 그렇지 않으면 과오를 범하게 될 것입니다. 우리는 성경에 언급된 집과 오늘날 '가정 교회들(home churches)'을 지지하는 사람들이 말한 집 사이의 차이

점을 이해해야 합니다. 성경에 언급된 집은 그 지방에 있는 교회가 '모인' 장소입니다. 그러므로 어떤 사람의 집에 있는 교회가 '또한' 그 지방에 있는 교회입니다. 아굴라의 집에 있는 교회가 곧 로마에 있는 교회였고, 눔바의 집에 있는 교회가 곧 라오디게아에 있는 교회였으며, 빌레몬의 집에 있는 교회가 곧 골로새에 있는 교회였습니다.

오늘날은 어떻습니까? 어떤 사람들은 로마에 두 군데의 교회가 있을 수 있다고 말합니다. 즉 하나는 어떤 거리에 있고 또 하나는 어떤 집에 있을 수 있다고 합니다. 골로새에도 세 군데의 교회, 즉 한 곳은 거리에, 그리고 두 곳은 집에 있을 수 있다고 합니다. 그들은 집에 있는 교회가 한 지역의 경계보다 더 작은 교회이고, 따라서 한 지방 안에 많은 교회들이 있을 수 있다고 가르칩니다. 그들은 성경에 있는 '집'이라는 단어를 이용하여, 성경에 있는 교회의 단위가 한 지방이 아니라 한 집에 국한되거나 묶인다고 추정합니다. 그러므로 여러분은 성경이 말하는 집과 어떤 사람들이 의견으로 제시하는 집이 완전히 다르다는 것을 주의해야 합니다.

지금의 문제는, 성경에 교회의 경계, 곧 관할 범위로 '지방'보다 더 작은 단위가 있는가입니다. 사람은 있다고 말하지만, 하나님은 없다고 말씀하십니다.

이 질문에 답하기란 매우 쉽습니다. 우리는 로마와 골로새와 라오디게아에 각각 오직 한 교회만 있음을 보았습니다. 분명히 요한계시록은 라오디게아에 있는 교회가 단수로 되어 있었다는 것과, 그것은 또한 하늘들에 있는 한 금등잔대와 일치한다는 것을 우리에게 보여 줍니다.

가장 분명한 예는 예루살렘에 있는 교회였습니다. 그 교회는 당시 인수가 가장 많은 교회였습니다. 성경을 연구하는 사람들은 모두, 예루살렘에 있는 교회의 집회들이 서로 다른 가정들에서 열렸다는 것을 압니다. 성경은 "성전에 모이고, 이 집 저 집에서"(행 2:46)라고 말합니다. 여기의 '집'이라는 단어는 단지 한 집만이 아닙니다. 사도행전 5장 42절도 역시 "성전에서 그리고 이 집 저 집에서"라고 기록하고 있습니다. 다시 여기서도 단지 한 집만이 아닙니다. 후에, 베드로가 감옥에서 나왔을 때 '마리아의 집'(행 12:12)으로 갔는데, 그 집은 많은 집들 가운데 하나였습니다. 이제 문제는 이런 집이 교회의 관할 범위의 단위가 될 수 있느냐에 있습니다. 역사는 우리에게, 당시 다른 모든 교회들 가운데서 예루살렘이 인수가 가장 많았고 가정 집회도 가장 많았다는 것을 보여 줍니다. 만약 하나님께서 집을 교회의 단위로 삼으실 의도가 조금이라도 있으셨다면, 예루살렘은 자격을 가장 잘 갖춘 곳이었고, 다른 이들에게 본이 되기에 가장 적합한 교회였습니다. 만약 하나님께서 예루살렘, 즉 많은 인수와 많은 집들이 있었던 곳에서 집을 교회의 영역 곧 관할 범위로 삼지 않으셨다면, 이제 우리는 성경의 다른 지방에서 집을 교회의 범위로 삼는 것에 대한 어떤 실지적인 근거도 찾을 수 없으리라는 것을 압니다.

그러면 무엇이 사실입니까? 예루살렘에 많은 집들이 있었지만, 하나님은 예루살렘에 오직 한 교회만을 두셨습니다. 성령께서 예루살렘에 있는 교회를 언급하실 때마다, 일관되게 단수로 된 '교회'라는 단어를 사용하셨지, 결코 복수로 된 '교회들'이라는 단어를 사용하시지 않았습니다. 성경은 오직 '예루살렘에 있는 교회'라는 용어를 사용했지, 결코 '예루살렘에 있는 교회들'이라는 용어를 사용하지 않았습니다. 성경은 결코 '예루살렘의 모든 집에 있는 모든 교회들'이라고 말하지 않습니다. 모이는 집이 아무리 많았을지라도 예루살렘에는 여전히 한 교회만 있었습니다. 집을 교회의 단위로 삼는 사상은 무엇이든 인간적인 관념이지 성경의 가르침이 아닙니다. '예루살렘에 있는 교회'(행 8:1)라는 이 문구 하나만으로도, 누구든지 어떤 집에 고립되고 독립적이며 개별적이고 홀로 있는 교회를 세우는 것을 불가능하게 만드는 데 충분합니다.

우리는 또한 사도행전 14장 23절의 "각 교회에 장로들을 선택하여 세우고"라는 말씀과 디도서 1장 5절의 "각 도시에 장로들을 세우게 하려는"이라는 말씀을 비교해 볼 수 있습니다. 이 두 절은 상응하고 일치합니다. '각 교회'는 '각 도시'에 있습니다. 각 집이 아니라 각 도시입니다. 집은 집회 장소로 사용될 수 있고, 교회는 어떤 사람의 집에 있는 교회라 불릴 수 있습니다. 그러나 눔바의 집에 있는 교회는 여전히 라오디게아에 있는 교회였습니다. 집이 아니라 도시나 지방이 교회에게 붙여질 수 있는 합당한 명칭입니다. 도시나 지방이 교회의 합당한 경계이고, 교회의 합당한 단위입니다.

두 가지 과오

오늘날 사람들 가운데서 두 가지 큰 과오가 발견됩니다.

첫째로, 어떤 사람들은 도시나 지방보다 더 큰 교회를 가지려고 갈망한다는 것입니다. 그들은 여러 다른 지방에 있는 많은 교회들을 연결하여 하나의 큰 교회, 다시 말해서 한 지방보다 더 큰 교회로 만들기를 원합니다. 그러나 그들은 성경 안에 '중국에 있는 교회'와 같은 용어가 없다는 것을 한 번도 생각해 본 적이 없습니다. '중국에 있는 교회'라는 용어가 성경적이지 않다는 것을 깨달은 사람이 얼마나 될까요?

하나님의 자녀들 모두는 성경에 한 지방보다 더 큰 연합 교회가 없다는 것을 깨달아야 합니다.

'갈라디아의 교회'가 아니라 '갈라디아(하나의 도)의 교회들'(갈 1:2)입니다.

'이방인들의 교회'가 아니라 '이방인들의 교회들'(롬 16:4)입니다.

'유대에 있는 교회'가 아니라 '유대(하나의 도)에 있는 교회들'(살전 2:14)입니다.

'아시아에 있는 교회'가 아니라 '아시아(하나의 도)에 있는 일곱 교회'(계 1:4)입니다.

'시리아와 길리기아에 있는 교회'가 아니라 '시리아와 길리기아(권역들)에 있는 교회들'(행 15:41)입니다.

그러므로 이 땅에 있는 교회의 경계, 곧 관할 범위는 한 지방에 국한됩니다. 심지어 우리가 서로 다른 두 지방에 있는 두 교회를 합한다 해도 한 교회가 될 수 없고, 여전히 두 교회입니다. 아시아라는 도(道)에 있는 교회들 일곱을 다 합할지라도 한 교회가 아니라 일곱 교회입니다. 갈라디아라는 도(道) 전체에 있는 교회를 합한다 하더라도, 여전히 '갈라디아에 있는 교회'는 없고 오직 '갈라디아의 교회들'이 있을 뿐입니다. 교회가 지방을 넘어선다고 누가 말할 수 있습니까? 우리가 하나님의 증거에 대해 혼란을 일으키지 않도록, 하나님께서 우리의 눈을 열어 주시기를 바랍니다.

둘째로, 어떤 사람들은 도시나 지방보다 더 작은 교회를 가지려고 갈망한다는 것입니다. 그들은 한 지방을 많은 '교회들'이나 많은 '모임들' 또는 많은 '회중들'로 나누려고 합니다. 어떤 이들은 이러한 모임들을 '집 교회들(house churches)'이라고 완곡하게 표현합니다. 그러나 이러한 것들은 모두 동일한 본성에 속한 것입니다. 이들은 분파들이고, 그 목적은 육체를 따라 그들 자신의 종파를 세우려는 것입니다. 하나님의 자녀들은 성경에서 말하는 집과 사람의 생각 속에 심어져 있는 집의 차이를 반드시 구분해야 합니다. 성경에서는 집이 한 지방이나 도시와 동등할 때, 그 집이 교회라고 불립니다. 로마에 있는 교회, 골로새에 있는 교회, 라오디게아에 있는 교회 등이 그 예입니다. 그러나 어떤 집이 한 지방이나 도시보다 작을 때, 그 집은 교회로 불릴 수 없습니다. 예루살렘에 있는 교회의 가정 집회들이 그 예입니다. 이것은 사람의 생각 속에 심어져 있는 '집'과는 매우 다릅니다. 이 집은 의도적으로 지방이나 도시보다 더 작게 만든 것으로, 이것을 토대로 하여 종파들은 그 생명을 영구화하거나 또 다른 형태로 바꿉니다.

그러므로 형제들은 반드시 다음과 같은 성경의 가르침을 기억해야 합니다.

'예루살렘에 있는 교회들'이 아니라 '예루살렘에 있는 교회'(행 8:1)입니다.

'고린도에 있는 네 교회들'이 아니라 '고린도에 있는 교회'(고전 1:2)입니다.

'라오디게아에 있는 두 교회들'이 아니라 '라오디게아에 있는 교회'(계 3:14, 골 4:15-16)입니다.

'에베소에 있는 교회'는 있어도 '에베소에 있는 교회들'은 없습니다. '데살로니가 사람들의 교회'는 있어도 '데살로니가 사람들의 교회들'은 없습니다. '안디옥에 있는 교회'는 있어도 '안디옥에 있는 교회들'은 없습니다.

하나님의 교회는 지방을 그 경계로 취합니다. 어떤 사람의 집에 있는 교회가 그 지방의 교회와 완전히 동등할 때, 그것은 그 사람의 집에 있는 교회라고 불릴 수 있습니다. 그러나 어떤 사람의 집에 있는 교회가 그 지방에 있는 교회보다 더 작을 때, 그것은 교회라고 불릴 수 없습니다. 게바의 '집'과 바울의 '집'과 아볼로의 '집'과 그리스보의 '집'에 있는 '교회들'이 함께 더해졌다 하더라도, 고린도에는 '네' 교회들이 없었을 것입니다. 그들은 여전히 단수로 된 '고린도에 있는 교회'였을 것입니다. 이것을 통해, 우리는 하나님께서 이러한 유형의 '집'을 교회의 경계, 곧 관할 범위를 위한 단위로 결코 삼으신 적이 없다는 것을 알 수 있습니다. 위의 네 집은 네 단위가 아니기 때문에, 그 집들 각각에서 모이는 믿는 이들은 네 교회들이 될 수 없습니다.

예루살렘에는 틀림없이 만 명 이상의 형제들이 있었으며, 따라서 그들은 아마 수백 군데의 가정으로 나누어 모였을지도 모릅니다. 그러나 이런 집들은 도시보다 더 작고, 즉 지방보다 더 작고 예루살렘보다 더 작기 때문에, 교회의 단위들이 되기에는 충분하지 않습니다. 그러므로 이러한 집 수백 군데를 합한다 하더라도, 그들은 수백 군데의 교회들이 될 수 없습니다. 성경에는 예루살렘에 오직 단수로 된 교회만 있습니다. 수백 군데의 집회들을 함께 더할지라도 수백 군데의 교회들이 될 수 없고 오직 한 교회일 뿐입니다. 이것은 각각의 집이 그 자체로는 한 단위가 되기에 충분하지 않다는 것을 의미합니다.

만약 눔바의 집에 있는 교회(골 4:15)와 라오디게아에 있는 교회(16절)가 동일한 것이 아니라면, 우리가 그 둘을 더할 때 반드시 두 교회가 되어야 합니다. 그러나 이렇게 '그 둘'을 함께 더한 후에도, 요한계시록 3장에서 하나님은 '라오디게아에 있는 교회들' 혹은 '두 교회들'이라고 말씀하지 않으시고 '라오디게아에 있는 교회'라고 말씀하셨습니다. 그것들은 다만 하나입니다.

집이 그 지방보다 더 작을 때, 그것은 한 단위가 되기에 충분하지 않습니다. 집이 그 지방과 동등할 때, 한 단위가 될 자격을 갖습니다. 그러나 단위는 집이 아니라 지방입니다. 그러므로 우리는 성경에서 교회의 경계에 대한 표준적인 단위가 도시나 지방이라는 것에 대해 매우 분명해야 합니다. 집이 그 지방과 동등할 때에만, 누구누구의 집에 있는 교회라고 말할 수 있습니다. 집이 그 지방보다 더 작을 때, 우리는 집과 집을 더할 수 있지만 총합은 둘이 아니라 여전히 하나입니다. 우리는 열 군데의 집에 열 군데의 집을 더할 수 있지만, 총합은 스물이 아니라 하나입니다. 심지어 백 군데의 집에 백 군데의 집을 더할 수 있지만, 총합은 이백이 아니라 오직 하나입니다. 총합은 언제나 하나입니다. 이것에 의해, 우리는 '집'이 교회의 경계, 곧 관할 범위에 대한 단위와 같을 수 없다는 것을 알게 됩니다.

누가 성경에서 한 지방에 두 교회가 있다는 것을 지적할 수 있습니까? 아무도 할 수 없습니다! 나는 오직 한 지방에 두 교파가 있다거나, 한 지방에 네 종파가 있다거나, 백 군데의 지방에 백여 가지의 육체의 나타남이 있다고 말할 수 있을 뿐입니다. 그러나 나는 한 지방에 둘 이상의 교회들이 있다고 말할 수는 없습니다. 나는 오직 한 지방에 백 곳이 넘는 가정 집회들이 있다고 말할 수 있을 뿐입니다. 한 지방에는 오직 한 교회만 있습니다. 이것은 확실한 것입니다.

지난 이십팔 년 동안 주님의 부르심의 결과로, 교파들은 주님을 사랑하는 사람들의 마음속에서 설 자리를 잃었습니다. 교회를 여러 집으로 나누는 것을 권장하는 형제들은, 그들이 종파나 자신들을 옹호하기 위해 상황을 바꾸려고 한다는 의혹에 대비해야 합니다. 주님께서 그분의 자녀들의 눈을 열어 주셔서, 교파를 떠난 모든 사람이 다 종파를 떠난 것은 아니라는 것을 보게 하시기를 바랍니다. 주님께서 나의 솔직한 말을 긍휼히 여겨 주시기를 바랍니다.

우리는 반드시 빛 가운데서 우리의 마음에 다음과 같은 질문을 진지하게 해야 합니다. "나는 한 면에서 교파들의 죄를 거절하고 있지만, 또 다른 면에서 '교회에게 복종하기'를 거절하고 있지는 않은가? 또한 그렇게 함으로써, 다만 '집'이라는 타협점을 모색해 낸 것은 아닌가?" 주님께서 이렇게 질문하는 사람들에게 긍휼을 베푸시기를 바라고, 내가 이렇게 말하는 것에 대해서도 긍휼을 베푸시기를 바랍니다.

주님께서 승리를 거두시며 계속 움직이고 계시는 이 결정적인 순간에 이러한 혼란이 들어온 것 때문에, 나의 마음은 매우 슬픕니다. 오늘 우리가 단지 조금만 불순종해도, 주님은 그분의 오심을 지금부터 백 년을 연기하셔야 할 것입니다. 이러한 불순종이 교회에게는 크게 우회하는 길이 될 것입니다. 나는 여러분 형제들이 우리의 형제들을 위하여 금식하며 기도해 주기를 바랍니다. 또한 하나님께서 그들의 마음을 돌아서게 해 주시기를 바랍니다. 또 다른 면으로, 그들을 접촉하는 이들은 그들에게 견고하고 변함없는 사랑을 보여 주어야 합니다. 그럴 때 주님은 이 사람들을 다시 얻으실 수 있습니다. 주님께서 그들 속에 두려움과 떨림을 주시기를 바랍니다. 주님께서 그들에게, 주님을 위해 말하려면 먼저 자신을 제쳐 놓아야 한다는 것을 알려 주시기를 바랍니다. 그들은 겸손해야 하고, 말하기 전에 먼저 보고 들어야 합니다. 그들이 또한 계시가 없이 말하는 것의 결과가 얼마나 심각한지를 보기 바랍니다. 한번 이스마엘이 태어나면, 그 육체에 속한 것이 영에 속한 것을 영원히 박해할 것입니다. 이러한 일이 심지어 오늘에 이르기까지 계속해서 일어나고 있습니다(갈 4:29).

양쪽을 다 가질 수는 없음

어떤 사람들은 잘못된 생각을 갖고 있습니다. 그들은 교회의 경계, 곧 관할 범위가 지방이라는 데에 동의하면서도 종파에서 기꺼이 나오려고 하지 않습니다. 그것 때문에 그들은 집도 교회의 경계가 될 수 있다고 생각합니다. 그들은 이 두 가지가 모순되지 않고 병행할 수 있다고 생각합니다. 그들은 집이 그 지방과 동일할 때와 집이 그 지방과 다를 때를 구별하지 못합니다. 집이 그 지방과 동일할 때에는 교회의 경계가 될 수 있습니다. 그러나 집이 그 지방과 다를 때에는, 이 두 가지를 동시에 교회의 경계 곧 단위로 삼을 수 없습니다. 관건은 지방에 있으며, 집이 그 지방과 같은지의 여부에 있습니다.

만약 집이 단위라면, 집보다 더 큰 지방은 단위가 될 수 없습니다. 지방을 더 작은 단위들로 나눌 수 있다면, 어떻게 지방이 단위가 될 수 있겠습니까? 만약 우리가 지방을 단위로 인정한다면, 어떻게 '또' 집을 단위로 인정할 수 있겠습니까? 지방이 제일 작은 단위인데, 집과 같은 더 작은 단위들로 나눌 수 있겠습니까?(부디 '집' 교회들을 권장하는 이들이 '집'이라는 단어를 성경의 관점에서 보지 않는다는 점을 기억하십시오. 다시 말해서 그들은 지방과 집이 동일하다는 맥락에서 집을 고려하지 않습니다. 그 대신 그들은 자신들의 관념에 따라 집을 보면서, 그것을 지방보다 더 작은 단위로 여깁니다. 이것은 성경에서 언급하는 그런 집이 아닙니다. 부디 이 점에 주의를 기울이십시오.) 만약 피트(길이의 단위로 약 12인치 또는 30.48센티미터에 해당함—역자 주)를 측정 단위로 삼는다면, 인치(2.54센티미터)는 단위가 되기에 부족합니다. 왜냐하면 인치는 완전한 단위에 미달하기 때문입니다. 만약 우리가 인치를 단위로 삼는다면, 피트는 더 이상 단위가 될 수 없는데, 그것은 1피트는 12인치와 같기 때문입니다. 이와 마찬가지로, 만약 교회의 단위가 지방이라면, 한 지방에 있는 많은 집들은 많은 교회들이 될 수 없습니다. 한 지방에 집 하나만 있어도 오직 한 교회이고, 한 지방에 백 군데의 집이 있어도 교회는 오직 하나입니다. 백 군데의 집이 있다고 해서 백 군데의 교회가 있는 것이 아닙니다. 만약 집이 단위라면, 한 집과 함께 한 교회가 있고, 백 군데의 집과 함께 백 군데의 교회가 있게 됩니다. 이러한 경우, 백 군데의 집이 있는 지방에는 결코 한 교회가 있을 수 없을 것입니다. 이 둘, 곧 집과 지방은 완전히 다른 단위들입니다. 집을 단위로 삼든가, 아니면 지방을 단위로 삼아야 합니다. 단위는 하나밖에 있을 수 없습니다. 둘 다 단위로 취할 수는 없습니다. 집과 지방 둘 다 교회의 단위가 될 수 없습니다.

만약 지방이 단위라면, (1) 여러 지방들이 함께 합하여 이루어진 연합 교회는 잘못된 것이고, (2) 한 지방 안에서 고립되어 있는 분파들도 잘못된 것입니다. 만약 집이 단위라면, (1) 연합 교회는 여전히 잘못된 것이지만, (2) 각 지방에 있는 분파들은 정당화됩니다. 한 지방 안에 있는 모든 분파들은 '집'이라는 말 뒤에 숨을 수 있습니다. 만약 '집'이 단위라면, '교회의 말을 듣지 않는'(마 18:17) 사람은 모두 따로 '집' 교회를 조직할 수 있습니다. '집' 교회는 한 지방에서 분열적인 모든 사람의 피신처가 됩니다. 주님께서 그분의 교회에게 긍휼을 베푸시기를 바랍니다.

그러므로 우리는 집과 지방 둘 중 오직 하나만이 단위가 될 수 있고, 둘 다는 단위가 될 수 없다는 것에 분명해야 합니다. 이와 마찬가지로, 만약 우리의 구원이 은혜에 의한 것이 아니라면 행위에 의한 것이어야 합니다. 결코 은혜와 행위 둘 다가 될 수 없습니다. 우리는 그 둘을 겸하여 취할 수 없습니다. 성경에 따르면, 우리의 구원이 은혜에 의한 것이듯이, 교회의 경계 곧 관할 범위는 지방입니다. 한 지방에 있는 교회를 많은 '집' 교회로 나누는 것은 몸 안에 분열을 가져옵니다. 그것은 육체의 일입니다.

나는 큰 지혜를 지니신 하나님께서 한 지방 안에서 교회를 나누려는 사람의 일들을 없애시기 위해 지방을 교회의 경계로 삼으셨다고 믿습니다.

의도와 결과

우리가 어떤 가르침에 대해 판단하고 확정하기 위해 성경을 탐구할 때, 반드시 우리 자신의 마음의 의도를 점검해야 할 뿐 아니라, 그러한 가르침이 어느 방향을 지향하는지, 그리고 어떤 결과를 가져올지를 주의해야 합니다.

예를 들어, 어떤 사람이 성경은 그리스도인들이 아편을 피우는 것을 결코 금지하지 않는다고 말했다고 합시다. 그는 "그리스도인들이 아편을 피워서는 안 된다고 당신이 말한다면, 성경으로 그것을 입증해 보십시오."라고 말합니다. 물론 성경에는 아편을 피우는 것을 금지하는 것에 대한 분명한 기록이 없습니다. 그러나 우리는 이렇게 말하는 것이 하나님의 자녀들에게 어떤 결과를 가져올지에 대해 주의해야 합니다. 이러한 가르침이 초래할 것은 단지 사람들을 세상으로 이끌어서 그들의 정욕을 채우는 것뿐입니다. 또 다른 예는 침례입니다. 어떤 사람들은 물에 잠기는 침례도 옳지만 물을 뿌리는 세례도 옳다고 생각합니다. 그들은 자신이 취한 입지에 대해 많은 이유를 말합니다. 그러나 이러한 이유들은 단지 사람이 하나님의 말씀을 변경할 수도 있다는 것을 드러낼 뿐입니다. 이와 마찬가지로, 만약 어떤 사람이 한 지방에 있는 교회 외에 집에 있는 교회도 있을 수 있다고 말한다면, 우리는 또한 이러한 가르침이 어떤 결과를 가져올 것인지를 물을 것입니다. 한 지방에 있는 사람들이 육체 안에서 자유를 가짐으로 교회의 합일을 깨뜨리고 하나님의 자녀들을 분열의 길로 빠지게 하는 그것 외에 또 다른 결과가 있을 수 있겠습니까? 만약 한 지방에 많은 '집' 교회들이 있을 수 있고, 모두가 그들 자신의 행정을 가지고 있으면서, 영적으로 자신들이 하나라고 생각한다면 그것은 스스로를 속이고 있는 것이 아닙니까? 만약 우리가 이러한 가르침을 붙잡고 있다면, 결과적으로 한 지방에 소위 '집' 교회라는 이름 아래서 얼마나 많은 분열이 일어나겠습니까? 지금도 한 지방에 수십 군데의 교파 교회들이 있는데, 만약 '집' 교회가 성경적이라면 수백 군데의 교회가 더 있게 될 것입니다! 이것이 주님께 이미 헌신했고 주님을 사랑하는 사람이 보기 원하는 것입니까?

우리 모두는 오직 한 교회만 있다는 것을 알고 있습니다. 동서고금을 막론하고 교회는 하나뿐입니다. 머리가 하나뿐이기 때문에 몸도 하나뿐입니다. 교회는 생명이 있는 몸입니다. 그러므로 '어떤 이유로도' 교회를 나누는 것은 옳지 않습니다. 우리는 반드시 이것, 즉 몸이 하나이기 때문에 교회도 하나라는 것을 강조해야 합니다. 어떤 구실로도 교회를 나누는 것은 다 죄입니다. 분열은 '몸 안에서 분열되는 것'(고전

12:25)이기 때문에 죄입니다.

비록 교회가 하나이기는 하지만, 모든 형제들이 함께 모이기란 불가능합니다. 시간과 공간 때문에, 온 세상에 걸쳐 있는 모든 형제들이 늘 함께 모일 수는 없습니다. 이 외에도, 교회의 행정과 감독 및 관리와 관련하여 모든 형제들이 하나의 세계 교회에서 함께 모인다는 것은 터무니없는 일입니다. 그러므로 하나님의 말씀은 교회가 구획으로 분할되도록 허용할 뿐 아니라 정해 놓고 있습니다. 실행적인 면에서 교회(단수)가 교회들(복수)이 되도록 하기 위하여, 하나님은 한 개별적인 교회와 다른 개별적인 교회가 하나가 되는 대신에 두 교회로 남아 있는 길을 세우셨습니다. 이것이 성경 안에 계시되어 있는 '지방'이라는 원칙입니다.

성경에서는 어떤 교회도 지방보다 더 크지 않습니다. 또 어떤 교회도 지방보다 더 작지 않습니다. 사람들이 모여서 함께 거주할 때마다, 그곳에는 한 '지방'이 있게 됩니다. '지방'은 사람들이 모여서 함께 거주하는 곳입니다. 한 지방이 사람들이 모여서 함께 거주하는 장소라면, 바로 그곳이 성경에 따른 교회의 경계입니다. 한 도시에 함께 거주하는 사람들은 다른 지방들에게서 독립적일 수 있습니다. 중요한 것은 사람들(믿는 이들)의 인수의 문제가 아니라 지방의 문제입니다. 분할하는 것에 대한 근거는 사랑이 있고 없고의 문제가 아니라 바로 지방입니다. 하나님께서 교회가 분할되도록 허용하시는 근거는 지방입니다. 그 외에 다른 어떤 분할도 죄입니다. 우리가 지방 외의 다른 어떤 이유로 우리의 형제들에게서 분리된다면, 그것은 죄를 짓는 것입니다. 성경에서, 교회의 본성에 저촉(抵觸)되지 않는 단 한 종류의 구별이 있다면, 그것은 지방에 대한 구별입니다. 지방에 대한 구별은 하나님의 큰 지혜입니다. 나는 상하이에 있고, 당신은 쑤저우(蘇州)에 있습니다. 그러나 우리 둘이 난징(南京)으로 갈 때, 어떤 문제도 일으키지 않을 것입니다. 지방의 경계 외에, 절대로 다른 경계가 있어서는 안 됩니다. 교회 안에서, 하나님은 오로지 우리가 지방의 원칙을 따라 분할하는 것만을 허용하십니다.

의심할 것 없이 교회는 하나입니다. 그러면 어떻게 많은 교회들이 있을 수 있습니까? 그러한 구별은 오직 지방이라는 근거에서만 있을 수 있습니다. 우리는 아직 육신을 입고 있기 때문에 자연히 지리적인 경계의 제한을 받습니다. 이름이나 인간적인 느낌이나 다른 요인들 때문에 생기는 차이는 무엇이든지 교회의 본성에 해롭습니다. 오직 지방에 대한 구별만이 교회의 본성에 저촉되지 않습니다. 이렇게 할 때 누구도 지방이라는 일반적인 터를 외면할 수 없습니다. 우리는 많은 일을 할 수 있을지 모릅니다. 그러나 우리는 자신이 좋아하는 대로 교회를 세울 자격이 없습니다. 만약 우리가 교회의 터가 지방적인 것임을 보았다면, 어떤 종파도 더 이상 존재할 이유가 없을 것입니다. 지방의 문제는 사람의 육체를 가장 깊은 곳까지 도려냅니다.

이제 내가 교회의 본성에 관하여 말해 온 것을 반복하고자 합니다. 교회를 나누려는 어떤 이유든, 그것은 교회의 본성을 해칩니다. 즉 그것은 교회의 합일을 깨뜨려서 분열을 일으킵니다. 우리가 육신을 입고 있는 사실로 인해, 지리(地理)는 유일하게 우리를 분할할 수 있는 요인입니다. 그러한 분할은 교회의 합일의 본성을 위협하지 않습니다. 그러므로 하나님은 지방을 교회의 땅에 속한 경계로 정하셨습니다. 하나님은 또한 하늘에 속한 교회의 유일함을 표현하도록 한 지방에 오직 한 교회만 있어야 한다고 정하셨습니다.

우리는 반드시 교회를 지방으로 분할하는 것에 대한 영적인 이유를 보아야 합니다. 이것을 보면, 오늘날 교회를 집으로 분할하는 원칙이 하나님에게서 나온 것인지 아닌지를 알게 될 것입니다. 예루살렘에 있는 성도들을 집으로 분할하는 방식은 성경적이었습니다. 물리적인 실제 상황으로서 그곳에 인수가 매우 많았기 때문에, 그들은 많은 가정에서 나누어 모였습니다. 그러나 교회는 여전히 하나, 곧 '예루살렘에 있는 교회(단수)'였습니다. 오늘날 교회를 집들로 나누는 사람의 방법은 한 지방 안에 많은 교회를 만드는 것입니다. 그것은 물리적인 제한이나 지리상의 원인이나 거리가 너무 멀어 함께 모이기에 불편한 것과는 아무 관계가 없습니다. 그것은 군중이 많고 함께 앉을 만한 충분한 공간이 없다는 사실과도 무관합니다. 그것은 사람들이 너무 많아서 그들을 돌보기가 불가능하다는 사실과도 무관합니다. 그것은 먼 거리를 행정적으로 다루고자 하는 현실적인 문제와도 관계가 없습니다. 그것은 단순히 교회를 많은 교회들로 나누는 방식입니다. 이렇게 모호한 이유로 사람들을 많은 교회로 나누는 것은 교회의 본성을 해칩니다. 지리적이거나 물리적인 요구에 근거하지 않고 분할하는 것은 본성상 영적인 것입니다. 그렇게 하는 것은 영적인 합일에 손을 대는 것입니다. 이와 같은 분할은 외적이고 한정된 것이 아니라 내적이고 영적인 것입니다. 어떤 분열이든 지리적으로나 물리적인 이유가 없는 것은 다 내재적이고, 실지적이며, 기본적이고, 영적인 분열입니다. 그러므로 이와 같은 분열은 교회의 본성과 본질 자체를 나누는 분열입니다. 그것은 영적인 합일에 손상을 줍니다.

이것은 매우 엄중한 것입니다. 이십팔 년 전에 우리가 처음으로 그리스도의 몸의 하나에 대한 빛을 본 이후, 우리는 많은 역경의 파도를 통과해 왔습니다. 그러나 내가 믿기에, 우리는 '집' 교회에 관한 가르침보다 더 심각하고 더 애매모호한 것을 결코 겪어 본 적이 없습니다. 사람들이 '집' 교회에 동의함으로써 진리와 대립한 것은 이번이 처음입니다. 우리는 다 하나님을 섬기는 사람들이므로, 나는 여러분에게 하나님의 빛을 구할 것을 간청합니다. 하나님의 교회에서 혼란을 일으키는 목소리를 내지 말고, '여러분의 마음속에서부터' 종파주의를 제해 버리십시오.

우리는 "우리는 생명에서 하나입니다! 영적으로 하나입니다!"라고 말하면서, 교회의 하나를 전적으로 '영적인' 방면으로만 밀어붙여서는 안 됩니다. 형제들이여, 우리가 같은 도시에서 함께 살지 않을 때에는 영적인 말씀으로 자신을 덮을 수 있고, 우리의 분열을 그러한 '영적인 하나' 안에 감출 수 있을 것입니다. 그러나 지금 우리 모두가 같은 도시에 살고 있다면, 우리의 하나를 표현하거나 나타내지 않을 수 있겠습니까? 우리를 나눌 만한 지리적이고 물리적인 요인들이 없으므로, 바로 지금이 우리가 한 교회임을 보여 줄 때가 아닙니까? 우리의 하나를 보여 줄 만한 이토록 적절한 시기에, '집' 교회에 관한 이러한 가르침이 왜 나타나야 합니까? '집' 교회에 관한 이러한 가르침이 합일이나 분할, 그리고 종파주의를 판별하는 표준이 될 수 있겠습니까? 주님, 우리에게 긍휼을 베푸소서!

나는 이 '집' 교회에 관한 가르침이 어디에서 비롯된 것인지에 대해 감히 말하지 않겠습니다. 그러나 나는 이것에 관해 말하는 형제가 종파들의 죄를 본 적이 없을까 봐 염려됩니다. 이러한 가르침은 종파주의로 가는 중간 정류장입니다. 그것은 종파를 철저하게 거절하는 것이 아닙니다. 교파를 떠난 사람이라고 해서 반드시 종파를 떠난 것은 아닙니다. 나는 자신의 개인적인 움직임과 생활과 일만을 아는 어떤 이들이 기꺼이 몸의 제한을 받지 않으려고 할까 봐 두렵습니다. 이 사람들은 '집' 교회에 대한 이와 같은 이야기를 아주 좋아하는 이들입니다. 교회의 말을 듣고 싶어 하지 않고 자기 자신의 교회를 세우기를 갈망하는 사람들은 이와 같은 '교리'를 귀히 여깁니다. 이렇게 말하는 것에 대해 주님께서 그분의 피로 나를 덮어 주시기 바랍니다. 나는 겸손이 어떤 사람들에게 유익할 것이라고 생각합니다. 그러나 우리 자신의 길을 취하지 않는 것은 하나님의 모든 자녀들에게 유익합니다.

마지막으로, 이와 같은 '집' 교회는 성경에 있는 교회가 아닙니다. 이와 같은 '집' 교회는 하나의 종파, 곧 변장한 종파입니다. 이와 같은 '집' 교회는 사람들을 나누고 하나가 되지 못하게 합니다. 이와 같은 '집' 교회는 교회의 본성을 해치면서도 그 상처가 드러나지 않게 합니다. 이와 같은 '집' 교회는 많은 사람들 안에 개인주의와 무법과 인도 직분에 대한 야심을 형성시킵니다. 주님께서 내가 이렇게 말하는 것을 긍휼히 여겨 주시기를 바랍니다. 주님께서 그분의 교회들이 해를 받지 않도록 긍휼을 베풀어 주시기를 바랍니다.

3.

교회의 내용

제3장

교회의 내용

(1950년 12월 4일 상하이에 있는 형제자매들과 나눈 대화로서
1951년 3월 1일 자의 '열린 문'에 게재된 것임)

나는 형제들과 교회의 문제에 관해 조금 더 말하고 싶습니다. 교회에는 반드시 성령의 권위와 지방의 터 모두가 있어야 합니다. 그러나 지방의 터는 간단한 문제가 아닌데, 왜냐하면 교회에는 여전히 내용이 있어야 하기 때문입니다. 내용이 없으면 한 지방에 있는 교회로 여겨질 수 없습니다. 명칭이 옳은 것은 매우 중요한 문제이지만, 명칭이 옳다고 해서 문제가 전혀 없다는 뜻이 아닙니다. 이러한 이유로, 나는 형제들과 함께 성경을 통해 한 지방에 있는 교회의 몇 가지 요건들을 찾아보고자 합니다. 우리가 지방의 터 위에 서 있다고 말하는 것만으로는 충분하지 않습니다. 한 교회가 지방의 터 위에 서 있다고 말하기 위해서는 일정한 요건들과 조건들을 충족해야 하며 어떤 내용이 있어야 합니다. 만약 이러한 요건들과 조건들 중 하나라도 충족되지 않는다면, 우리는 아직 지방의 터 위에 서 있는 것이 아닙니다.

받아들임

첫째로, 만약 어떤 교회가 성경에 제시된 대로 참으로 지방의 터 위에 서 있다면, 주님께서 받으신 모든 사람을 반드시 받아들여야 합니다. 로마서 15장 7절은 "그러므로 그리스도께서 우리를 받아들이시어 하나님께 영광을 돌리신 것과 같이, 여러분도 서로 받아들이십시오."라고 말합니다. 여기서 우리는 한 가지, 곧 어떤 그리스도인을 받아들이는 문제가 그리스도께서 받아들이시는 것에 근거함을 볼 수 있습니다. 다시 말해서, 그리스도께서 우리를 받아들이신 것처럼 우리는 서로를 받아들여야 합니다. 바꾸어 말해서, 우리는 그리스도께서 받아들이신 사람들을 거절할 수 없습니다. 만약 어떤 죄인이 그리스도께 받아들여졌다면, 우리는 반드시 그를 형제로 받아들여야 합니다. 만약 우리가 그리스도께서 받아들이신 어떤 사람을 받아들이지 않는다면, 즉시 우리는 교회가 아니라 종파가 됩니다.

무엇이 교회입니까? 교회는 한 지방에서 그리스도께서 받아들이신 모든 사람을 받아들입니다. 하나님은 상하이에 사는 사람들이 난징(南京)이나 충칭(重慶)에 있는 형제들을 받아들이는 것보다 그들의 지방에 있는 형제들을 받아들이는 것을 관심하십니다. 우리는 그리스도께서 받아들이신 모든 사람을 받아들여야 합니다. 만약 우리가 톈진(天津)에 있는 교회가 참으로 교회인지의 여부를 결정하고자 한다면, 다만 그 교회가 톈진에 있는 구원받은 모든 사람을 받아들이는지의 여부를 보기만 하면 됩니다. 톈진에 있는 형제들에게 선택적인 성향이 있다고 가정해 봅시다. 그들은 그리스도께서 받아들이신 사람들 중에 어떤 종류의 사람들만 받고 다른 종류의 사람들은 받아들이지 않습니다.

그렇다면 그것은 교회가 아닙니다. 우리는 우리와 같은 사람들만 받아들이는 반면에 우리와 다른 사람들은 받아들이지 않는다고 말할 수 없습니다. 우리는 어떤 이유로도 주님께서 받아들이신 사람을 받아들이지 않을 수 없습니다. 받아들이지 않는다면 우리는 교회가 아닙니다.

"여러분은 믿음이 약한 사람을 받아들이고, … 왜냐하면 하나님께서 그를 받아들이셨기 때문입니다."(롬 14:1, 3) 어떤 사람이 채식주의자라고 가정해 봅시다. 우리는 그가 매우 약하다고 생각할 수 있습니다. 그러나 성도를 받아들이는 근거는 그 형제가 강한지 약한지에 있지 않고, 하나님께서 그를 받아들이셨는지의 여부에 있습니다. 아마 그는 약한 형제일 것입니다. 그러나 우리는 그를 받아들여야 합니다. 하나님은 그의 강함이나 약함을 무시하시고 이미 그를 받아들이셨습니다. 그러므로 우리도 그를 받아들여야 합니다. 한 지방에 있는 교회의 기본적인 교통은 하나님의 교통에 근거합니다. 하나님께서 받아들이신 형제라면 우리도 받아들여야 합니다. 우리에게는 그를 거절할 어떤 이유도 없습니다. 그러지 않으면 우리는 교회가 아니라 종파입니다. 한 지방에 있는 교회는 성도를 받아들이는 면에서 하나님만큼 관대하기도 하고 엄격하기도 해야 합니다. 우리는 하나님께서 받아들이시는 사람은 누구든지 받아들이고, 하나님께서 받아들이시지 않는 사람은 누구든지 받아들이지 않습니다. 우주적인 교회는 하나님께서 온 세상에서 받아들이신 모든 사람을 받아들이고, 각 지방에 있는 교회는 하나님께서 한 지방에서 받아들이신 모든 사람을 받아들입니다. 어떤 형제가 우리와 아무리 다르다 하더라도, 또 아무리 우리의 표준에 미치지 못한다 하더라도, 우리가 그를 받아들이는 조건은 오직 하나, 곧 하나님께서 그를 받아들이셨는가입니다. 하나님께서 그를 받아들이셨다면 우리도 반드시 받아들여야 합니다. 그러므로 우리는 반드시 이 점, 곧 각 지방에 있는 교회는 반드시 그리스도의 생명과 하나님에 대한 믿음을 믿는 이들을 받아들이는 근거로 삼아야 한다는 것에 대해 아주 분명해야 합니다. 이것 외에 우리에게는 어떤 다른 요구가 없습니다. 만약 우리가 다른 요구들을 일정한 요건으로 삼는다면, 우리는 어떤 다른 종파와 마찬가지로 종파입니다. 종파는 유죄 판결을 받은 것이므로 이것은 매우 엄중한 사안입니다.

통제력을 행사함

이것은 우리가 한 지방에서 구원받은 모든 사람을 무조건 받아들여야 한다는 뜻입니까? 아닙니다! 한 지방에 있는 교회는 반드시 그 지방에서 그리스도께서 받아들이신 모든 사람을 받아들여야 할 뿐 아니라, 교회의 통제력도 행사해야 합니다. 이 교회의 통제력이란 무엇입니까? 주님께 받아들여진 형제가 어떤 일, 곧 주님께서 그를 교통에서 배제하도록 정해 놓으신 무언가를 저지른 경우, 우리는 그를 징계해야 합니다. 우리는 주님께서 원하시는 모든 사람을 원해야 하지만, 주님께서 원하시지 않는 모든 사람을 원한다고 말해서는 안 됩니다. 주님은 어떤 사람을 세상 속에 두시는데 우리가 그 사람을 교회 안에 둔다면, 우리는 교회 안에 세상을 향한 문을 열어 놓는 것입니다. 그 결과, 교회와 세상 사이에는 어떤 경계도 없을 것입니다. 그 둘 사이에 있는 담이 우리 때문에 무너져 내릴 것입니다.

우리는 자주 이런 예화를 사용합니다. 한 척의 배가 항해 중일 때, 그 배는 바다와 교통을 가질 수 없습니다. 배와 바다가 교통을 나누기 시작하면, 그 즉시 그 배는 바닷속으로 가라앉기 시작할 것입니다. 이와 마찬가지로 교회 안에 구멍이 하나 뚫리면, 교회와 세상 사이를 분별하는 경계가 사라질 것입니다. 그러므로 각 지방에 있는 교회는 반드시 통제력을 행사해야 합니다. 즉 한 지방에 있는 교회가 되려면 반드시 징계 조치를 취해야 합니다.

징계 조치란 무엇입니까? 고린도전서 5장은 여섯 종류의 사람들에 대해 말합니다. 이들은 구원받고 하나님의 생명이 있는 사람들입니다. 그러나 그들은 지나치게 방종에 빠져 음행을 하는 사람, 탐욕이 많은 사람, 우상숭배하는 사람, 남을 욕하는 사람, 술 취하는 사람, 약탈하는 사람이 되었습니다(11절). 바울은 고린도에 있는 교회에게 "여러분은 그 악한 사람을 여러분 가운데서 격리시키십시오."(13절)라고 말했습니다. 고린도전서 5장의 명령은 어느 형제가 죄를 지은 즉시 그를 우리 가운데서 쫓아내야 한다고, 곧 격리시켜야 한다고 말하지 않습니다. 그러나 이 말씀은 그 형제가 '그런 사람'이 될 때, 반드시 그를 격리시키라고 강하게 말합니다. 이 말씀은 어떤 사람이 음행을 범하는 것을 말한 것이 아니라, 방종에 빠져 '음행을 하는 사람'을 말한 것입니다. 또 어떤 형제가 남을 욕하는 것을 말한 것이 아니라, '남을 욕하는 사람'을 말한 것입니다. 어떤 사람이 '그런 사람'이 될 때, 교회는 반드시 그를 내쫓고 제명해야 합니다. 교회 안에서 주님께서 원하시지 않는 사람은 누구든지 우리도 원하지 않아야 합니다. 만약 우리의 지방에서 주님께서 원하시지 않는 사람을 우리가 받아 주고 있다면, 그것이 문제를 야기할 것입니다. 주님은 그런 사람이 온 반죽을 부풀게 하는 적은 누룩과 같다고 말씀하셨습니다(6절). 오래지 않아 교회 전체에 곰팡이가 피게 될 것입니다. 온 교회는 더 이상 순수한 밀가루가 아닐 것이고, 누룩을 갖게 될 것입니다. 그러므로 교회에는 반드시 징계가 있어야 합니다. 그뿐 아니라 교회는 어떤 형제가 어떤 부류의 사람인가를 압니다. 이것은 바버(M. E. Barber) 자매님의 다음과 같은 말에도 반영되어 있습니다. "교회의 하나는 곧 성령의 음성입니다." 만약 모든 형제들이 어떤 형제가 그런 사람이라고 느낀다면, 분명히 그는 그런 사람입니다. 우리는 모든 형제들이 다 그를 오해했다고 말할 수 없습니다. 그러므로 각 지방에 있는 교회는 반드시 그 지방에서 하나님의 징계를 집행해야 합니다.

나아가 성경은 교회가 도덕적인 문제뿐만 아니라 교리적인 문제에 있어서도 통제력을 행사한다는 것을 계시합니다. 그러나 주님은 우리가 평범한 교리들과 관련하여 통제력을 행사하기를 원하지 않으십니다. 예를 들어, 어떤 사람들은 주일(主日)을 지키는 반면에, 다른 사람들은 안식일을 지킵니다.(이것은 율법을 회복하고 있는 안식교를 가리켜 말한 것이 아닙니다.) 어떤 사람들은 이 둘 다를 지킵니다. 우리는 이에 대해 다투지 말아야 합니다. 어떤 형제들은 채식을 하고 어떤 형제들은 육식을 합니다. 우리는 이것에 대해서도 다투지 말아야 합니다. 그러나 우리가 어떤 일이 있더라도 반드시 지켜야 할 한 가지 교리가 있는데, 그것은 곧 '주 예수님의 인격'에 관한 교리입니다. 이것은 요한이서 7절부터 11절까지에서 다음과 같이 언급됩니다.

미혹하는 사람들이 세상에 많이 나타났습니다. 그들은 예수 그리스도께서 육체로 오신 것을 시인하지 않는 사람들입니다. 이런 사람이 미혹하는 사람이고 적그리스도입니다. … 그리스도에 관한 가르침에서 빗나가 그 가르침 안에 거하지 않는 사람마다 하나님이 없는 사람이며, … 누구든지 이 가르침을 지니지 않

고 여러분에게 오거든, 그를 그대의 집에 들이지도 말고 인사도 하지 마십시오. 왜냐하면 그에게 인사하는 사람은 그의 악한 일에 참여하는 것이기 때문입니다.

나는 이 절들이 한 지방에 있는 교회가 반드시 주 예수님의 인격을 붙들어야 한다는 것을 매우 분명하게 밝히고 있다고 생각합니다. 만약 주 예수님께서 육체로 나타나신 하나님이 아니시라면, 즉 그분께서 다만 육체일 뿐이시라면 그분은 하나님이 아니시며, 따라서 주 예수님은 우리를 위하여 구속을 성취하실 수 없었을 것입니다. 그러면 교회는 근본적으로 아무것도 아닌 것이 되었을 것입니다. 따라서 교회는 그리스도의 인격과 관련된 어떤 것에 대해서도 반드시 엄격해야 합니다. 교회는 이 문제에 있어서 조금도 느슨해서는 안 되고 관대해서도 안 됩니다. 만약 어떤 사람이 주님의 인격에 대해 다른 가르침을 전한다면, 그를 여러분의 집에 들이지도 말고 인사도 하지 말아야 합니다. 그러지 않으면 여러분의 교회는 교회의 터를 잃어버릴 것입니다. 교회에 징계가 전혀 없다면 교회로서의 자격을 잃게 됩니다. 도덕적인 혼란은 잘못된 것이며, 교회는 이것을 허용하지 않습니다. 교리적인 혼란 또한 잘못된 것이며, 교회는 이것도 허용하지 않습니다. 그러나 우리는 결코 평범한 교리들에 대한 차이점들이 이 범주에 포함되는 것으로 여겨서는 안 됩니다. 만약 교회가 그러한 혼란을 다루듯이 평범한 교리들을 다룬다면, 교회 전체가 산산조각 날 것입니다. 우리는 평범한 교리들에 대해 다투어서는 안 됩니다. 우리는 오직 그리스도의 인격에 관한 교리들을 반드시 수호해야 합니다. 여기에서 교회는 반드시 통제력을 행사해야 합니다. 그러지 않으면 교회는 끝나게 됩니다.

마태복음 18장 15절부터 17절까지는 이렇게 말합니다. "더욱이 그대의 형제가 그대에게 죄를 지으면, 그대는 가서, 그대와 그 사람만이 있는 자리에서 그의 잘못을 깨닫게 하십시오. … 그러나 그가 듣지 않으면, 한두 사람을 더 데리고 가서, 두세 증인의 입으로 말마다 확증하게 하십시오. 그가 그들의 말도 듣지 않거든 교회에게 말하고, 교회의 말도 듣지 않거든 그를 이방인과 세리와 같이 여기십시오." 어떤 교회들은 아주 게을러서 번거로운 일을 다루는 것을 좋아하지 않습니다. 그러나 주님은 교회가 모든 면에서 교회가 되고자 한다면, 반드시 징계의 일들을 돌보아야 한다고 말씀하셨습니다. 18장에 있는 주님의 가르침은 각 지방에 있는 교회를 가리킵니다. 그것은 우리가 그 안에서 '말할' 수 있는 곳을 언급하기 때문입니다. 각 지방에 있는 교회는 반드시 이러한 문제들을 돌보아야 합니다. 만약 한 지방에 있는 교회가 이런 일들을 돌보지 않는다면 자신의 의무를 소홀히 하고 있는 것입니다. 만약 우리가 한 지방에 있는 교회라면, 그 지방 안의 모든 책임을 짊어져야 합니다.

포괄적임

그뿐만 아니라, 한 지방에 있는 교회를 위한 가장 중요한 문제는 교회가 배타적이지 않고 포괄적이어야 한다는 것입니다. 교회는 반드시 두 방면, 곧 교회의 행위와 교회의 교리에 있어서 포괄적이어야 합니다. 먼저, 우리는 교회가 배제해서는 안 되는 그리스도인의 행위 방면을 살펴보고자 합니다.

사도행전 20장 27절에서 바울은 에베소의 장로들에게 "왜냐하면 내가 주저하지 않고 하나님의 모든 의견을 여러분에게 선포하였기 때문입니다."라고 말했습니다. 이 말씀은 "왜냐하면 내가 주저하지 않고 하나님의 온전하고 완전한 뜻을 여러분에게 선포하였기 때문입니다."라고 할 수도 있습니다. 만약 한 지방에 있는 교회가 교회의 위치에 서 있다면, 주저하지 말고 하나님의 온전하고 완전한 뜻을 선포해야 합니다. 우리는 모든 형제가 다 하나님의 온전하고 완전한 뜻을 만질 것이라고 기대할 수는 없지만, 바울처럼 하나님의 온전하고 완전한 뜻에 관한 어떤 진리도 주저하거나 거절하지 말아야 합니다. 우리가 어떤 방면의 진리를 꺼리는 즉시, 우리는 종파가 됩니다. 우리 자신이 꺼리는 어떤 진리들을 믿는 사람들을 우리가 배제할 경우, 우리는 하나님의 모든 자녀들을 포함할 수 없습니다.

"교회는 그리스도의 몸이요, 만물 안에서 만물을 충만하게 하시는 분의 충만입니다."(엡 1:23) 주님은 우주적인 교회를 충만하게 하실 뿐만 아니라 각 지방에 있는 교회도 충만하게 하십니다. 만약 한 지방에 있는 교회가 그리스도의 한 부분만 갖고 있다면, 그것은 교회가 아닙니다. 교회는 그리스도의 몸입니다. 이것은 그리스도 전체를 의미합니다. 예를 들어, 나의 허리둘레가 40인치인데 허리 치수가 30인치인 양복을 나에게 준다면, 나는 그것을 입을 수 없을 것입니다. 옷이 충분히 커야 내가 입을 수 있습니다. 교회와 그리스도의 관계는 몸과 생명의 관계와 같습니다. 그것은 옷과 몸의 관계와 같지 않습니다. 때때로 우리는 조금은 억지로 옷을 우리의 몸에 맞추어 입을 수도 있습니다. 그러나 우리는 결코 억지로 우리의 몸에 생명을 담을 수 없습니다. 그리스도의 몸은 반드시 그리스도의 생명 전부를 온전히 담을 수 있도록 완전해야 합니다. 오직 주님의 충만이 상하이에 있는 교회 안에 있을 때에만, 상하이에 있는 교회라 불릴 수 있습니다. 만약 교회가 어떤 것은 받아들이고 또 다른 어떤 것은 받아들이지 않는다면, 그 교회에는 부족함이 있는 것입니다. 우리가 수용할 수 없는 어떤 것이 있다면, 바로 그것 안에 있는 그리스도의 분량이 우리에게서 배제될 것입니다. 그러한 경우에, 우리는 온전히 완전하지 않습니다. 따라서 교회는 불구가 됩니다. 이것은 매우 중요한 일입니다. 교회는 그리스도의 충만으로 충만하게 됩니다. 교회는 그리스도의 몸입니다. 그리스도는 그러한 교회를 그분의 외적인 옷으로 입으십니다. 교회는 반드시 그리스도를 담을 정도로 충분히 커야 합니다. 교회는 반드시 그리스도께서 꼭 들어맞으실 정도로 충분히 큰 외형을 가지고 있어야 합니다. 만약 교회가 그리스도의 생명의 모든 것을 갖고 있지 않다면, 완전하신 그리스도를 표현할 수 없고 따라서 교회라고 불릴 수 없습니다.

골로새서 1장 25절은 "여러분을 위하여 하나님께서 나에게 주신 청지기 직분을 따라 내가 교회의 사역자가 된 것은 하나님의 말씀을 완성하기 위한 것입니다."라고 말합니다. 교회 안에는 반드시 하나님의 완전한 말씀이 있어야 합니다. 하나님의 말씀은 반드시 교회 안에서 완성되어야 합니다. 이러한 말씀들을 읽은 후에도, 우리는 실행적인 방면을 이해하지 못할 수 있습니다. 예를 들면, 하나님의 말씀과 모든 종류의 성경적인 행위가 교회 안에서 이루어지도록 한다는 것이 무슨 의미입니까? 한 지방에 있는 교회가 포괄적이어야 하고 배타적이어서는 안 된다는 의미가 무엇입니까?

(1) 한 가지 예로, 요즈음 우리는 영적인 은사들의 문제에 관해 이야기해 왔습니다. 우리는 우리 자신이 상하이에 있는 교회라고 말합니다. 그러나 상하이에 있는 형제들이 영적인 은사들을 믿지 않는다고 가정해 봅시다. 이것이 괜찮은 것입니까? 아닙니다! 교회가 영적인 은

사들을 믿지 않는다고 말해서는 안 되는데, 그것은 성경 안에 영적인 은사들이 있기 때문입니다. 우리가 영적인 은사들을 믿지 않는 즉시 상하이에 있는 교회가 될 수 없습니다. 우리는 다만 '영적인 은사들을 믿지 않는, 상하이에 있는 교회'라고 불릴 수 있을 뿐입니다. 우리가 영적인 은사들을 믿지 않는 것 때문에 우리는 포괄적이 되지 못하고, 어떤 형제들에게 배타적이 되는 것입니다. 가령 상하이에 있는 형제들 중 이십 명이 영적인 은사들을 믿는다고 해 봅시다. 우리가 영적인 은사들을 믿는 것을 거절하는 순간, 우리는 그들을 포함할 수 없습니다. 그것은 그들을 격리시키는 것입니다. 그들도 그리스도의 몸의 지체들이기 때문에, 우리가 그들을 배제하는 것은 한쪽 손을 자르는 것과 같지는 않을지 모르지만, 최소한 손가락 하나를 자르는 것과 같습니다. 그러므로 우리는 이러한 교회가 그리스도의 충만으로 충만하다고 말할 수 없습니다. 우리는 하나님의 말씀을 이루지 못했습니다. 그것은 우리가 그리스도의 한 부분을 잘라 냈기 때문입니다.

(2) '모든 소유를 팔아 주님을 따르는 것'과 같은, 보다 더 큰 것을 고려해 보십시오. 가령, 상하이에 있는 형제들이 모든 것을 파는 것을 믿지 않고, 그 대신 부지런히 일하여 돈을 벌고 그 번 돈의 일정 비율만을 떼어 내 가난한 사람들에게 나누어 주는 것을 믿는다고 합시다. 만약 상하이에서 백 명의 형제들이 주님의 영에 감동되어 모든 것을 팔아 주님을 따른다면, 그들은 이 교회 안에서 자신들의 자리가 없다고 느낄 것입니다. 만약 우리에게 그들을 포함시킬 길이 없다면, 우리는 그들에게 배타적이게 됩니다. 그러나 모든 것을 팔아 주님을 따르는 것은 그리스도의 생명의 한 부분입니다. 만약 우리가 이러한 생명의 몫을 가진 형제들을 포함할 수 없다면, 즉 우리가 그들을 외면한다면,

우리는 우리의 교회가 너무나 작을 뿐 아니라 불구가 된 것을 볼 수 있습니다. 이것은 마치 손이나 발을 절단하는 것과 같습니다. 그리스도께서 갖고 계신 모든 것을 어떻게 교회가 갖지 않을 수 있습니까? 만약 그리스도께서 갖고 계신 모든 것을 교회가 갖고 있지 않다면, 이러한 교회는 교회의 위치에 설 수 없습니다. 그것은 종파이지 교회가 아닙니다. 교회는 반드시 그리스도의 충만을 포함해야 합니다. 그러지 않을 경우, 이러한 백 명의 형제들은 결국 '모든 것을 팔아 주님을 따르는 교회'를 형성하여 하나의 종파를 더 산출하게 될 것입니다. 우리는 완전하지 않을 것이고 그들도 완전하지 않을 것입니다. 우리의 교리가 그들을 포함할 정도로 충분히 넓지 못하고, 그들의 교리 또한 하나님의 온전하고 완전한 뜻이 아닙니다. 우리가 그들을 잘라 내고, 그들도 우리를 잘라 냅니다.

그러므로 한 지방에 있는 교회는 주님을 추구하는 하나님의 모든 자녀들을 포함해야 합니다. 모든 것을 파는 형제들을 포함해야 할 뿐 아니라, 모든 것을 팔지 않는 형제들도 포함해야 합니다. 우리는 성경 안에 없는 것을 포함할 수 없습니다. 그런 것까지 포함하면 세상도 포함하게 될 것입니다. 우리는 성경 안에 있는 모든 것을 포함해야 합니다. 그러지 않으면, 우리는 하나님의 자녀들의 일부를 분리하고 배제하게 될 것입니다.

사도행전 5장 4절은 "땅이 그대로 있을 때에도 그대의 것이 아니었습니까?"라고 말합니다. 이 절은 땅이 팔리기 전에도 원래 소유자들의 것으로 남아 있을 수 있었다는 것이 분명합니다. 성경은 우리에게, 그 당시에 모든 소유를 팔지 않은 믿는 이들도 있었다는 것을 보여 줍니다. 즉 믿는 이들 모두가 여전히 그리스도인일 수 있었습니다. 만약 어떤 단체가 모든 것을 팔지 않은 사람들을 기꺼이 받아들이지 않는다면, 그것은 (중국의 어떤 그리스도인들이 실행하는 것과 같은) '가정(家庭)'이지 교회가 아닙니다. 일반적인 교파들은 각 사람이 다 모든 것을 팔아야 한다고 요구하지 않지만, '가정'은 이것을 강하게 요구합니다. 그러므로 그들 또한 교회가 아닙니다. 무릇 하나님의 자녀들 중 일부에게 빗장을 지르는 것은 배타적이고 종파적인 것입니다. 모든 형제들이 완전함의 길을 취하는 것이 가장 좋습니다. 만약 우리가 이 길을 오를 수 없다면, 다른 사람들이 그렇게 하는 것을 막지 말아야 합니다. 이것이 유일하게 우리가 포괄적이 되고 교회라 불릴 수 있는 길입니다. 하나님의 모든 종들이 이 표준에 이르는 것이 가장 좋습니다. 비록 우리가 오르지 못할지라도, 다른 사람들이 오를 수 있도록 길을 남겨두어야 합니다. 무릇 성경이 허용하는 것을 우리도 허용해야 하고, 성경이 허용하지 않는 것을 우리도 허용해서는 안 됩니다. 우리는 반드시 더 높이 올라가고자 하는 열망을 가져야 합니다. 아무리 어렵더라도 우리는 이 길을 가야 합니다. 그러나 우리가 심지어 그것을 이루어낼 수 없다 하더라도, 여전히 다른 형제들이 이 길을 갈 수 있도록 자유를 허용해 주어야 합니다. 교회는 결코 우리가 할 수 있는 것만을 포함하고 우리가 할 수 없는 것을 배제해서는 안 됩니다. 우리는 표준이 될 정도로 충분히 크지 않습니다. 우리는 어떤 종류의 심판이든 그것을 내릴 만한 근거가 될 수 없습니다.

앤드루 머리(Andrew Murray)가 한번은 이런 말을 한 적이 있습니다. "주님의 종 된 우리는 조만간에 우리 자신이 이룰 수 없는 말씀을 전해야 할 것입니다." 우리는 우리 자신이 나아갈 수 없다고 해서 다른 사람들이 나아가는 것을 결코 방해해서는 안 됩니다. 한 지방에 있는 교회가 교회의 위치에 서기 위해서는 반드시 이런 종류의 폭넓은 마음이 있어야 합니다. 이것이 낯설어 보이겠지만, 이것은 사실입니다. 바울이 걸어간 길은 그가 전한 모든 것과 일치했습니다. 그러나 우리와 같은 사람들은 설령 전한 대로 나아갈 수 없다 하더라도 여전히 전해야 합니다.

(3) 또 다른 예는 어떤 사람이 병들었을 때 약을 먹는 것과 관련됩니다. 이것에 대한 성경적인 근거가 있는데, 그것은 누가가 구원을 받은 후에도 계속해서 의사로서 일했기 때문입니다. 우리는 병에 걸렸을 때 몸에 도움이 될 만한 무언가를 섭취하는 것이 좋습니다. 그러나 어떤 형제들은 병을 앓을 때 오직 주님만을 앙망합니다. 그래서 그들은 어떤 약이든 전혀 먹지 않습니다. 교회의 합당한 태도는 이 두 가지를 다 포함해야 한다는 것입니다. 만약 형제들이 의사나 약의 도움을 받지 않고 신유(神癒)를 믿을 수 있다면, 그것이 가장 좋습니다. 만약 어떤 형제들이 믿음이 부족하여 의사와 상담하고 약간의 약을 먹는다면, 이것 역시 괜찮습니다. 만약 한 무리의 형제들이 과학을 믿고 다른 사람들이 약을 먹지 않는 것은 너무 지나치다고 생각하여 그렇게 하는 사람들을 거절한다면, 이러한 무리의 형제들은 즉시 몇몇 형제들을 배제시키고 쫓아낼 것입니다. 그러나 우리는 결코 다른 극단에 빠져서, 이전에 있었던 '시온산 교회'처럼 의사를 만나지도 말고 약도 먹지 말라고 주장해서는 안 됩니다. 만약 우리가 이렇게 한다면, 믿음이 부족한 사람들은 우리로 인하여 죽음에 넣어질 수 있습니다.

이전에 이집트의 서쪽에서 수단(Sudan)을 따라 말라리아가 매우 창궐했었습니다. 신유를 믿는 많은 형제들이 그곳에 가서 "키니네(kinine)는 약이기 때문에 우리는 먹지 않겠습니다."라고 했습니다. 그 결과 매년 백 명 중 수십 명이 죽었습니다. 그러나 다른 한 무리의 형제들은 "우리가 있는 지방에서 키니네는 약이 아니라 음식입니다."라고 말했습니다. 그 결과 그들은 매년 백 명 중 몇 사람밖에 죽지 않았습니다. 이것으로 첫 번째 무리의 주장이 틀렸다는 것이 분명해졌습니다.

기본적으로, 우리는 성경에서 허용하지 않는 것은 가져오지 말아야 하지만, 성경에서 허용한 것은 무엇이든지 포함해야 한다는 태도를 가져야 합니다. 이것이 배타적이지 않고 포괄적이 되는 길입니다. 우리는 반드시 약을 의지해야 한다고 말해서는 안 됩니다. 만약 우리가 이렇게 한다면, 신유를 믿는 사람들은 떠나 버릴 것입니다. 또 우리는 약을 먹어서는 안 된다고 고집해서도 안 됩니다. 그렇게 하면, 믿음이 약한 사람들이 떠나 버릴 것입니다. 교회는 배타적이지 않고 포괄적이어야 합니다. 모든 종파는 모두 이 문제에서 실패하는 바람에 생겨난 결과입니다. 우리는 반드시 이것에 주의를 기울여야 합니다.

(4) '거룩함'이라는 문제와 관련하여, 하나님의 자녀들 중 많은 이들이 주님을 믿는 순간 자신들이 완전하다고 믿습니다. 또 하나님의 다른 자녀들은 자신들이 완전하게 되기 위해서는 여전히 두 번째 축복이 필요하다고 믿습니다. 그들은 성경에서, 어떤 사람들은 축복을 받자마자 완전하게 되었고, 또 어떤 사람들은 두 번째나 세 번째 축복을 받은 후에야 완전하게 되는 것을 만졌습니다. 형제회의 형제들은 한 번 축복받는 것으로 완전하게 되는 것을 믿습니다. 그래서 성결파 형제들은 그들을 떠났는데, 왜냐하면 그들은 두 번째 축복을 받아야 완전하게 됨을 얻는다고 절대적으로 믿기 때문입니다. 그러나 그들이 두 번째 축복을 받아야 완전하게 된다고 절대적으로 믿기 때문에, 형제회의 형제들도 그들을 떠났습니다. 왜냐하면 그들은 한 번 축복받는 것으로

완전하게 된다고 믿기 때문입니다. 만약 어떤 교회가 자기들이 믿는 성경 말씀만을 골라낸다면, 그 교회는 교회의 위치에 서는 것이 아니라 사실상 교파의 위치에 서는 것입니다. 우리는 한 번 축복받음으로 완전하게 된다는 교리와 두 번째 축복을 받음으로 완전하게 된다는 교리 모두를 전합니다. 우리는 한 번 축복받음으로 완전하게 되도록 사람들을 인도할 수도 있고, 두 번째 축복을 받음으로 해방되도록 사람들을 인도할 수도 있습니다. 우리가 장래에 더 많은 종파들을 산출할 것인지 아닌지의 여부는 우리가 하나님의 모든 자녀들을 위한 여지를 남겨 두느냐에 달려 있습니다. 만약 우리가 하나님의 모든 자녀들을 위한 여지를 남겨 두지 않았다면, 우리는 하나의 종파입니다.

(5) 이제 나는 몇 가지 외적인 일들을 언급하고자 합니다. 한 예로, 머리를 덮개로 가리는 것은 명백히 성경 안에 있는 것입니다. 오늘날 교회는 반드시 머리를 덮개로 가리는 것에 절대적으로 찬성해야 합니다. 만약 이것을 보지 못한 형제들이 있다면, 우리는 로마서 14장의 태도를 취하여 그들이 그것을 보기까지 기다려야 합니다. 왜냐하면 주님께서 받아들이시는 사람들을 우리도 반드시 받아들여야 하기 때문입니다. 그들이 그것을 보지 못했을지라도, 우리는 그가 장래에 볼 수 있기를 희망합니다. 교회는 성경 안에 있는 것의 긍정적인 방면 위에 서 있을 뿐, 부정적인 방면 위에 서 있을 수 없습니다. 만약 어떤 사람들이 머리를 덮개로 가리는 문제를 보지 못했다면, 교회는 다만 그들에게 그들의 믿음이 약하다 하더라도 그들을 받아들일 것이라고 말해야 합니다. 만약 어떤 자매가 자신의 머리를 덮개로 가렸는데 교회가 그 자매를 받아들이지 않는다면, 그 자매는 그 교회가 자신의 교회가 아니라고 느끼고 떠날 것입니다. 그럴 때 우리는 어쩔 수 없이 머리를 덮

개로 가리는 종파가 생겨나도록 밀어낸 것입니다. 만약 우리가 머리를 덮개로 가리는 것을 찬성하지 않는 위치에 서서 자매들이 그들의 머리를 덮개로 가리는 것을 허용하지 않는다면, 우리는 교회가 아닙니다. 성도들을 받아들이는 것은 자매들이 머리를 덮개로 가리는지의 여부에 근거하지 않습니다. 만약 형제들이 갖고 있는 받아들이는 것의 근거가 그리스도께서 받아들이시는가에 있지 않고 머리를 덮개로 가리는지에 있다면, 자신의 머리를 덮개로 가리는 자매들은 이 교회가 자신들의 교회가 아니라고 생각할 것입니다. 그러므로 우리는 우리가 성경에 있는 것 위에 서 있어야 한다는 것을 분명하게 보아야 합니다. 만약 이것에 이를 수 없는 사람들이 있을 경우, 우리는 또한 그들에 대해 반드시 관용해야 합니다.

(6) '안수'의 문제도 성경에서 발견됩니다. 어떤 형제들은 안수하는 이 문제를 받아들이지 못해 함께 나아갈 수 없습니다. 그럴 때 우리는 그들이 따르도록 고집하지 말아야 합니다. 만약 성경 안에 있는 이것을 우리가 실행하지 않는다면, 어떤 형제들은 우리를 떠날 것입니다. 안수를 반대하는 사람들은 하나의 종파, 곧 '안수하지 않는' 종파입니다. 우리가 교회의 위치에 서 있고자 한다면, 반드시 하나님의 말씀 안에 있는 모든 것을 받아들여야 합니다.

(7) '침례'에 관한 것은 다툼이 가장 심한 문제입니다. 지난 수백 년 동안 왜 이 문제에 관해 그토록 많은 다툼이 있었습니까? 그 원인은 몇몇 사람들이 로마 천주교에서 어떤 것들을 개신교로 가져왔기 때문입니다. 로마 천주교가 사람들의 머리에 물을 뿌렸기 때문에, 많은 개신교의 교회들도 동일하게 했습니다. 아마도 처음에 양쪽은 약간의 관용을 하며 많은 토론을 거쳤을 것입니다. 그러나 결국 각자가 자신의 길

을 갔습니다. 성경의 명령에도 불구하고, 교회가 긍정적인 편에 서서 성경 안에 있는 것을 지키지 않는다면, 종파가 생기게 됩니다.

(8) 떡을 떼는 문제와 관련하여, 성경은 매주 첫째 날에 주님을 기념하는 것에 대해 말합니다. 만약 어떤 교회들이 성경대로 이것을 실행하지 않는다면, 떡을 떼며 주님을 기념하고자 하는 사람들은 그곳을 떠날 수밖에 없습니다.

(9) 발 씻는 것도 성경에 있습니다. 어떤 사람들은 이 문제를 근본적으로 반대하고, 그것을 자신들의 가르침으로 인해 없는 것으로 만들었습니다. 그 결과 발 씻는 것에 대한 주님의 명령에 순종하고자 했던 사람들은 떠납니다.

(10) 하나님의 자녀들 가운데 어떤 사람들은 가르침을 강조하고, 어떤 사람들은 더 깊은 생명을 강조하며, 또 어떤 사람들은 복음 전파를 강조합니다. 복음을 전하는 데 열성적인 형제들은 종종 더 깊은 생명을 강조하는 사람들을 경시하고, 더 깊은 생명을 강조하는 형제들은 종종 복음을 전하는 사람들을 경시합니다. 여러분이 나를 경시하고 내가 여러분을 경시할 때, 즉시 분열들이 나타납니다.

(11) 또 다른 예를 들어 보겠습니다. 어떤 형제들은 영감으로 말씀을 전하는 것을 강조합니다. 물론 이런 경우는 매우 드뭅니다. 그들은 영적인 은사들로부터 오는 영감으로 말씀을 전합니다. 이것은 매우 좋은 것입니다. 이것은 고린도전서 14장에 언급된 신언의 일종입니다. 그런데 이런 형제들은 성경을 해설하는 것에 찬성하지 않습니다. 그러나 성경을 해설하는 이것이 성경에 있지 않습니까? 성경 안에는 복음을 전하는 사람들과 가르치는 사람들이 있습니다. 만약 몇몇 형제들이 성경을 해설하는 것에 찬성하지 않는다면, 성경을 연구하는 사

람들은 견디지 못할 것입니다. 교사들인 사람들은 떠날 것입니다. 만약 교회가 성경을 해설하여 가르치는 것만을 믿는다면, 영감을 믿는 사람들은 견딜 수가 없을 것입니다. 그럴 때 결과적으로 분열들이 일어날 것입니다.

모든 어려움은 우리가 너무 좁은 데 있습니다! 주님 앞에서 우리의 마음이 그리 넓지 못하고, 우리의 사람됨도 그리 크지 못합니다. "나는 이것을 원하고 저것을 원하지 않는다. 교회는 나의 구상대로 운영되어야 한다." 교회는 우리의 구상대로 운영되는 것이 아니라 주님의 뜻대로 운영된다는 것을 부디 기억하십시오. 왜냐하면 우리는 너무나 좁기 때문입니다. 어떤 방면들에서든 우리보다 더 나은 형제들이 항상 있습니다. 우리는 자신이 모든 형제들보다 뛰어나다고 말할 수 없습니다. 어떤 점들에서든 우리 위에 있는 형제자매들이 항상 있습니다. 우리가 그들 모두를 다 능가할 수는 없습니다. 우리는 모든 형제들의 좋은 점을 받아들이기를 배워야 합니다. 왜냐하면 오직 주님만이 교회와 대등하시기 때문입니다. 오직 교회 전체가 더해질 때에만, 교회는 한 주님과 같게 될 것입니다. 설령 우리가 주님의 특별한 긍휼을 받았다고 해도, 우리는 한 부분에 불과할 뿐입니다. 우리가 모든 형제들이 될 수는 없습니다. 만약 우리가 두 명 또는 스무 명의 형제들과 같다고 한다면, 그것은 주님의 긍휼입니다. 그러나 우리가 우리 자신이 교회 전체와 같다고 생각한다면, 이것은 어떠한 교만입니까? 우리가 어떻게 모든 형제들을 우리와 같게 만들 수 있겠습니까? 만약 모든 형제자매가 우리와 같다면, 교회는 미래가 없습니다. 분명히 많은 형제자매들이 많은 분야에서 우리보다 앞서 있습니다. 교회가 오직 한 가지만을 주의할 때, 교회는 한쪽으로 치우치게 됩니다. 우리가 한 가지를 강조하고,

다른 형제가 다른 것을 강조하며, 또 다른 누군가가 여전히 또 다른 것을 강조할 때, 이것은 교회 전체를 위한 발전을 의미합니다. 그러나 우리가 우리 자신을 교회 앞에 두는 순간 교회는 끝나게 됩니다. 나는 여러분이 많은 형제들보다 더 좋다는 것을 인정할 수 있습니다. 그러나 여러분이 결코 모든 형제들과 같을 수는 없습니다. 교회 전체와 같은 것은 우리가 아니라 바로 주님 자신입니다. 가장 어린 형제일지라도 우리가 놓친 것을 알아볼 수 있습니다. 어떤 형제들이 가진 장점은 사랑입니다. 그러나 모든 형제들이 다 그런 것은 아닙니다. 우리 모두가 이것을 본다면, 교회는 균형 잡힌 방식으로 자랄 수 있습니다.

(12) 만약 어떤 교회가 '성탄절'을 지키기를 원한다면, 신실하게 하나님을 섬기는 사람들은 다른 길로 가야 합니다. 성경에는 결코 '성탄절'이나 '부활절'이 없습니다. 교회가 이러한 행사들을 지키기 원한다면, 우리는 그 즉시 교회가 합당하게 나아가고 있지 않다고 결론을 지을 수 있습니다. 기독교에는 로마 천주교의 우상들과 같은, 성경에서 발견할 수 없는 다른 많은 것들이 있습니다. 만약 우리가 이러한 것들을 따른다면, 분명히 문제가 생길 것입니다.

몇 가지 기본적인 원칙

이상의 요점들을 종합하면, 몇 가지 기본적인 원칙들이 있습니다.

첫째로, 교회는 반드시 성경에 있는 모든 것의 긍정적인 면 위에 서 있어야 하고 부정적인 방면을 관용해야 합니다. 어떤 사람들이 약하고 성경에 있는 수준에 이르지 못할 경우, 교회는 관용해야 합니다.

둘째로, 우리가 거룩함의 교리에 대해 이미 말한 것처럼 성경의 어떤 진리들에는 두 방면이 있습니다. 따라서 교회 역시 두 방면이 있어야 합니다. 한 방면만 있을 때, 종파가 생겨날 것입니다.

셋째로, 어떤 일이 있더라도 교회는 반드시 성경 안에 없는 것들을 거절해야 합니다. 그러지 않으면 주님을 신실하게 따르는 사람들은 교회가 성경에 없는 것을 실행하는 것을 볼 때 떠나 버릴 것입니다.

어쨌든 우리는 반드시 성경에 있는 것의 긍정적인 방면 위에 서 있어야 합니다. 성경이 두 방면을 허용할 경우, 그때마다 우리는 반드시 두 방면 위에 서야 합니다. 그러나 우리는 성경 안에 없는 것은 반드시 거절해야 합니다.

넷째로, 주일(主日)이나 안식일을 지키는 것과 같은, 성경이 사람들에게 자유를 허용한 모든 것에 대해 우리도 자유를 허용해야 합니다. 이것은 성경이 주일을 믿지 않는다는 의미가 아니라, 약한 사람들이 여전히 안식일을 믿는다는 의미입니다. 그들은 여전히 유대인들입니다. 성경은 고기 먹는 것을 전적으로 찬성합니다. 그러나 채식을 찬성하는 사람들이 있을 때, 교회는 그들이 채식하는 것을 용납해야 합니다. 이 안식일을 지키는 것은 오늘날의 안식교를 말하는 것이 아닙니다. 안식교는 율법의 체계 전체와 연관되어 있습니다. 이것은 갈라디아서와 완전히 반대되는 것이고, 따라서 그 단체는 성경에 없는 이단입니다.

하나님의 모든 자녀들을 포함하는 교회는 참된 교회로 여겨질 수 있습니다. 만약 우리에게 어떤 특별한 교리나 강조점이 있다면, 즉 하나님의 나머지 자녀들을 잃어버리면서까지 어떤 종류의 가르침들을 받아들인다면, 우리는 교회로 여겨질 수 없습니다. 우리는 '포괄성'이 없으면 교회가 될 수 없습니다. 우리에게 포괄성이 있을 때, 우리는 자신이 하나님의 모든 자녀들에게 형제자매가 될 수 있음을 보기 시작할 것입니다. 우리는 주님을 사랑하는 어떤 사람들과도 함께 있을 수 있습니다. 그러므로 인도하는 형제들은 반드시 주님 앞에서 자라서 가장 높은 것과 가장 온전한 것을 만져야 합니다. 거듭 말하지만, 비록 우리가 가장 높은 곳에 이르지 못했다 하더라도, 어떤 환경에서든지 우리의 형제들을 방해하지 않을 정도로 우리의 마음이 충분히 넓어야 합니다. 우리가 도달하거나 올라갈 수 없다고 해서 다른 사람들도 나아가지 못하게 한다면, 우리는 교회가 아니라 종파입니다.

단지 그 지방에 있는 교회의 이름을 붙인다고 해서 우리가 교회가 되는 것은 아닙니다. 우리가 교회가 되는 것은, 오직 하나님의 모든 자녀들을 포함하는 영적인 포괄성이 있을 때뿐입니다. 만약 교회가 하나님의 모든 자녀들을 배제하지 않고 포함시켰는데도 다른 길을 가고자 하는 형제가 있다면, 교회는 그에 대해 책임을 지지 않을 것입니다. 왜냐하면 분열을 일으킨 것은 교회가 아니라 바로 그이기 때문입니다. 그러므로 우리는 산산이 부서져야 합니다! 또한 반드시 깊이 파내져야 합니다! 우리는 우리 자신을 교회를 재는 잣대로 여길 수 없습니다. 우리는 너무나 부족합니다. 하나님은 모든 형제자매 한 사람 한 사람에 대해 일하시고, 그들 각자에게 무언가를 위임하셨습니다. 모든 사람이 제자리에 놓일 수 있을 때, 교회가 있게 됩니다. 그러므로 교회는 배타적이지 않고 포괄적이어야 합니다.

모든 사람이 섬김

어떤 교회가 교회의 위치에 서 있을 수 있는지의 여부는 또한 교회가 모든 형제자매에게 일할 기회를 주는지의 여부, 즉 하나님을 섬길 기회를 주는지의 여부에 달려 있습니다. 우리는 이 한 가지에 주의해야 합니다. 즉 믿는 이가 하나님의 생명을 받아들이면, 하나님을 섬기고자 하는 성향을 갖는다는 것입니다. 그의 본성이 하나님을 섬기고 싶어 합니다. 우리가 그에게 하나님을 섬길 기회를 주지 않는다면, 그는 좌절하고 종파적이게 될 것입니다. 그의 새로운 본성은 하나님을 섬기기를 원하지만, 만약 그가 우리 가운데서 섬길 수 없다면 하나님을 섬길 수 있는 다른 곳을 찾을 것입니다. 많은 종파들이 일에 대한 갈망에서 유래됩니다. 많은 사람들이 하나님을 섬기고 싶어 하지만 출로가 없으므로 또 다른 길을 찾아 종파가 되는 것입니다.

성경의 가르침들은 이 문제에 대하여 매우 분명합니다. 성경에는 그리스도의 몸이 봉사와 특별한 관계가 있음을 보여 주는 세 부분이 있습니다.

로마서 12장 4절과 5절은 "한 몸에 많은 지체가 있지만, 모든 지체가 같은 기능을 가진 것이 아닙니다. 이와 같이 우리 많은 사람도 그리스도 안에서 한 몸이며, 각 사람이 서로 지체들입니다."라고 말합니다. 이 두 절은 우리가 한 몸이며 우리 각 사람이 지체들이라는 것을 말합니다. 6절부터 8절까지는 "우리에게 주신 은혜에 따라 각각 다른 은사들을 가지고 있습니다. 그것이 신언이면 … 섬기는 일이면 … 가르치는 사람이면 … 권유하는 사람이면 …"이라고 말합니다. 다시 말해서 교회는 그리스도의 몸입니다. 교회는 하나의 몸처럼 많은 지체를 포함합니다. 사실상 교회는 모든 지체를 포함합니다. 한 지체로서, 우리는 반드시 각 사람에게 할 일을 주어야 합니다. 우리는 반드시 각 사람에게 자신의 기능을 발전시킬 수 있는 기회를 주어야 합니다. 바울은 여기에서 우리에게, 우리가 어떤 은사를 가지고 있는지와 상관없이 단지 우리의 은사가 허용하는 범위 안에서만 기능을 발휘해야 한다는 것을 보여 주었습니다. 우리는 결코 우리의 믿음의 분량을 넘어서지 말고, 다른 형제들이 기능을 발휘하도록 여지를 남겨 두어야 합니다. 우리가 모든 일을 다 해 버린다면, 다른 형제들은 할 일이 없을 것입니다. 우리가 모든 과제를 다 떠맡아 버린다면, 다른 형제들은 씨름할 과제가 없을 것입니다. 우리가 모든 메시지들을 다 전한다면, 다른 형제들은 전할 것이 아무것도 없을 것입니다. 그러므로 교회 안에서는 한 사람이 한 가지 몫을 취하는 것이 더 좋습니다. 한 사람이 두 몫이나 그 이상을 취해서는 안 됩니다. 모든 것을 다 하지 않는 것이 더 좋습니다. 모든 형제 각자에게 한 몫씩 할당되어야 합니다. 우리에게 하나님을 섬길 수 있는 기회가 있는 것과 꼭 마찬가지로, 모든 형제자매 각자에게 하나님을 섬길 수 있는 기회가 주어져야 합니다.

고린도전서 12장 27절은 "여러분이 곧 그리스도의 몸이며, 여러분 각 사람은 그 지체들입니다."라고 말합니다. 이것에 이어서, 성경은 "하나님께서 교회 안에 몇몇 은사들을 두셨습니다. 첫째는 사도들이요, 둘째는 신언자들이요, 셋째는 교사들이요, 그다음은 능력을 행하는 이들이요, 그다음은 병 고치는 은사를 받은 이들과, 돕는 이들과, 다스리는 이들과, 여러 가지 다른 언어들로 말하는 이들입니다."(28절)라고 말합니다. 놀랍게도 바울은 다음 절에서 이렇게 묻습니다. "다 사도들이겠습니까? 다 신언자들이겠습니까? 다 교사들이겠습니까? 다 능력을 행하는 이들이겠습니까?"(29절) 다 사도들이겠습니까? 하나님은 여기에서 묻고 계십니다. 과연 모두가 사도들인 것이 사실이겠습니까? 하나님의 교회 전체를 신언자들로 채우기 원하는 이들이 있고, 하나님의 교회 전체를 교사들로 채우기 원하는 이들이 있으며, 하나님의 교회 전체를 기적을 행하는 이들로 채우기 원하는 이들이 있기 때문에, 주님은 이렇게 물으십니다. "다 신언자들이겠습니까? 다 교사들이겠습니까? 다 능력을 행하는 이들이겠습니까?" 설령 교회 안의 모든 사람이 다 능력을 행한다 하더라도, 그것은 여전히 교회가 아닙니다. 설령 교회 안의 모든 사람이 신언자나 교사라 하더라도, 그것은 여전히 교회가 아닙니다. 다 병 고치는 은사를 가지고 있겠습니까? 실제로, 오로지 병 고치는 것만을 전문으로 하는 단체들이 있습니다. 그러나 설령 우리 가운데 모든 사람이 다 병을 고칠 수 있다 하더라도, 그것은 여전히 교회가 아닙니다. 다 다른 언어들로 말하고, 다 통역을 하겠습니까? 설령 우리 가운데 모든 사람이 다 다른 언어들로 말하고 통역한다 해도, 그것은 여전히 교회가 아닙니다. '다 …이겠습니까?'라는 말씀은 주님의 생각 속에서 '다는 아니다.'라는 의미입니다. 왜냐하면 그곳에 사도들, 교사들, 다른 사람들을 돕는 이들, 다스리는 이들 등이 있어야 하기 때문입니다. 이러한 다양한 형태의 모든 기능들이 함께 있을 때, 바로 그곳에 교회가 있습니다.

우리는 많은 형제들이 한 종류의 일만을 좋아해서 당혹스러웠습니다. 어떤 형제들은 난순히 사신의 일만 가장 중요하다고 생각합니다. 형제들마다 모두 병을 고치는 형제라면(미국에는 소위 그러한 '교회들'이 있음), 사도들과 신언자들과 교사들은 모두 쓸모가 없게 됩니다. 그러므로 교회의 책임을 맡고 있는 이들은 신언자인 사람들에게는 신언할 기회를 주어야 하고, 교사인 사람들에게는 가르칠 기회를 주어야 하며, 병 고치는 은사가 있는 사람들에게는 병 고칠 기회를 주어야 합니다. 또한 다른 언어들로 말하는 사람들에게는 다른 언어들로 말할 기회를 주어야 하고, 다스리는 사람들에게는 다스릴 기회를 주어야 합니다. 일에 관한 한, 교회는 어떤 형제나 자매도 제한해서는 안 됩니다. 이것이 교회입니다. 그러지 않으면 종파이지 교회가 아닙니다. 우리가 형제자매들에게 섬길 기회를 주지 않는다면, 그들은 다른 길을 찾을 것입니다.

만약 젊은 형제들이 육체에 속한 혼합물을 갖고 있다면, 그럴 경우 우리는 다만 권위를 행사하여 그들을 다룰 수 있습니다. 주님은 한 달란트를 가진 사람들이 자신의 달란트를 땅에 묻게 하실 의도가 전혀 없으십니다. 주님께서 보시기에, 가장 큰 은사도 다섯 달란트에 불과하고, 가장 작은 은사도 한 달란트입니다. 교회가 한 달란트를 모두 모아 사용한다면, 다섯 달란트 가진 몇 사람의 것보다 많게 될 것입니다. 우리 가운데 소수만 일하고 있다면, 교회가 강할 수 없습니다. 이것은 주님을 믿은 지 얼마 되지 않은 한 달란트 가진 지체들에게 육체에 속한 어떤 행동들이 없을 것이라는 의미가 아닙니다. 여러 면에서, 우리는 반드시 그들이 듣고 순종하도록 만들어야 합니다. 그럼에도 불구하고 우리는 여전히 그들을 사용해야 합니다. 육체를 다룰 때, 우리는 결코 은사를 다루어서는 안 됩니다. 주님의 일을 하는 모든 형제들, 곧 교회들 안에서 인도하는 이들은 반드시 모든 형제에게 봉사할 기회를 주어야 합니다. 로마서 12장에 기록된 은사들은 고린도전서 12장의 은사들보다 훨씬 복잡합니다. 신언하는 것, 섬기는 것, 가르치는 것, 권유하는 것, 나누어 주는 것이 모두 포함되어 있습니다. 한 달란트를 가진 모든 사람이 자신의 은사들을 나타낼 기회를 가질 때, 종파들은 나타날 수 없습니다.

에베소서 4장에도 비슷한 말씀들이 있습니다. 11절과 12절은 "그분께서 직접 어떤 사람들은 사도로, 어떤 사람들은 신언자로, 어떤 사람들은 복음 전하는 이로, 또 어떤 사람들은 목자 및 교사로 주셨습니다. 이것은 성도들을 온전하게 하여 그 사역의 일을 하게 하려는 것, 곧 그리스도의 몸을 건축하게 하려는 것입니다."라고 말합니다. 이 절들도 우리에게 은사들이 같지 않다는 것을 보여 줍니다. 16절은 "온몸은 그분에게서 나온 그 풍성한 공급을 해 주는 각 마디를 통하여, 그리고 각 지체가 분량에 따라 기능을 발휘하는 것을 통하여 함께 결합되고 함께 짜입니다. 그래서 몸이 자람으로써 사랑 안에서 스스로 건축되는 것입니다."라고 말합니다. 여기에서 하나님의 사상은 모든 지체들이 기능을 발휘할 때에만 그리스도의 몸이 건축될 수 있다는 것입니다. 만약 모든 형제자매들이 섬기고 있지 않다면, 그리스도의 몸은 건축될 수 없습니다. 각지에 있는 인도하는 형제들은 반드시, 그들 자신만 바쁘고 다른 형제자매들은 그렇지 않다면 그들이 크게 실패하고 있다는 것을 기억해야 합니다. 우리는 결코 우리 자신이 아주 많은 일을 하고 있기 때문에 그것으로 충분하다고 생각해서는 안 됩니다. 우리가 다른 형제자매들이 일하도록 인도할 수 있다면, 이것은 분명히 주님을 기쁘시게 해 드릴 것입니다. 만약 우리가 다른 형제자매들을 인도하여 우리보다 더 일하게 한다면, 주님은 더 기뻐하실 것입니다.

이것은 참으로 여러분이 자신을 어떻게 보느냐의 문제입니다. 만약 여러분이 여러분 스스로 잘해서 그리스도의 몸을 건축할 수 있다고 생각한다면, 그때에 여러분은 단순히 이전처럼 나아갈 것입니다. 그러나 만약 여러분에게 이상이 있다면, 교회의 일을 여러분 혼자서 관리할 수 없음을 볼 것입니다. 여러분은 기껏해야 교회의 한 지체일 뿐입니다. 그리스도의 몸 안의 각 지체에게는 모두 각자의 일이 있습니다.

여러분이 각 사람을 일 안으로 이끈다면, 여러분은 소위 그리스도의 몸을 만진 것입니다. 여러분은 반드시 여러분이 형제자매들을 대치할 수 없다는 것을 보아야 합니다. 여러분은 절대로 그들을 대신해서 일할 수 없습니다. 여러분 자신이 아무리 온전하고, 봉사를 아무리 잘하고, 여러분의 은사들이 아무리 크다 하더라도, 여러분이 형제자매들을 일 안으로 이끌 수 없다면, 여러분은 여전히 교회가 아닙니다. 다 손이겠습니까? 천 개의 손이 있거나 백 개의 손이 있는 것은 괴물이지 몸이 아닙니다.

나는 한 걸음 더 나아가 또한 "단지 하나의 손만 있는가?"라고 묻고 싶습니다. 우리는 오직 우리만이 어떤 유형의 일을 할 수 있다고 말할 수 없습니다. 우리는 그리스도의 몸이 우리보다 훨씬 더 많은 것을 포함하고 있음을 반드시 보아야 합니다. 각 사람 모두가 머리에게서 직접 은혜를 받을 수 있습니다. 반드시 우리를 통해 받는 것은 아닙니다. 주님의 은혜는 항상 나를 놀라게 합니다. 그분의 은혜가 얼마나 큰지! 주님은 은혜로우시기 때문에 다른 사람들이 나와 상관없이 은혜를 받도록 하실 수 있습니다. 그분은 나를 통과하시지 않고도 다른 사람들이 하나님의 축복을 받도록 하실 수 있습니다. 교회 안에서 주님은 온갖 종류의 일꾼들을 일으키실 수 있습니다. 우리는 모든 형제자매들을 일 안으로 이끌어야 합니다. 그들을 우리와 같게 만들어서는 안 됩니다. 만약 어떤 곳에서 단지 몇몇 형제들만 봉사하고 나머지 형제자매들은 봉사할 수 없다면, 그것은 교파들 가운데서 한 사람만 봉사하는 것과 거의 다를 바가 없습니다. 한 사람만의 봉사가 하나님 앞에서 혐오스러운 것처럼, 단지 몇 사람의 봉사도 하나님 앞에서 혐오스러운 것입니다. 몸 전체의 봉사가 하나님을 기쁘시게 하는 것입니다. 하나님은 모든 사람이 섬겨야 한다고 말씀하십니다. 우리가 모든 사람을 일 안으로 이끌 때, 이것이 교회라는 것을 볼 것입니다. 이것이 교회의 내용입니다.

조직을 갖고자 하는 생각을 품지 않음

마지막으로, 우리는 절대로 조직을 갖고자 하는 어떤 생각도 품지 말아야 합니다. 우리는 어떤 이유로든지, 하나님의 진리와 복음이 오직 우리 가운데서만 나온다고 생각해서는 안 됩니다. 우리의 의도는 오직 하나님께서 각 지방에서 사용하시는 사람들을 만나는 것뿐입니다. 우리는 다른 사람들을 인도하기 위해 많은 곳으로 가는 것이 아닙니다. 왜냐하면 각지에도 하나님의 인도하심이 있기 때문입니다. 우리는 다만 가서 교통을 추구하는 것입니다. 우리는 결코 우리가 목사가 되기 위해 어떤 지방에 간다는 태도를 취하지 말아야 합니다. 우리는 어떤 조직을 이루지 말아야 합니다. 나는 많은 지방에 갈 때 교통을 추구하기 위해 갑니다. 엘리야 외에도, 그곳에 많은 신언자들이 있었습니다. 수천 명의 엘리야가 동일한 장소에서 동일한 터 위에 서 있을 수 있습니다. 그들은 우리의 형제들이고, 따라서 그들도 우리가 그들의 형제들인 것을 압니다.

어떤 지방에서 한 무리의 형제들이 서로 왕래해 왔는데, 우리가 그 동일한 지방에서 시작하고 그들과 왕래하지 않는다고 가정해 봅시다. 이것은 우리가 교회를 모른다는 것을 분명히 증명합니다. 가령, 어떤 지방에서 오십 명의 형제들이 교회의 터 위에 서 있는데, 후에 그 동일한 곳에 있는 또 다른 오십 명의 형제들이 빛 비춤을 받아 교회의 터를 분명하게 보았다고 합시다. 틀림없이 그들 형제들은 첫 번째 무리의 형제들과 함께할 것입니다. 지방이라는 터를 지킬 때, 조직을 형성하는 문제가 일어나지 않을 것입니다. 우리는 어떤 지방에 있을 때, '우리' 계통의 교회를 세우기 위해 그곳에 있는 것이 아닙니다. 그보다 우리는 그 지방에 있는 교회를 세우기 위해 있는 것입니다. 우리가 충칭(重慶)에 있을 때, 우리는 충칭에 있는 교회입니다. 우리가 칭다오(青島)에 있을 때, 우리는 칭다오에 있는 교회입니다. 우리는 어떤 조직에 속한 교회가 아닙니다. 우리가 어떤 조직에 속한 교회가 되는 순간, 큰 실수를 저지르는 것입니다. 조직을 형성하려는 생각을 갖는 순간, 우리는 즉시 하나의 종파가 됩니다.

나는 시안(西安)을 한 예로 사용하고 싶습니다. 이것은 명칭의 문제도, 조직의 문제도 아닙니다. 시안에 있던 두 모임이 합쳐졌을 때, 누가 인도하는 이들이 될 것인지, 즉 누가 책임을 맡을 것인지를 두고 어려움이 있었습니다. A그룹에 세 명의 인도하는 형제들이 있었고, B그룹에도 세 명의 인도하는 형제들이 있었습니다. 누가 인도하는 형제들이 되겠습니까? 인도하는 이들은 하나님의 일 안에 얼마나 오래 있었는지로 결정되지 않고, 영적 체험의 분량으로 결정됩니다. A그룹의 모임은 이십 년의 역사를 가지고 있었고, B그룹의 모임은 단 오 개월의 역사밖에 없었습니다. 그러나 A그룹의 인도하는 형제들의 체험은 주님 앞에서 제한적인 것이었던 반면에, B그룹의 인도하는 형제들의 체험은 주님 앞에서 오랜 세월을 거친 것이었습니다. 세상적으로 말한다면, 두 그룹이 함께 섞일 때 한 그룹은 모인 지 이십 년이 되었고 다른 그룹은 모인 지 불과 오 개월밖에 되지 않았을 경우, 더 오래된 그룹의 사람들이 인도해야 할 것입니다. 그러나 하나님의 말씀은 그렇게 말하지 않습니다. 인도하는 이들은 더 긴 모임의 역사를 가진 사람들이 아니라, 주님 앞에서 더 오랜 역사를 지닌 사람들이 되어야 합니다. 그러므로 두 모임이 합쳐졌을 때, A그룹의 인도하는 형제들은 B그룹의 인도하는 형제들이 앞장을 서도록 했어야 합니다. 인도하는 형제가 되는 것은 더 오랜 시간 동안 모여 왔다는 그런 역사로 자격이 결정되는 것이 아닙니다. 교회의 위치는 시간에 근거하지만, 인도하는 형제들의 입지는 그들이 그동안 인도해 온 교회에 의해 결정되는 것이 아닙니다. 그것은 전적으로, 그들이 주님 앞에서 가진 영적 체험의 분량에 달려 있습니다.

형제들을 찾아야 함

오늘 상하이에서, 우리는 이 문제에 많은 주의를 기울여야 합니다. 어떤 형제자매들은 교파를 떠나고 싶어 합니다. 만약 그들이 지방이 성경에 의해 확고하게 정해진 터라는 것을 참으로 보았다면, 어떤 상황에서도 또 다른 모임을 세우지 말아야 합니다. 예를 들면, 나는 교파를 떠날 때 나 자신이 첫 번째로 교파를 떠난 사람이라고 생각하지 않았습니다. 나의 마음속의 바람은 나와 똑같이 교파를 떠난 다른 사람들을 만나는 것이었습니다. 만약 내가 상하이에서 교파를 떠나고자 했다면, 분명히 나는 돌아다니면서 다른 형제들도 교파를 떠났는지의 여부를 찾고 물었을 것입니다. 내가 삼십 년 전에 푸저우(福州)에서 막 교파를 떠나려고 했을 때, 푸저우를 돌아다니면서 이미 교파를 떠난 형제들을 찾았습니다. 교파를 떠나는 것이, 내가 온 세상에서 가장 놀라운 그리스도인이 되는 것은 아니었습니다. 내가 떠날 때 첫 번째로 든 생각은 형제들을 찾는 것이었습니다. 형제들을 사랑하는 것이 우리의 본성의 일부이고, 형제들을 찾는 것 또한 우리의 본성의 일부입니다. 우리는 순수한 마음으로 주님을 추구하는 사람들과 함께 있는 것에 대해 매우 기뻐해야 합니다.

어떤 형제들은 말로는 교파를 떠났다고 하지만, 그들에게는 교파를 떠나는 것보다는 교회를 세우고자 하는 의도가 더 많습니다. 그러므로 그들은 교파를 이미 떠난 사람들을 찾지 않습니다. 많은 사람의 목적은 그들 자신의 교회를 세우는 것입니다. 그러므로 그들은 교파를 이미 떠난 다른 형제들의 소중함을 느끼지 못합니다. 그러나 참으로 교파를 떠난 사람들은 동일하게 교파를 떠난 모든 형제들을 사랑스럽고 소중하게 여길 것입니다. 따라서 교파를 떠난 사람들 중에는 두 종류가 있습니다. 첫 번째는 참으로 교파를 떠난 사람들입니다. 그들은 주님을 순수한 마음으로 섬기는 사람들과 함께하는 것을 추구합니다. 그 외의 다른 사람들은 자신의 교회를 세우기 원하기 때문에 교파를 떠난 사람들입니다. 상하이에서 이러했고, 칭다오나 베이징에서도 이러했으며, 심지어 서북 지방에서도 이러했습니다. 상하이에서는, 우리가 다른 사람들보다 더 일찍 교파를 떠난 것 같습니다. 오늘날 교파를 떠난 사람들은 우리를 찾지 않습니다. 그러나 우리는 그들을 찾아야 합니다. 그들에게는 조직 안에 있는 문제가 있을 수 있습니다. 그러나 우리에게는 그러한 문제가 있어서는 안 됩니다. 오늘 우리가 핑량(平凉)이나 톈수이(天水)나 디화(迪化)에 간다면, 반드시 주의해야 합니다. 첫 번째로 우리가 주의해야 할 것은 교회를 세우지 않고 형제들을 찾는 것입니다.

우리가 어떤 새로운 곳에 도착해서 첫 번째로 하는 것이 교회를 세우는 것이라면, 방금 전에 언급한 상하이의 어떤 형제들과 같은 과오를 범하는 것입니다. 어쩌면 그곳에 그 터가 잘못되지 않고 올바른 방향으로 가고 있는 한 무리의 형제들이 있을 수 있습니다. 우리는 그들이 성경을 잘 모른다고 말해서는 안 됩니다. 그들은 그 터가 잘못되지 않은 형제들입니다. 아무튼 우리는 그곳에 아무도 없다는 것이 확실해질 때까지 형제들을 찾은 후에야 비로소 새로운 시작을 가질 수 있습니다. 많은 때 우리가 할 수 있는 것은 오직 다른 사람들과 합하는 것뿐입니다. 우리는 새로운 시작을 가질 수 없습니다. 우리는 어떠한 경우에도 다른 사람들과 합하는 것은 수치스러운 일이고 교회를 세우는 것은 영광스러운 일이라고 느껴서는 안 됩니다. 우리의 생각이 이러하다면, 우리는 자신이 사도들보다 먼저 태어나지 않은 것을 자책할 수밖에 없습니다. 많은 사람들이 교회를 세우기를 좋아합니다. 이것은 그들이 영적이라는 표시가 아니라 육체에 속했다는 표시입니다.

이제 막 교파에서 나온 젊은 형제들 중에 몇몇은 다른 사람들을 인도할 수 있을 것입니다. 어떤 형제는 지난 토요일에 교통을 통해 받아들여진 형제이지만, 하나님의 손안에서 많은 훈련을 겪어 왔을지도 모릅니다. 우리가 그를 받아들였다면, 많은 것들에 대해 그의 말을 경청해야 할 것입니다. 왜냐하면 그의 개인적인 성숙도는 그가 있던 교파와 무관하기 때문입니다. 참된 영적 체험이 있는 사람이라면 누구든간에 제자리에 놓여야 합니다. 나는 주님께서 형제자매들 앞에 그분의 길을 더욱더 분명하게 놓아 주시기를 바랍니다. 그럴 때 주님을 참으로 사랑하는 모든 사람들이 그 안에서 행할 수 있을 것입니다.

4.
교회의 합일

제4장

교회의 합일

(1951년 3월 6일 상하이에 있는 형제자매들과 나눈 대화로서
1951년 4월 15일 자의 '열린 문'에 게재된 것임)

최근의 가장 중요한 가시적인 문제는 아마도 교회의 합일일 것입니다. 오늘 우리는 반드시 합일의 길을 보고 어떻게 합일 안에서 행하는지를 보아야 합니다.

내가 아는 바에 따르면, 네 종류의 합일이 있습니다. 이 네 가지 다른 종류의 합일 중에서, 우리는 하나님의 자녀들로서 한 가지, 즉 어떠한 합일 안에서 행해야 하는지를 찾아야 합니다. 우리는 반드시 어떤 것이 하나님의 뜻에 부합하는지, 어떤 것이 성경적인지, 어떤 것이 교회를 위한 합당한 길인지, 따라서 우리가 어떤 것을 취해야 하는지에 대해 분명해야 합니다. 우리는 반드시 나머지를 거절하기를 배워야 합니다. 우리가 하나님께 속한 한 가지를 보게 될 때, 하나님께 속하지 않는 다른 것들은 반드시 거절해야 합니다.

이 네 가지 길은 어떤 것입니까? 첫째로, 로마 천주교의 합일이 있

습니다. 둘째로, '영적인' 합일이 있습니다. 셋째로, 각 지방에 있는 교회의 합일이 있습니다. 그리고 넷째로, 독립된 회중들의 합일이 있습니다. 이것들을 하나하나 살펴보도록 합시다.

로마 천주교의 합일

사도 시대의 교회들은 지방적임

사도 시대 동안에, 교회들은 지방에 따라 나누어졌습니다. 나는 이것이 매우 분명하다고 생각합니다. 로마에 있는 교회, 고린도에 있는 교회, 에베소에 있는 교회, 빌립보에 있는 교회, 라오디게아에 있는 교회, 골로새에 있는 교회 등은 모두 지방에 따라 나누어졌습니다. 모든 지방에 있는 교회는 각각 그 자체의 독립적인 행정을 갖고 있었습니다. 그러므로 성경에서 사도행전 14장 23절은 우리에게 그들은 '각 교회'에 장로들을 선택하여 세웠다고 말하고, 디도서 1장 5절은 우리에게 '각 도시'에 장로들을 세웠다고 말합니다. 장로들은 교회를 위해 존재하고, 교회는 한 도시 안에 있습니다. 따라서 장로들은 한 도시에 있는 교회를 위해 존재합니다. 교회는 도시를 단위로 삼습니다. 그렇게 하지 않으면, 한 도시에 있는 장로들이 여러 교회들을 돌보거나 한 교회에 있는 장로들이 여러 도시를 돌보게 될 것입니다. 그러므로 한 도시의 경계가 곧 교회의 경계이고, 교회의 경계가 곧 장로들의 행정의 경계입니다. 이것은 매우 분명합니다.

초기의 교회들은 하나의 더 큰 연합 교회로 형성되지 않았습니다. 사도 시대 동안에 성경은 이 땅에 있는 '교회들'의 존재를 인정하지만,

이 교회들을 '한 교회'로 연합시키지는 않습니다. '교회들'은 있었지만, 단수로 된 하나의 교회로서 함께 연합된 것은 없었습니다. 이러한 이유로, 바울은 고린도 사람들에게 "하나님의 교회들에게도 없습니다."(고전 11:16)라고 쓴 것입니다. 오늘날 하나님의 자녀들은 교회에 관해 말할 때, 항상 하나님의 '교회'라고 말할 뿐 하나님의 '교회들'이라고 말하지 않습니다. 우리의 관념 안에서 우리는 항상 교회들을 하나의 교회로 통합합니다. 그러므로 교회들이라고 말하지 않고 교회라고 말하는 것입니다. 그러나 사도들의 생각 속에는 개별적인 교회들이 있었습니다. 그러므로 그들은 '하나님의 교회들'을 언급한 것입니다. 사도들은 이 땅에 있는 교회들을 연합하여 한 교회로 만들지 않았습니다. 만약 그렇게 했다면 '하나님의 교회들'이라는 이 문구가 존재하지 않았을 것입니다. 고린도전서 11장과 14장에서 항상 '교회들'을 언급한 것을 부디 기억하십시오. 이것은 이 땅에 있는 하나님의 교회들이 지방적이라는 것을 의미합니다. 사도들은 이 땅에 있는 하나님의 모든 교회들을 '하나의 교회'로 결합하지 않았습니다. 이것이 사도 시대의 상황이었습니다.

변화의 역사

사도들 후에, 교회가 변하기 시작했습니다. 큰 도시들에 있는 교회들이 자연스럽게 세력을 얻기 시작했습니다. 큰 도시에는 자연히 더 많은 인구가 있었고, 따라서 큰 도시들에 있는 교회들이 더 작은 도시나 마을들에 있는 교회들보다 더 세력을 얻게 되었습니다. 큰 도시들에 있는 교회들은 더 작은 도시와 마을들에 있는 교회들을 흡수해서

위성 교회로 삼으려는 경향이 있었습니다. 큰 도시들은 중심지가 된 반면에, 더 작은 도시들은 큰 도시 주변의 부속물이 되었습니다. 그 결과 조직에 있어서뿐만 아니라 교회의 행정에 있어서도 변화가 있었습니다. 본래 한 교회에는 몇몇 장로들이 있었습니다. 마을이나 작은 도시에 있는 교회도 그들 자체의 장로들이 있었습니다. 그러나 사도들이 죽은 후, 초기의 교회 안에 있던 한 무리의 사람들이 사도들의 권위가 사도들을 대표하는 장로들이나 주교들에게 맡겨졌다는 교리를 주장했습니다. 이것은 사도들에 대한 존경심에서 나온 것이었습니다. 그들은 첫 번째 사도들의 무리를 존경했기 때문에, 다른 누군가를 사도라 부르는 것을 꺼려 했습니다. 그들은 '사도'라는 칭호를 감히 사용하지 않았습니다.

또한 후에 그들은 큰 도시에 있는 많은 장로들 가운데서 '한 사람'을 주교로 임명했습니다. 본래 장로는 다 주교, 곧 감독이었습니다. 즉 장로 각자가 주교였습니다. '장로'라는 용어는 그 사람 자신을 가리키고, '감독'은 그 사람의 직무를 가리킵니다. 그러나 점차적으로 많은 장로들 가운데서 한 사람이 주교로 선정되었고, 그 주교는 한 지방에 있는 장로들의 우두머리가 되었을 뿐만 아니라, 또한 위성 교회들에 있는 장로들의 우두머리가 되었습니다.

이러한 방식으로 변화들이 일어났습니다. 먼저, 큰 도시에 있는 교회가 작은 도시와 마을에 있는 모든 교회들을 위성 교회들로 만들었습니다. 그 후, 큰 교회에서 수석 장로가 지명되었고, 그가 자연스럽게 위성 교회들의 수석 장로가 되었습니다. 그는 주교로 불리었습니다. 이것은 성경에서 찾을 수 있는 칭호이지만, 그 당시 그것과 관련된 기능은 성경에 있는 것과 동일하지 않았습니다. 성경에서는 장로가 곧 감독입니다. 바울은 에베소의 장로들을 함께 불러 모으고 "성령께서 여러분을 온 양 떼의 감독(주교)들로 세우셨으니, 여러분은 여러분 자신과 온 양 떼를 위해 스스로 조심하여"(행 20:17, 28)라고 말했습니다. 성경에서 주교들은 복수였고, 장로들 또한 복수였습니다. 그러나 오늘날에는 많은 장로들 중에서 '한 사람'이 뽑혀 주교가 됩니다. 오직 한 사람이 주교이고, 나머지는 주교들이 아니라 장로들입니다. 장로들에게는 더 이상 주교의 권위가 없습니다. 또한 그들은 더 작은 지방들을 함께 연합시켜, 이 주교 한 사람이 그들을 다스리도록 맡겼습니다. 한 사람이 많은 교회들을 다스리게 되었고, '권역(圈域)'이라는 문제가 대두되었습니다.

이런 발전은 바로 이 수준에서 멈추지 않았습니다. 이 동일한 시기에 로마 제국이 전 세계를 정복했습니다. 많은 교회들 가운데서 로마시에 있는 교회가 매우 커지게 되었습니다. 로마는 대도시였을 뿐 아니라 수도였습니다. 전 세계의 사람들이 가이사를 보기 위해 로마로 왔습니다. 처음에는 한 주교가 많은 곳들을 다스렸고, 그 결과 하나의 권역 교회가 나왔습니다. 로마시가 두드러지게 되자, 그들은 "우리가 수도이고, 가이사가 우리 가운데에 삽니다."라고 주장하기 시작했습니다. 결국 로마 교회의 주교가 로마에 있는 교회의 장로들을 다스릴 뿐 아니라, 또한 로마를 둘러싸고 있는 권역의 장로들을 다스렸습니다. 그는 제국 전체에 있는 장로들의 우두머리가 되었을 뿐 아니라, 더욱 특별하게 여러 권역들의 주교들의 우두머리가 되었습니다. 이것이 바로 교황이었습니다. 이것은 성직자 계층의 형태에서 서열이 올라가는 순서에 따라 나온 산물이었습니다. 오늘날 여러 교파들에서 '주교'라는 의미는 '감독'입니다. 그 모든 감독들의 우두머리가 교황입니다. 누구나 다 로마의 주교가 되려는 야심을 갖는 이유는, 일단 어떤 사람이 로마에서 주교가 되면 자동적으로 전 세계의 주교가 되고 세상에 있는 모든 장로들의 우두머리가 되기 때문입니다. 어떤 사람이 로마에서 주교가 되면 그 즉시 교황이 되고 그리스도를 대표합니다. 그러한 발전이 완전히 완성되는 4세기까지 이러한 추세가 지속되었습니다. 그 무렵에는, 성경에 기록되어 있는 것과 같은 '교회들'은 더 이상 존재하지 않았고, 이제 '한 교회'뿐이었습니다. 온 세상에 있는 교회들이 하나의 교회가 되었습니다. 그날로부터, 성경에 언급된 '하나님의 교회들'(고전 11:16)은 더 이상 존재하지 않았고, 더 이상 언급되지도 않았습니다. 고린도전서 14장 33절에 언급된 '성도들의 모든 교회들' 역시 더 이상 들을 수 없게 되었고, 더 이상 언급되지 않았으며, 더 이상 존재하지 않았습니다. 교회들 모두가 로마의 한 교회의 일부가 되었고, 온 세상의 모든 교회들이 로마의 분회가 되고 말았습니다. 단지 지방들과 연관된 교회들은 더 이상 없게 되었습니다.

이렇게 전개되는 것에 대한 성경적인 근거가 있었을까요? 아마도 하나님의 자녀들은 마땅히 하나가 되어야 한다는 사실을 성경적인 근거로 삼았을 것입니다. 그들은 주님께서 이 땅에서 오직 한 교회만을 갖고 계시기 때문에, 자신들은 '하나의 교회'로 연합되어야 한다고 생각했습니다. 그러나 그들은 성경이 '교회들'을 언급하고 있다는 것을 잊어버렸습니다.

누구도 감히 '합일'을 깨뜨리지 않음

우리는 로마의 천주교회가 생겨난 후에 널리 퍼진 한 가지 상태를 주목해야 합니다. 우리가 아는 것처럼, 로마의 천주교회는 이단과 우상들과 더러움과 죄들로 가득 차 있었습니다. 그런데 왜 천백 년 동안 교회 안의 형제들이나 자매들이 그 상황을 처리하기 위해 일어나지 않았을까요? 어떤 형제자매들도 이단들을 볼 수 없다는 것이 가능했을까요? 그들이 우상들을 보지 못할 수가 있었을까요? 그 더러운 죄들을 본 형제자매들이 없을 수가 있었을까요?

4세기 후부터 천백 년 동안, 그러한 이단과 우상과 더러운 죄들을 본 사람들이 확실히 있었습니다. 그러나 아무도 감히 그러한 것들을 처리하려고 하지 않았습니다! 그들은 자신들이 이러한 것들을 처리하면 그 즉시 '합일'이 깨지게 될 것이 두려웠습니다. 그들은 "교회는 하나이다. 만약 우리가 우상들을 처리하기 시작하면 교회가 나누어질 것이다."라고 말했습니다. 그들은 우상을 숭배하는 죄가 크지만 교회의 합일을 파괴하는 죄가 훨씬 더 크다고 느꼈습니다. 그러므로 비록 그들 스스로는 우상숭배를 거절했지만, 그것을 밖으로 말하지 않았습니다. 그들은 그렇게 말할 때 합일을 파괴할까 봐 두려워했습니다. 그들은 이단들에 대해 알았고, 또 우상들에 대해서 알았습니다. 나아가 그들은 이단들과 우상들을 미워했습니다. 그러나 그보다 훨씬 더 합일을 파괴하는 것을 미워했습니다. 그러므로 그들은 이단들과 우상들을 피했을 뿐, 합일을 파괴할 만한 어떤 말이나 메시지나 행동도 감히 하려고 하지 않았습니다. 천백 년이라는 기간 동안, 그 누구도 어떤 움직임을 만들지 않았습니다. 그들은 교회의 합일을 계속 '지켰습니다'.

종교 개혁 때에, 마르틴 루터는 또 다른 교회를 형성할 생각이 없었습니다. 그는 그러한 일을 하는 것이 심각한 죄라고 생각했습니다. 그러므로 초기에 그가 가진 생각은 로마의 천주교회를 개선하는 것이었습니다. 다시 말해서, 그의 생각 속에는 또 다른 교회를 형성하고자 하는 구상이 없었습니다. 또 다른 교회의 형성을 초래한 것은 불가항력적인 역사의 힘이었습니다. 루터는 다만 로마의 천주교회를 개선하기를 바랐을 뿐, 새로운 교회를 형성하려는 의도가 전혀 없었습니다.

그러므로 여기에서 우리는 한 가지, 곧 로마의 천주교회가 전 세계에 걸친 교회의 합일을 믿는 것을 보게 됩니다. 로마의 천주교회는 온 세상에 오직 하나의 교회만 존재해야 한다고 믿습니다. 그것이 바로 로마의 긴 역사가 흐르는 동안, 하나님의 자녀들이 성경 안에 복수로 표현된 '교회들'이 있다는 것을 근본적으로 잊어버린 이유입니다. 그들은 오직 단수로 된 교회만을 원했습니다. 심지어 루터가 일어났을 때에도, 그는 오직 이 땅에 있는 하나의 연합된 교회만을 보았습니다. 그는 하나님께서 성경 안에서 '교회들'을 갖고 계신 것을 보지 못했습니다. 따라서 그들이 옹호했던 합일은 한 교회, 곧 국제적이고 전 세계적이며 보편적인 교회 안에서 나타난 어떤 것입니다. 이 교회가 어디에서 있든 상관없이, 그것은 언제나 로마 교회(the Church of Rome)입니다. 상하이에서도 그것은 로마 교회이고, 모스크바에서도 로마 교회이며, 런던에서도 로마 교회이고, 베를린에서도 로마 교회입니다. 어디에 있든지 언제나 로마 교회입니다. '그것'은 자신을 로마 교회라고 부르지 않습니다. 그들의 정식 명칭은 가톨릭교회(the Catholic Church), 곧 보편적인 교회입니다. 우리는 그것을 로마 교회라 부르는데, 그 이유는 우리가 그것이 로마에서 나온 것을 알기 때문입니다. 그들은 자신을 '가톨릭교회'라고 부르는데, 그것은 그들이 통일되고 보편적이기 때문입니다. 중국에서는 공교(公教)라고 부릅니다. 라틴어에서 '가톨릭(catholic)'이라는 말은 단순히 민족이나 지역에 따른 구별 없이 우주적이고 일반적임을 의미합니다. 그것이 어디에 있든 상관없이, 그것은 언제나 하나입니다. 영국에서도 하나이고, 일본에서도 하나이며, 러시아에서도 하나입니다. 로마에서 나온 것이라면 다 가톨릭교회라고 불립니다. 그 결과 이 땅 위에는 오직 '한 교회'만 있습니다.

우리는 이 땅 위의 교회가 한 교회인지의 여부를 확인하기 위해 하나님 앞에서 세심하고 정확하게 성경을 연구해야 합니다. 만약 오직 한 교회뿐이라면, 우리는 반드시 각 지방에 있는 교회가 잘못된 것이라고 말해야 하고, 심지어 개신교 안의 수많은 교파들도 반드시 자신들이 잘못된 것을 시인해야 합니다. 만약 세상에 오직 한 교회만 있다면, 우리 모두는 반드시 로마로 돌아가야 합니다. 만약 우리가 돌아가지 않는다면 잘못된 것입니다. 그러므로 우리는 반드시 우리가 잘못되었는지의 여부를 보기 위해 성경을 연구해야 합니다.

내가 알기로, 어떤 개신교의 친구들은 이 땅 위의 교회는 하나이며, 서로 다른 지방들에 있는 우리의 교회들은 잘못된 것이라고 말해 왔습니다. 그들에 따르면, 교회는 언제나 하나입니다. 그들의 말이 그들 자신을 유죄 판결하고 있는 것을 주목하십시오. 만약 교회가 하나밖에 없다면, 그들이 속해 있는 어떠한 교파도 존재할 이유가 없습니다. 만약 교회가 하나라면, 그것이 어느 곳에 있는지와 관계없이 반드시 로마 교회가 되어야 합니다. 로마 교회는 인수로 말해도 가장 많고, 역사로 말해도 가장 오래된 교회이며, 조직으로 말해도 하나입니다. 만약 한 교회만 있는 것이 틀림없다면, 즉 하나님의 교회나 그리스도의 교회가 단수로 된 것이 틀림없다면, 우리가 로마로 돌아가는 것이 성경적인 길일 것입니다. 우리 모두는 로마로 돌아가야 합니다. 그러나 성경은 그렇게 가르치지 않습니다.

지난 세기에, 다비(J. N. Darby)와 같은 시대의 사람인 존 뉴먼(John H. Newman)은 유명한 영국인 목사였습니다. 그는 경건했을 뿐 아니라 탁월한 생각을 지니고 있었고 많은 책을 썼습니다. 그는 영국 국교회(the Anglican Church) 안에서 가장 유명한 사람들 중 한 사람으로 여겨졌습니다. "내 갈 길 멀고 밤은 깊은데(Lead, Kindly Light)"라는 찬송은 그가 작사한 것입니다. 그는 이 세상에 교회가 하나밖에 없음을 믿었기 때문에, 영국 국교회 안에서 로마로 돌아가자는 운동을 시작했습니다. 물론 그는 성공하지 못했는데, 그것은 요한계시록 2장과 3장에서 사데가 두아디라로 돌아갈 수 없음을 우리에게 분명히 보여 주기 때문입니다. 그는 교회가 하나밖에 없기 때문에, 가장 합리적인 행위는 바로 영국 국교회에서 나와 로마 교회에 가입하는 것이라고 생각했습니다. 그는 로마 교회의 교인으로 받아들여진 후, 영국을 다스리는 추기경의 위치로 승진하였습니다. 추기경은 교황의 다음 서열입니다. 그는 단지 주교만이 아니라 추기경이었습니다. 당시 영국에는 추기경이 한 명뿐이었습니다. 그는 거대한 권역의 대주교였습니다. 교황이 죽으면, 수십 명의 추기경들 가운데서 새 교황이 선출됩니다. 많은 사람들은 뉴먼에 대해 유감의 뜻을 표했지만, 나는 그의 저서들을 읽으면서 그가 앞뒤가 일치한 사람이었다고 느낍니다. 이것은 그가 옳았다는 말이 아니라, 그의 행위가 그가 믿는 교리와 일치했다는 뜻입니다. 그는 교회가 하나라는 것을 믿고 로마로 돌아갔습니다. 누구든지 교회가 하나라는 것을 믿으면서 교파에 남아 있어서는 안 됩니다. 교회가 하나라는 것을 시인하면서 영국 국교회의 목사나 장로교의 장로가 되어서는 안 됩니다. 뉴먼은 철저하게 앞뒤가 일치했고 모순되지 않았습니다. 그의 마지막은 그의 시작과 조화를 이루었습니다. 이러한 면에서 교파들 안에 있는 많은 사람들은 그와 비교될 수 없습니다.

성경은 '하나님의 교회들'이라고 말함

성경이 한 번이라도 이 땅에 오직 한 교회만 있다고 말한 적이 있습니까? 없습니다! 성경은 우리에게, 하나님께서 이 땅에서 '교회들'을 세우시는 것, 곧 '각 지방에 교회'를 세우시는 것을 보여 줍니다. 여기에 우리가 하나님 앞에서 주의해야 할 한 가지 중요한 것이 있습니다. 그것은 바로 성경에서, 하나님은 결코 많은 지방에 있는 교회들을 하나의 교회로 합하신 적이 없다는 것입니다.

우리에게 이것에 대한 증거가 있습니까? 있습니다! 이 문제를 세 방향에서 보도록 하겠습니다. 첫째로, 유대 민족이 로마에게 전쟁에서 패배한 후, 유대는 한 나라에서 로마의 한 도(道)로 바뀌었습니다. 한 지방에 하나씩, 많은 교회들이 유대 권역, 곧 유대라는 도 안에 있었습니다. 성경에서는 유대의 교회들에 대해 말할 때, 유대에 있는 교회라고 하지 않고 유대에 있는 '교회들'이라고 말합니다(살전 2:14). 우리는 '교회들'이라는 말의 중요성을 본 적이 있습니까? 모든 교회들이 한 도 안에 존재했지만, 도(道) 교회는 없었습니다. 만약 도 교회가 있었다면, 그것은 '유대에 있는 교회들'이 아니라 '유대에 있는 교회'로 기록되었을 것입니다. 성경은 그러한 교회들을 '유대에 있는 교회들'로 언급하며, 이것은 많은 교회들이 유대의 한 교회로 함께 연합한 것이 아니라, 그곳에 개별적인 많은 교회들이 있었다는 것을 의미합니다. 그곳에는 연합 교회와 같은 것이 없었습니다.

둘째로, 우리는 갈라디아를 고려할 수 있습니다. 그곳은 도시가 아니라, 유대와 마찬가지로 하나의 도(道)였습니다. 성경은 갈라디아에 관해 말할 때에도 결코 갈라디아에 있는 '교회'라고 말하지 않고 '갈라디아의 교회들'(고전 16:1)이라고 말합니다. 즉 단수로 된 '교회'가 아니라 복수로 된 '교회들'입니다. 이것은 여러 교회들이 갈라디아에서 함께 연결되어 한 교회를 형성하지 않았다는 것을 우리에게 보여 줍니다. 그들은 여전히 '교회들'이었습니다.

셋째로, 그 시기 중에 가장 큰 도(道)는 아시아였습니다. 우리는 중요한 교회들이 다 아시아에 있었음을 볼 수 있습니다. 즉 에베소가 아시아에 있었고, 골로새가 아시아에 있었으며, 라오디게아가 아시아에 있었습니다. 우리는 성경에서 라오디게아를 좋게 평가하지 않았다고 해서, 그 교회를 그다지 좋지 않은 교회로 여기지 말아야 합니다. 사실 라오디게아는 초기에 매우 좋았고, 규모도 아주 큰 곳이었습니다. 많은 교회들이 아시아에 존재했었지만(고전 16:19), 아시아에 있는 교회로 함께 연합되지 않았습니다. 오히려 요한계시록 1장 4절은 "아시아에 있는 일곱 교회"를 말합니다. 그러므로 성경에는 연합 교회가 없습니다. 한 도에 있는 교회들이 연합하지 않았고, 온 세상에 있는 교회들도 연합하지 않았습니다. 성경은 결코 한 도에 있는 교회들이 연합하여 한 교회가 되어야 한다거나, 한 나라에 있는 교회들이 연합하여 한 교회가 되어야 한다거나, 한 대륙에 있는 교회들이 연합하여 한 교회가 되어야 한다고 지적한 적이 없습니다. 성경에는 그러한 교회가 없습니다. 온 세상에 있는 교회들이 한 교회로 연합해야 한다고 하는 그런 암시도 없습니다. 사도행전은 한 번도 이러한 것을 언급하지 않았습니다.

더 나아가, 우리는 바울이 서신서들에서 교회를 언급하면서 어떻게 말하는지 보겠습니다. 예를 들면, 고린도전서에서 그는 '하나님의 교회들'(11:16)과 '성도들의 모든 교회들'(14:33)을 언급합니다. 즉 그는 한 교회가 아니라 많은 교회들을 언급합니다. 모든 성도들로 구성된 교회는 성도들의 '교회'가 아니라 성도들의 '교회들'입니다. 이곳에서 서너 형제자매들이 한 교회가 되고, 저곳에서 서너 형제자매들이 한 교회가 됩니다. 그들은 성도들의 교회들입니다. 성경은 이 땅에 있는 교회들을 언급할 때 '하나님의 교회'라는 문구를 사용하지 않습니다. 또 '성도들의 교회'라는 문구도 사용하지 않습니다. 성경은 분명하게 '하나님의 교회들'과 '성도들의 교회들'이라고 말합니다. 그러므로 하나님에게는 모든 교회들을 합하여 한 교회로 만들 생각이 없으시다는 것이 분명합니다.

하나님께서 어떤 일을 하시기 위해서는, 반드시 먼저 두 가지 일을 이루셔야 합니다. 첫째는 우리에게 교리가 전해져야 하고, 둘째는 사도들이 그것을 이루어 내야 합니다. 성경에는 교회들이 연합하는 것에 대한 교리가 없습니다. 나는 수없이 성경을 연구했지만, 이 땅에 오직 한 교회만 있다고 지적하는 교리를 성경 안에서 본 적이 없습니다. 또한 사도들도 이러한 것을 향해 일하지 않았습니다. 주님은 사도들이 그분께 완전히 순종하기를 원하셨습니다. 그분은 그들이 자신의 의견들을 가지고 스스로 행동하도록 허락하지 않으셨습니다. 사도들의 모든 일은 다 주님께 순종하여 한 일들입니다. 그렇기 때문에 그들은 사도가 될 자격이 있었습니다. 만약 그들이 스스로 행동하고 자신의 의견에 따라 행동했다면, 하나님은 그들의 일을 그분의 일로 인정하지 않으셨을 것입니다. 그 이유는 하나님과 그들 사이에 간격이 존재했을 것이기 때문입니다. 하나님은 그들이 완전히 순종하고 철저히 헌신할 것을 요구하셨습니다. 그런 후에야 하나님은 그들이 한 것을 그분 자신의 일로 인정하셨습니다. 사도들은 이 땅의 교회들을 하나의 교회로 연합하지 않았습니다. 오늘날에는 그러한 사도들의 본도 없고, 그러한 성경적인 가르침도 없습니다.

만약 하나님의 의도가 이 땅의 모든 교회들을 하나의 거대하고 웅장한 교회로 연합하는 것이었다면, 왜 그분께서 베드로나 야고보나 요한이나 바울과 같은 사람들의 손을 통해 그러한 일을 하지 않으셨을까요? 왜 그분께서 삼사백 년을 기다리신 후 교황을 통해 이 일이 이루어지게 하셨을까요? 나는 교황의 본을 믿지 않고 베드로와 바울의 본을 믿으며, 교황이 행한 것을 믿지 않고 베드로와 바울이 행한 것을 믿습니다. 나는 교황들을 믿지 않고, 주님께 절대적이었던 사도들을 믿습니다. 우리는 절대로 교황들을 따를 수 없습니다. 이것이 내가 '중화 그리스도 교회(Church of Christ in China)'와 같은 것을 믿지 않는 이유입니다. 교회는 지방적인 것입니다. 중국에 있는 그리스도의 '교회들'이 있을 뿐, 중국에 있는 그리스도의 '교회'는 없습니다. 형제들이여, 여러분은 이 차이점을 아시겠습니까? 중국에 있는 '교회'가 아니라 중국에 있는 '교회들'이 존재해야 합니다. 상하이에 한 교회가 있어야 하고, 톈진(天津)에 한 교회가 있어야 합니다. 아마 중국 전역에는 팔천 내지 구천 곳에 교회들이 있을 것입니다. 그러나 그 모두를 하나의 중화 교회로 만드는 것은 전혀 불가능합니다.

여기에서 우리는 한 가지, 즉 이 땅의 모든 교회들을 하나의 조직화된 공식적인 교회로 합치는 것에 대한 본이나 명령이 성경에 전혀 없다는 것을 보게 됩니다. 그와 반대로 성경의 모든 본과 가르침은 교회가 지방적인 것이고 복수라는 것을 보여 줍니다.

내가 하나님을 추구하는 사람이라면, 로마의 천주교회에 가입할 수 없습니다. 그것은 세상적인 조직입니다. 그 조직 안에서, 온 세상의 모든 교회들이 한 교회로 결합되어 있습니다. 이 한 교회 안에서 교황은 황제처럼 행동하며, 추기경들은 각 나라의 군왕들과 같습니다. 그들은 세상에 속한 조직이기 때문에, 우리는 그들과 함께할 수 없습니다. 그러므로 우리는 서로 다른 지방들에 있는 형제자매들과 교회의 합일에 관해 말할 때, 반드시 우리의 합일이 로마의 천주교회의 합일이 아니라는 것을 그들에게 말해 주어야 합니다. 오늘날 이 땅 위에, 로마의 천주교회의 합일이라는 것이 있습니다. 그러나 이것은 통하지 않을 것인데, 왜냐하면 그것이 하나님에게서 나온 것이 아니기 때문입니다. 역사에 따르면, 이것은 사람이 만들어 낸 것입니다. 그것은 하나님께서 우리가 하기를 원하신 것이 아닙니다.

'영적인' 합일

오늘날 전 세계에 걸쳐 발견될 수 있는 두 번째 종류의 합일이 있는데, 그것은 '영적인' 합일이라 불립니다. 이 영적인 합일에 대한 정의는 무엇이며, 이것은 어디에서 유래된 것일까요?

국교

원래 로마 천주교는 로마 제국의 국교(國敎)였습니다. '국교'라는 용어는 매우 흥미로운 정의를 지니고 있습니다. 그 말은 한 나라의 종교를 의미합니다. 국가나 왕이나 황제가 자신의 백성을 위해 그러한 종교를 정합니다. 다시 말하면, 한 사람이 어떤 나라의 국민으로 태어나면 그 나라 종교의 교인이 됩니다. 만약 어떤 사람이 로마 시민이라면 자동적으로 로마의 종교에 가입됩니다. 어떤 사람에게 국적이 없다면 어떤 나라의 종교에서도 교인 자격이 없으며, 그가 한 나라의 시민으로 태어나면 바로 그 나라 종교의 교인이 되는 것입니다. 그가 원하든 원하지 않든, 반드시 그 종교에 참여해야 합니다. 이것은 그 사람이 결정하도록 맡겨진 문제가 아닙니다. 그것은 황제가 결정한 것입니다. 그가 그 나라를 의지해 살려면, 반드시 그 나라의 종교에 참여해야 합니다.

로마 제국이 로마 천주교를 국교로 받아들인 후, 로마의 천주교회의 교인 수는 로마 제국의 인구와 같게 되었습니다. 이전에는 교회의 인수가 회개하여 거듭나서 침례 받은 사람의 수와 같았습니다. 그러나 이제는 누구도 교회 자체에 가입할 필요가 없었습니다. 한 사람이 그 나라에서 태어났고 아버지가 로마인이라면, 로마 종교의 교인이 될 자격이 있었습니다. 그는 거듭남을 체험할 필요가 없었습니다. 나의 아버지는 중국인이며, 나는 나의 아버지에게서 태어났습니다. 나는 중국인이 되기 위해 귀화할 필요가 없는데, 그것은 내가 태어나면서부터 중국인이기 때문입니다. 이것이 바로 로마의 천주교회 안에서의 상황이었습니다. 누구든지 로마인으로 태어나면 로마의 천주교회의 교인이 되었습니다. 육체로 태어나기만 하면 하나님의 '자녀'가 될 수 있었습니다. 이것은 요한복음 1장 12절과 13절의 말씀을 완전히 뒤바꾼 것입니다. 하나님에게서 태어나거나 주 예수님을 영접하는 것이 필요 없게 되었습니다. 그 대신 혈통과 육체의 뜻과 사람의 뜻에서 나는 것으로 그만이었습니다. 어떤 사람이 로마인이기만 하면 곧 로마의 천주교회의 교인이었습니다. 이것이 로마의 천주교회였습니다.

개신교도 원래 국교였음

개신교의 운동이 시작될 때, 마르틴 루터가 원한 것은 다만 로마의 천주교회를 개혁하는 것이었습니다. 그는 새로운 교회를 형성하려는 기대가 없었습니다. 새로운 교회가 형성된 것은 종교적인 이유에서가 아니라 정치적인 이유에서 비롯되었습니다. 로마 교황이 전 세계를 통치했기 때문에, 심지어 황제까지도 그를 두려워했습니다. 교황이 정한 것에 따라, 황제들은 사람의 몸을 다스렸고 반면에 교황은 사람의 혼을 다스렸습니다. 교황의 몸은 황제의 다스림을 받았지만, 황제의 혼은 교황의 다스림을 받았습니다. 가이사(황제)가 제국에서 가장 위대한 이가 될 수는 있었지만, 교황에 맞서서는 아무것도 할 수 없었습니다. 교황이 그를 다스렸습니다. 교황이 천국의 문을 닫으면 어느 누구도, 심지어 왕조차도 들어갈 수 없었습니다. 사실상 교황이 온 세상을 다스렸습니다. 그러므로 모든 나라의 왕들이 그를 매우 두려워했습니다. 그들은 왕들이었지만 누군가가 그들을 다스렸습니다. 그들은 왕들이었지만, 그들 위에 다른 한 사람이 그들의 왕이었습니다. 교황이 온 세상의 최고 통치자였습니다.

루터가 교회를 개혁하려고 일어났을 때, 이 왕들은 로마로부터 자신들을 분리할 수 있는 길이 있음을 깨달았습니다. 그들은 교황이 자신들의 혼을 다스리는 것을 원하지 않았고, 스스로를 다스리기 원했습니다. 그들은 다른 교회, 곧 교황의 다스림을 받지 않는 교회를 원했습니다. 어떤 일들에서 그들이 내린 명령은 교황에 의해 변경될 수가 있었습니다. 교황은 바로 또 다른 명령을 내릴 수 있었고 백성은 감히 거역할 수 없었는데, 왜냐하면 교황에게 불순종하는 것은 그들의 혼이

지옥으로 가는 것을 의미했기 때문입니다. 루터가 일어나 이 기회를 활용했습니다. 그는 믿음으로 의롭게 되는 것, 즉 모든 사람이 다 하나님께 갈 수 있는 권리를 전했습니다. 많은 왕들과 군주들이 루터가 앞으로 나아가기를 기다렸고, 기꺼이 무력으로 그를 도우려고 했습니다. 교황은 무력으로 개혁자들을 진압하려고 했습니다. 이에 반응하여 왕들은 그 기회를 붙잡아 군병들을 전장으로 출동시켰고, 그들 간의 전투는 아주 치열했습니다. 그 후에 교리가 나눠는 일뿐만 아니라, 로마의 천주교회로부터 분리되는 일도 일어났습니다. 그 결과가 무엇이었을까요? 루터의 가르침을 따른 사람들은 독일에서는 독일 교회가 되었고, 네덜란드에서는 네덜란드 교회가 되었으며, 영국에서는 영국 교회가 되었습니다. 본래 로마 제국은 온 세상을 망라하고 있었습니다. 독일과 네덜란드와 영국은 로마 제국 안에 있는 작은 왕국들이었습니다. 그때 독일에는 그 자체의 루터 교회(Lutheran Church)가 있었고, 네덜란드에는 그 자체의 네덜란드 개혁 교회(Dutch Reformed Church)가 있었으며, 영국에는 그 자체의 영국 국교회(Anglican Church)가 있었습니다. 이들 또한 국교회들이었으며, 로마 교회보다 규모만 더 작았을 뿐입니다.

영국인 부모에게서 태어난 사람은 누구든지 영국 국교회의 교인이 됩니다. 사람이 모태로부터 태어나자마자, 자동적으로 영국 국교회의 교인이 됩니다. 이것이 유아 세례 배후에 있는 명분입니다. 유아를 교회에 등록하는 것은 필수적인 일입니다. 그는 영국 사람이므로 자동적으로 영국 국교회의 교인입니다. 믿는 것은 필요하지 않고 다만 등록하기만 하면 됩니다. 일단 등록이 되면 교인이 되는 것입니다. 동시에 영국인과 그리스도인으로 태어날 수 있습니다. 그 후에 사립 교회가 일으켜졌을 때, 그 교인들은 영국 국교회를 떠나야 했습니다. 이 사립 교회들의 교인들은 '반대자들'로 불리었는데, 이것은 그들이 국교회와 의견을 달리했다는 뜻입니다. 본래 그들은 국교회 안에 있었지만, 그곳에서 나오기 원할 때는 먼저 국교회를 떠나야만 다른 곳에 가입할 수 있었습니다. 웨슬리 교회(Wesleyan Church)에 가입하려면 먼저 영국 국교회를 떠나야 했습니다. 그들은 이의를 제기한 사람들이었습니다. 그러지 않았다면, 그들은 나오지 않았을 것입니다.

눈에 보이는 교회와 눈에 보이지 않는 교회라는 교리가 생김

바로 그 시점에서 하나의 문제가 발생했습니다. 로마 천주교와 개신교 모두가 국교회였기 때문에, 자연히 그 안에 구원받지 않은 많은 사람들이 포함되었습니다. 사람은 나면서부터 구원받을 수 없습니다. 만약 사람이 나면서부터 구원받을 수 있다면, 우리가 오로지 해야 할 일은 기독교를 중국의 국교로 만드는 일일 것입니다. 그렇게 되면 모든 중국 사람은 다 그리스도인이 될 것입니다. 거듭남으로 그리스도인이 되는 것이 불필요하게 될 것입니다. 그러나 이것은 불가능합니다. 사람이 출생하는 것과 거듭나는 것은 완전히 별개의 일입니다. 그들이 이렇게 실행한 결과, 모든 국교회가 구원받지 않은 사람들로 가득하게 되었습니다. 그중에 구원받은 사람도 많았던 것에 대해 하나님께 감사드립니다. 그러나 구원받지 않은 사람들은 그들의 교육과 배경에도 불구하고 여전히 구원받지 못했습니다.

여기에 한 가지 문제가 있습니다. 그것은 바로 영국 국교회가 교회인가의 문제입니다. 만약 그것이 교회라면, 그 안에 구원받지 않은 사람들이 어떻게 그토록 많을 수 있겠습니까? 분명 이것은 아주 이상한 일입니다! 이 교회 안에는 믿지 않는 사람들이 아주 많이 있습니다. 어떻게 이런 일이 있을 수 있었을까요? 그 결과 교회에 관한 어떤 교리가 등장했습니다. 이 교리에 따르면, 두 종류의 교회가 있습니다. 바로 '눈에 보이는 교회'와 '눈에 보이지 않는 교회', 곧 '유형적인 교회'와 '무형적인 교회'입니다. 이 교리에 의하면, 성경에서 말한 교회는 눈에 보이지 않고 영적인 것으로 여겨졌지만, 이 땅 위의 교회는 눈에 보이고 형태를 가진 것으로 여겨졌습니다. 이 말은 눈에 보이는 교회 안에는 거짓 그리스도인들이 있을 수 있으며, 영적인 교회 안에는 모든 사람이 다 진정한 그리스도인들이라는 의미입니다. 형제들이여, 우리는 반드시 모든 교리들에는 기원이 있다는 것을 알아야 합니다. 영적인 교회에 대한 교리, 즉 눈에 보이는 교회와 눈에 보이지 않는 교회에 대한 교리가 바로 우리가 지금까지 언급한 것에 따라 들어오게 되었습니다. 사람들이 매우 많은 거짓 믿는 이들을 이끌어 들였기 때문에, 눈에 보이는 교회는 당연히 신뢰할 수 없게 되었습니다. 모든 영국 사람들이 한 그물 안으로 들어왔기 때문에, 그중에 '좋은 고기'도 있고 '나쁜 고기'도 있을 수밖에 없었습니다. 이것은 잘못된 것입니다. 성경은 교회가 그리스도의 몸이고 그리스도가 교회의 머리이시라고 가르칩니다. 따라서 오직 믿는 이들만이 교회가 될 수 있습니다. 어떻게 교회 안에 믿지 않는 사람들이 있을 수 있습니까? 아주 많은 믿지 않는 사람들이 교회를 채웠기 때문에, 두 종류의 교회에 대한 교리를 만드는 것 외에 다른 어떤 일이 이루어질 수 있었겠습니까? 그래서 눈에 보이는 교회는 믿을 만하지 못하고, 눈에 보이지 않는 교회는 참되다는 이와 같은 교리가 생겨난 것이 불가피했습니다. 그들의 존재를 정당화하는 것이 필수적이었습니다. 그러지 않을 경우, 그들은 앞으로 나아갈 수 없었습니다. 형제들이여, 핵심이 보이십니까? 바로 필요에 의해서 이런 종류의 교리가 생겨난 것입니다. 결국 눈에 보이는 교회는 몹시 느슨하게 되었고, 그 속에 무엇이든 다 들일 수 있었습니다. 결과적으로, 그러한 교리가 산출되지 않을 수 없었습니다.

이 교리를 옹호하는 사람들은 주님께서 씨를 뿌리신 후 사탄이 가라지를 뿌렸다고 말하는 성경 말씀을 인용하였습니다. 그 말씀은 우리가 가라지를 뽑아서는 안 되고 '함께 자라게 두어야' 한다고 말합니다(마 13:24, 30). 이 사람들은 보이지 않는 영적인 교회는 다시 태어난 사람들로 구성되며, 그 가운데에는 거짓된 사람이 한 명도 없다고 말했습니다. 그러나 보이는 교회 안에는 가라지들이 있지만, 그들을 뽑아내서는 안 된다고 말했습니다. 많은 형제자매들이 이 단락의 말씀을 읽고 그들이 말한 것이 옳다고 생각했습니다. 즉 보이는 것과 보이지 않는 것에는 차이가 있으며, 이것을 보이는 교회와 보이지 않는 교회의 교리로 다룬다고 생각했습니다. 이 사람들은 교회를 너무 포괄적인 것으로 만들었습니다. 그러나 주 예수님은 밀과 가라지가 '세상'에서 함께 자란다고 언급하셨지 '교회' 안에서 함께 자란다고 언급하지 않으셨습니다(38절)! 교회가 세상만큼 넓게 확대되었기 때문에, 자연스럽게 가라지들이 교회 안에 포함되었습니다. 결과적으로, 교회를 유일하게 설명할 수 있는 길이 유형적인 교회와 무형적인 교회가 있다고 말하는 것이었습니다. 이 사람들이 영국 국교회가 지나치게 크다는 것을 시인한 것도 사실입니다. 그러나 또 다른 교회, 곧 성경 안에 있는 교회도 있는데,

이 교회는 오직 영적이고 거듭난 사람들로만 구성됩니다.

요한계시록 2장과 3장에서 이 땅의 교회들의 상태는 어떠했습니까? 그들은 일곱 금등잔대들이었습니다. 금등잔대는 무엇입니까? 그것은 바로 빛을 비추어 내는 것입니다. 주 예수님은 이 땅에 계셨을 때 "여러분의 빛을 사람들 앞에 비추어"(마 5:16)라고 말씀하셨습니다. 빛을 비추어도 사람이 보지 못하면 무슨 소용이 있겠습니까? 오늘 밤 우리가 여기에 있을 수 있는 것은 눈에 보이는 빛이 있기 때문입니다. 그런데 만약 빛이 눈에 보이지 않는다면, 우리가 무엇을 할 수 있겠습니까? '눈에 보이지 않는 빛'은 정말 우스운 말입니다. 어떻게 눈에 보이지 않는 빛이 있을 수 있습니까? 그뿐 아니라, 빛이 눈에 보이는 것이라면 틀림없이 형태를 갖고 있습니다. 형태가 없을 수 없습니다. 무형적인 빛이라는 말은 사람을 속이는 말입니다. 이 땅에 있는 교회는 반드시 사람들에게 보여야 합니다. 성경에는 교회가 눈에 보이지 않는 빛이라는 사상이 없습니다. 그러나 오늘날 그들이 교회를 언급할 때 등불을 말 아래에 두는 것과 관련하여 말하는 것이 아니라, 등잔대에서 '눈에 보이지 않는 빛'을 발한다고 말하고 있는 것입니다! 주 예수님께서 우리에게 하신 말씀은 매우 분명합니다. 그분은 "여러분은 세상의 빛입니다. 산 위에 있는 성은 숨겨질 수 없습니다."(마 5:14)라고 말씀하셨습니다. 이것은 보이지 않는 것이 아니라 보이는 것입니다. 주님은 우리가 이 땅에서 나타나고 사람들에게 보이기를 원하십니다.

그러므로 우리는 그들이 말하는 '보이는 교회'가 사실상 세상이라는 것을 반드시 보아야 합니다. 어떤 사람들이 그것을 교회라고 부르기를 고집하기 때문에, 그들은 이 외면적인 교회 안에 또 다른 교회가 있다고 설명합니다. 그러나 하나님의 말씀에 언급된 교회는 세상에서 나와서 세상과 분별된 것입니다. 이것이 사실이기 때문에, 우리는 외면적인 교회가 아니라 영적인 교회의 존재만을 인정할 수밖에 없습니다.

오늘날의 문제는 많은 형제자매들이 그리스도인들 가운데의 합일을 '영적인' 합일로 생각한다는 것입니다. 이러한 영적인 합일에 따르면, 교회 안에 있는 어떤 사람들은 영적이고 어떤 사람들은 그렇지 않습니다. 따라서 모든 교회 안에 외면적인 방면과 영적인 방면이 있습니다. 영적인 합일이 있으면, 영적인 한 무리의 형제들은 영적인 다른 한 무리의 형제들과 교통을 가질 수 있고, 그들 모두가 서로 하나가 될 수 있습니다. 내가 지적하고 싶은 것은, 오늘날 이러한 '영적인' 합일이 필요한 이유가 세상에 속한 어떤 사람들이 있기 때문이라는 점입니다. 만약 모두가 하나님의 말씀에 의해 산출되었다면, 영적인 합일의 문제는 결코 대두될 필요도 없었을 것입니다.

이 일은 근본적인 문제를 만지는 것이기 때문에 매우 중요합니다. 여러분이 누군가에게 그가 있는 교파에서 구원받지 않은 사람이 얼마나 많은지 묻는다면, 아마도 그는 절반 정도라고 말할지도 모릅니다. 또 여러 교파들은 열 명 중 한 명이 구원받으면 아주 기쁠 것이라고 말할지도 모릅니다. 이러한 교파들은 국교회와 별 차이가 없습니다. 그들은 마치 여러 겹을 벗셔야 하는 양파와 같습니다. 이 말은 밖의 아홉 겹은 무의미하고 오직 중심에 있는 것만 인정된다는 뜻입니다. 의심할 바 없이 교파들의 원칙은 여전히 국교회의 원칙인데, 그것은 그들 가운데 있는 많은 사람들이 주님께 속한 사람들이 아니기 때문입니다. 이러한 이유로, 그들의 교통은 필요에 의해 교회 전체가 아닌 영적인 사람들에게 국한될 수밖에 없습니다. 온 교회가 함께 교통하게 되면 많은 믿지 않는 이들이 포함될 것입니다. 영적인 교통을 가지려면 온 교회를 포함할 수 없습니다. 그러나 성경은 교통의 경계로 온 교회를 포함합니다. 교회의 상태가 혼탁하고 교회의 경계가 잘못 정의되어 있기 때문에, '영적인' 교통의 필요성이 있는 것입니다.

오늘날 많은 종류의 특이한 교회들이 이 세상에 존재하는 것은 그리스도인이 아닌 수많은 사람들이 그 안으로 들어왔기 때문입니다. 많은 믿지 않는 이들과 거짓된 그리스도인들이 '교회' 안에 있기 때문에, 이러한 교회들 안에 있는 그리스도인들은 보이지 않는 교통을 유지해야 합니다. 그들의 교통은 전부 보이지 않습니다. 그들은 자신들이 마음의 교통을 나누고 있다고 말합니다. 즉 그들의 마음이 서로 연결되어 있다고 말합니다. 나는 이러한 교통에 대한 필요성 자체가 잘못된 것이라고 말하고 싶습니다. 우리는 반드시 이것을 이해하고 간파해야 합니다. '영적인' 합일에 대한 이러한 필요성은 오직 위치가 잘못되어 있기 때문입니다. 우리가 올바른 위치에 서 있다면, 우리는 이미 하나입니다. 만약 교회가 합당하다면 보이지 않는 것이 보이게 될 것이고, 보이지 않는 교통에 대한 필요가 없을 것입니다. 주님은 교회가 등잔대라고 말씀하셨지만, 그들은 등잔대가 비추는 빛이 단지 보이지 않는 빛일 뿐이라고 말합니다. 이것은 이상한 일입니다. 이와 같은 영적인 교통과 영적인 합일은 교회 안에 믿지 않는 이들을 섞었기 때문에 산출된 것입니다.

많은 교파들이 산출됨

이러한 시각은 두 가지 문제를 불러일으킵니다. 지금까지 우리는 국교회의 관점에서 나온 문제를 보았습니다. 그다음으로 우리는 이의를 제기하는 반대자들의 관점에서 나온 문제를 보아야 합니다. 그들 중 많은 사람들이 국교회를 인정하지 않았습니다. 그들은 국교회를 인정하지 않았을 뿐만 아니라 일어나서 국교회의 오류들을 반대하였습니다. 침례교 사람들과 장로교 사람들과 웨슬리교 사람들이 그러한 사람들이었습니다. 웨슬리교 사람들은 어디서나 전도할 수 있다고 생각했습니다. 반대자들로서 그들은 자신들의 반대 의견의 토대가 되는 진리를 지키기 위해 일어나 교회들을 세웠습니다. 이렇게 하여 침례교, 장로교, 웨슬리교(감리교), 퀘이커파가 일어났고, 후에는 수천의 단체가 일어났습니다. 영국에서는 그들을 '(공식적으로 인정되는 것을 반대하는) 반대자들'이라고 불렀습니다. 러시아 제국에서 국교회는 러시아 정교회(Russian Orthodox Church)라 불리었고, 나머지는 종파들로 불리었습니다. 이 모든 형제들은 진리를 위해 일어났습니다. 이것은 좋은 점입니다! 우리는 이것에 대해 하나님께 감사드립니다. 그러나 유감스럽게도 그들은 새로운 교회들을 세움으로써 하나님의 진리를 지키려고 노력했지만, 그것 때문에 하나님의 교회가 수천 갈래로 나누어지게 되었습니다.

그 후, 상황은 점차 바뀌었습니다. 첫 세대 때에는 양쪽의 다툼이 매우 지열했습니다. 예를 들면, 웨슬리는 영국 국교회와 격렬하게 다투었습니다. 그러나 삼사 대에 가서는 다툼이 진정되었고, 그들 사이에 큰 차이가 없어졌습니다. 이전에, 그들은 서로 인사도 하지 않고 왕래도 하지 않았는데, 오늘날에는 심지어 기도까지 함께합니다. 예를 들어, '연합기독교회(United Christian Church)'는 본래 웨슬리교에 속했었는데, 나머지 웨슬리교 사람들에게 신성한 치유의 교리를 받아들이라고 요구했습니다. 그들은 이 문제를 두고 아주 무섭게 다투었기 때문에 후에 서로 결별하게 되었습니다. 지금 삼 대째에 와서는 그들은 이제 더 이상 다투지 않습니다. 처음에는 차이가 컸지만 지금은 그리 크지 않습니다. 그런데 연합기독교회에 있던 사람들 중의 일부가 성령의 쏟아부어짐과 다른 언어로(방언) 말하는 것을 믿었습니다. 그들이 따로 나가 오순절교회를 세웠습니다. 처음에는 그들 사이에 다툼이 매우 심했지만, 지금은 더 이상 문제가 없습니다.

오늘날 이 모든 교회들이 세워졌습니다. 어떤 사람들은 침례 때문에 침례교회를 세웠고, 어떤 사람들은 루터 때문에 루터교회를 세웠으며, 어떤 사람들은 웨슬리 때문에 감리교회를 세웠고, 어떤 사람들은 심프슨 때문에 기독교선교연맹(C&MA: The Christian And Missionary Alliance)을 세웠습니다. 그러나 성경에서는 어떤 교회도 특정 교리에 토대를 두고 세워지지 않았습니다. 성경 안에는 어떤 특별한 교리에 의해 교회 설립이 정당화된 사례가 한 군데도 없습니다. 사도 바울에 따르면, 사람들이 매우 강하게 다투어 온 교리들은 사실 큰 문제가 아니었습니다. 로마서 14장에서 바울은 어떤 사람이 이날을 지켜도 괜찮고 또 다른 사람이 저 날을 지켜도 괜찮다고 말했습니다. 어떤 이들은 한 날을 위하고, 다른 이들은 또 다른 날을 위하며, 또 다른 이들은 두 날 모두를 위할 수 있습니다(5-6절). 날을 지키는 이 사람들은 믿음이 약합니다. 그러나 그들은 교리들 때문에 나누어져서는 안 됩니다. 어떤 이들은 믿음이 약하기 때문에 고기를 먹지 않고 채소를 먹는 것이 좋다고 느낍니다(2절). 바울은 채식주의 교회를 세우지 않았을 뿐더러 고기를 먹는 교회도 세우지 않았습니다. 어떤 이들은 채소를 먹었고, 어떤 이들은 고기를 먹었습니다. 바울은 이들 중 누구도 어떤 문제도 제기해서는 안 된다고 말했습니다. 우리는 주님께서 받아들이신 사람들을 받아들여야 하는데, 그것은 하나님께서 그들을 받아들이셨기 때문입니다(3절). 채소를 먹어도 형제이고, 고기를 먹어도 여전히 형제입니다. 이날을 지켜도 형제이고 저 날을 지켜도 여전히 형제입니다. 성경에는 교리에 따라 교회를 세운 예가 전혀 없습니다.

성경에 따르면, 교회는 어떻게 형성됩니까? 유일한 요구 조건이 다음의 로마서 14장 말씀에 있습니다. "여러분은 … 받아들이고, … 왜냐하면 하나님께서 그를 받아들이셨기 때문입니다."(1, 3절) 무릇 하나님께서 받아들이신 사람은 우리도 반드시 모두 받아들여야 합니다. 우리가 그를 받아들이는 것은 하나님께서 그를 받아들이셨기 때문입니다. 그에게 하나님의 생명이 있습니다. 전에는 그가 죄인이었지만, 지금은 주님께 나아왔습니다. 우리가 물어야 할 것은 오직 한 가지, 곧 그가 주님을 영접했는지의 여부입니다. 그가 주님을 영접했다면 더 이상의 말이 필요하지 않습니다. 그가 그리스도인으로서 어떻게 처신해야 하는지에 관하여, 우리는 성경의 가르침들로 그를 도와야 하지만, 그를 거절하거나 교회 밖에 둘 수 없습니다. 어떤 사람들은 물을 뿌리는 세례를 믿습니다. 이것은 전혀 침례를 주지 않는 사람들보다는 낫습니다. 구세군이나 퀘이커파들은 물을 뿌리지도 않습니다. 어떤 사람들은 물을 문질러 떨어뜨리는 방식으로 침례를 주고, 다른 사람들은 물속에 잠기게 하는 방식으로 침례를 줍니다. 빌립과 내시는 물속으로 내려갔고(행 8:38), 주 예수님은 물에서 올라오셨습니다(마 3:16). 내려가고 올라오는 것은 틀림없이 물에 잠기게 하는 침례를 의미합니다. 그러나 어떤 사람들은 물속에 손만 담글 뿐 몸을 담그지 않습니다. 성경에 따르면, 우리는 반드시 물에 잠겨야 합니다. 오늘날 어떤 사람들은 이마 위에 물을 문질러 바르는 방식으로 침례를 줍니다. 우리는 그들이 '물로 문질러 바르는' 교회에 속했다고 말해서는 안 됩니다. 우리는 교리에 따라 교회를 세울 수 없습니다. 침례를 주는 방식이 수침이든 세례든 상관없이, 우리는 오직 이것만을 물어야 합니다. "하나님께서 이 형제들을 받아들이셨는가? 이 형제들이 구원받았는가?" 그들이 구원받았다면, 세례를 받았다 해도 하나님 앞에 설 수 있을 것입니다. 그렇다면 어떻게 우리가 그들을 받아들이지 않을 수 있습니까? 우리는 영원히 그들과 함께 지낼 것인데, 어떻게 오늘 그들을 받아들이지 않을 수 있습니까? 우리가 다른 사람들의 결점들을 받아들일 수 없다는 것 때문에, 우리 각자가 자기 자신의 길을 갈 수 있습니까? 이렇게 되어서는 안 됩니다! 성경은 교회가 주님께서 받아들이신 모든 사람을 포함한다는 것을 보여 줍니다.

그뿐 아니라, 로마서 14장에서 바울은 "여러분은 믿음이 약한 사람을 받아들이고"(1절)라고 말하면서 그들을 거절하지 말라고 말했습니다. 우리는 이 형제가 약하다는 것을 인식하지만, 결코 그를 거절해서는 안 됩니다. 그보다 우리는 반드시 그를 받아들여야 합니다. 종종 우리는 어떤 사람의 믿음이 우리처럼 강한 경우에 한해 우리와 함께할 수 있다고 생각하는 잘못을 범합니다. 그러기보다 우리는 믿음이 약한 사람들을 반드시 받아들여야 한다는 것을 볼 필요가 있습니다. 만약 우리가 그들을 거절한다면, 기껏해야 몇십 년 동안만 그들을 교회에 못 들어오게 할 수 있습니다. 우리는 그들을 영원히 차단할 수 없습니다. 우리에게는 그들을 추방할 길이 없습니다. 그들은 영원토록 우리의 형제들입니다. 우리는 교리들에 따라 교회를 나누는 것이 효과가 없으리라는 점을 반드시 깨달아야 합니다. 가령, 시안(西安)에 있는 교회의 한 형제가 채식주의자라고 합시다. 우리가 무슨 말을 해야 할까요? 우리는 그에게 오직 한 가지, 곧 그가 구원받았는지를 물을 수 있습니다. 만약 그가 구원받았는데도 채식을 계속하면, 우리는 반드시 그가 그렇게 하도록 허락해야 합니다. 바꾸어 말해서, 그가 동일한 생명을 받아들였기 때문에, 그의 선호가 어떠하든 우리는 그를 받아들여야 합니다. 우리는 믿음이 약한 사람들을 성경의 가르침으로 도와주어야 합니다. 결코 또 다른 교회를 세움으로 그들과 나뉘어서는 안 됩니다.

오늘날 소위 교파들은 교리를 두고 분열한 결과로 생겨났습니다. 사람들은 성경에서 하나의 교리를 취하여 그것을 전파하고 교파를 형성합니다. 그 결과, 오순절교와 루터교와 퀘이커교 등이 있게 된 것입니다. 퀘이커파 신자들은 몸짓(몸을 떠는 것)을 강조하고, 루터교 신자들은 교리를, 장로교 신자들은 조직을, 조합 교회 신자들은 독립된 회중을 강조합니다. 이러한 것들은 주님의 일이 아니라, 사람의 여러 구상에서 나온 결과입니다. 바로 이러한 사람의 구상들로 인해 하나님의 자녀들이 이토록 많은 교파들로 나누어지게 된 것입니다.

많은 사람들은 교파를 갖는 것이 좋다고 생각하는데, 왜냐하면 그것이 편리하기 때문입니다. 형제들이여! 여러분이 나에게 육체에 따라 교파들을 좋아하는지 어떤지를 묻는다면, 이렇게 말하고 싶습니다. "예, 좋아합니다. 왜냐하면 모든 것이 명백하기 때문입니다. 다른 언어로 말하기를 좋아하는 사람들은 방언 교회로 갈 수 있고, 독립된 회중을 좋아하는 사람들은 조합 교회로 갈 수 있으며, 세례를 좋아하지 않는 사람들은 구세군으로 갈 수 있습니다." 그러나 성경은 각 지방에 오직 한 교회만 있어야 한다고 가르칩니다. 고린도에 오직 한 교회만 있고, 에베소에 오직 한 교회만 있습니다. 따라서 상하이에도 오직 한 교회만 있어야 합니다. 이 길은 편리하지 않은데, 그 이유는 각 사람이 모든 형제들을 사랑해야 하기 때문입니다! 우리와 같지 않은 형제들을 사랑해야 하기 때문에, 많은 마찰과 배워야 할 공과가 있게 됩니다. 당신에게는 당신의 주장이 있고 나에게는 나의 주장이 있습니다. 당신에게는 당신의 생각이 있고 나에게는 나의 생각이 있습니다. 만약 당신이 한 교회로 분리하여 나가고 나도 한 교회로 분리하여 나간다면 매우 편리할 것입니다. 한 교회 안에 함께 있는 것은 오늘날 우리에게 그리 편리한 것이 아닙니다. 그것은 우리가 서로 사랑해야 한다는 것을 의미합니다. 많은 어려움과 함께 많은 공과들이 있고, 어려움이 더 많을수록 서로를 더 사랑할 필요가 있습니다. 설령 우리가 불쾌하더라도 도망칠 수 없습니다. 좋든 싫든, 우리는 여전히 함께 형제들이 되어야 합니다. 우리는 반드시 영적인 것으로 육체에 속한 것을 이기고, 사랑으로 모든 차이점들을 극복하며, 은혜로 모든 어려움을 덮어야 합니다. 그러지 않으면 교회는 성공할 수 없습니다.

담 너머로 손을 잡는 것은 합일이 아님

오늘날 사람들은 이미 교파들을 갖고 있는데, 우리는 무슨 일을 해야 합니까? 우리는 하나님의 자녀들에게 많은 교파와 분열이 있는 것이 좋지 않다는 것을 이미 증언했습니다. 하나님의 자녀들은 분파를 형성해서는 안 되고, 서로 사랑하며 함께해야 합니다. 우리는 1921년 이후로 이미 삼십 년 동안 이러한 말을 해 왔습니다. 이러한 말이 효과가 있습니까? 있습니다. 비록 우리가 처음부터 많은 반대를 받아 왔고 오늘날에도 어느 정도 반대를 겪고 있지만, 반대하는 강도가 점점 약해지고 있습니다. 처음에 그들은 교파를 수호하려고 노력했습니다. 오늘날 그들은 훨씬 약화되었습니다. 이제 그들은 "우리는 영적인 교통을 갖기 원한다."라고 말하며 다른 길을 제시했습니다. 우리가 이미 보았듯이, 이 영적인 교통은 두 가지 요인에서 나온 결과입니다. 첫 번째 요인은 국교회입니다. 그곳에서는 작은 교회가 큰 교회 안에 있었고, 참된 교회가 거짓된 교회 안에 있었으며, 외면적인 교회 안에 실지적인 교회가 있었습니다. 두 번째 요인은 교리상의 차이점으로 야기된 분열들입니다. 이제 어떤 사람들은 중간노선을 추구하는데, 그것은 서로 '영적인' 교통을 갖는 것입니다. 이 '영적인' 교통이 옳은지 그른지를 보도록 하겠습니다.

'영적인' 교통은 교파들 가운데서 아무런 교통도 하지 않는 것보다는 확실히 발전한 것입니다. 하나님께 감사드립니다! 이 오랜 세월을 통해 중국의 상황은 확실히 바뀌었습니다. 그러나 '영적인' 교통이 성경에서 정한 교회의 교통을 대치할 수 있습니까? 그들이 '영적인' 교통이라고 부르는 것은 참된 교통이 아니라, 다만 그 용어를 빌려 온 것뿐입니다. 예를 들어, 여기에 몇 개의 잔이 있다고 합시다. 하나님의 목적은 모든 잔이 한 잔으로 연결되어야 한다는 것입니다. 그러나 그들은 그들 자신을 많은 잔으로 나누는 실수를 했습니다. '영적인' 교통은 교파들 안에서의 교통을 강화하기 위한 것입니다. 교파주의란 무엇인가요? 그것은 곧 나에게는 나의 잔이 있고, 당신에게는 당신의 잔이 있으며, 그에게는 그의 잔이 있는 것입니다. '영적인' 교통은 서로의 손을 잡기 위해 우리의 잔 위로, 곧 '담 너머로' 손을 뻗는 것입니다. 담을 세워 나누는 것이 곧 교파주의입니다. 담 너머로 손을 잡는 것이 곧 '영적인' 교통입니다. 교통에 대한 갈망에도 불구하고 여전히 종파주의가 있습니다. 그러나 성경의 가르침에 따르면 어떤 종파나 교파도 있어서는 안 됩니다. 그런데 오늘날 그곳에 교통이 없는 것에 대해 양심에 불편함을 느끼면서도 교파들을 지키고자 하는 형제들이 있습니다. 그 결과, 그들은 담 너머로 손을 뻗어 다른 쪽의 손을 잡습니다. 이것이 바로 오늘날 소위 '영적인' 교통이라는 교리입니다.

이 문제에 관하여, 나의 속에는 매우 무거운 느낌이 있습니다. 형제들이여, 내가 이 한마디를 하겠습니다. "만약 교파들이 성경적인 것이라면, 우리는 반드시 어떤 대가를 지불해서라도 교파들을 지켜야 합니다." 그것이 하나님의 명령이라면, 누가 그것을 무효화할 수 있겠습니까? 우리는 반드시 사람이 아닌 하나님을 따르기를 배워야 합니다. 만약 교파들이 잘못된 것이라면, 우리는 반드시 그것들을 뿌리까지 없애야 합니다. 우리는 한 면에서 교파들이 잘못된 것임을 시인하면서, 또 다른 면에서 그것들을 격려할 수 없습니다. 우리는 한 면에서 교파들에게는 어떤 입지도 없다고 말하면서, 또 다른 면에서 그것들을 지킬 수 없습니다. 교파들에게는 어떤 입지도 없기 때문에, 우리는 반드시 그것들을 깨뜨리고 없애야 합니다. 우리는 한 면에서 교통을 갈망하면서, 또 다른 면에서 담을 쌓아 교통을 가질 수 없습니다. 우리가 참으로 교통을 갈망한다면, 반드시 담을 무너뜨리고 교통을 가져야 합니다. 만약 우리가 하나님을 섬기기 원하고 하나님의 모든 자녀들이 교통을 가져야 한다고 느낀다면, 반드시 모든 담을 헐어 버리고 교통을 가져야 합니다. 만약 담이 옳은 것이라면, 우리는 반드시 담을 쌓되, 단지 십 피트(약 삼 미터) 높이가 아니라 만 피트(약 삼 킬로미터) 높이로 쌓아야 합니다. 하나님 앞에서 우리는 반드시 철저하고 절대적이어야 합니다. 만약 교파들이 옳은 것이라면, 우리는 천배의 노력을 기울여야 합니다. 이것이 합당한 것입니다. 만약 교파들이 잘못된 것이라면, 우리가 그것들을 무너뜨리는 것이 합당합니다. 만약 우리가 교파들이 잘못된 것을 느끼면서도 담을 지키고 또 담 너머로 악수를 하려고 한다면, 이것은 하나님을 섬기는 원칙이 아닙니다. 우리가 하나님을 섬기는 기본 원칙은 바로 교파들이 옳은 것이라고 느낀다면 반드시 그것들을 지지해야 하고, 교파들이 잘못된 것이라고 느낀다면 반드시 그것들을 깨뜨려야 한다는 것입니다. 만약 우리가 한 면에서 교파들을 지지하기를 원하면서, 다른 면에서 그것들을 깨뜨리려고 한다면, 어떤 것을 이루기를 기대할 수 있겠습니까?

여러분은 다른 사람들의 행동이 하나님의 뜻에 따른 것이 아님을 그들에게 보여 주는 곳으로 와야 합니다. 스스로 말해 보십시오. 여러분이 교파들이 옳은 것이라고 느낀다면, 마땅히 그들을 지지해야 합니다. 그러나 여러분이 교파들이 잘못된 것이라고 느낀다면, 부디 그것들을 무너뜨리십시오. 단지 담을 더 낮추는 것에 머물지 말고 완전히 무너뜨리십시오. 만약 교파들이 옳은 것이라면, 여러분은 반드시 담을 더 높이 쌓아야 합니다. 그래서 누구도 건너가거나 건너올 수 없게 해야 하고, 모든 사람이 분명하게 나누어지도록 해야 합니다. 이 문제는 반드시 철저하고도 절대적이어야 합니다. 한 면으로는 교파들을 지키고, 또 다른 면으로는 그것들이 잘못된 것이라고 느끼면서 그들을 바로잡으려고 노력하는 것은 절대적으로 하나님의 길이 아닙니다. 여러분은 하나님을 알고, 또 성경을 읽었습니다. 여러분은 지금까지 성경에서, 하나님께서 사람들이 무언가를 바로잡아 주기를 원하신다는 것을 본 적이 있습니까? 이러한 일은 하나님의 요구에 응답하고 하나님의 말씀을 들을 만한 용기가 부족한 사람들에 의해 행해진 일입니다. 그들은 물건값의 절반 또는 그 이하를 지불하고 있습니다. 즉 흥정하고 있는 것입니다. 그들은 분열이라는 담을 유지하면서 교통의 손을 내밀고 있습니다. 나는 여러분 형제들이 이 문제를 분명하게 보기를 바랍니다. 그리스도인의 행함의 기본적인 원칙은 바로 모든 일을 철저하고도 절대적으로 수행해 나가야 한다는 것입니다. 그럴 때 우리는 문제를 해결할 수 있습니다.

더 분명하게 이해되도록 하나의 예를 들어 보겠습니다. 성경은 하나님께서 아벨의 제물은 받으셨지만, 가인의 제물은 받지 않으셨다는 것을 보여 줍니다(창 4:2-7). 가인은 농부였고 땅을 경작했습니다. 이것은 그의 아버지가 에덴동산에 있었을 때 했던 일입니다. 그의 아버지는 에덴동산에서 땅을 갈았을 때, 그 땅의 산물을 가져와 하나님께 드렸습니다. 비록 가인이 죄로 인해 에덴동산 바깥에 있었지만 이전처럼 땅을 갈았습니다. 그는 이전처럼 땅에서 산물을 얻었고, 이전처럼 그것을 하나님께 드렸습니다. 그러나 하나님은 그를 받아들이기를 거절하셨을 뿐 아니라 그를 불쾌하게 생각하셨습니다. 어떤 사람들은 이것이 어떻게 된 일이냐고 묻습니다. 이것은 매우 간단합니다. 이것에는 오직 한 가지 의미가 있는데, 그것은 바로 사람이 죄를 짓기 전에 행한 일은 하나님께서 기쁘게 받아들이실 수 있었지만, 사람이 죄를 지은 후에 죄를 짓기 전과 똑같은 일을 하는 것만큼 하나님 앞에 더 나쁜 것이 없다는 것입니다. 어떤 아이가 매일 저녁 잠자리에 들기 전인 여덟 시에 어머니가 간식을 준비해 주기를 원한다고 가정합시다. 그러나 어느 날 그 아이가 어떤 문제를 일으킵니다. 그 바람에 그의 어머니는 피해자에게 사과를 하고 손해 배상을 해야 합니다. 만약 그 아이가 아무 일도 일어난 적이 없는 것처럼 평상시와 같이 어머니가 자기를 위해 간식을 준비해 주기를 구한다면 어떤 일이 일어나겠습니까? 여러분이라면 무슨 말을 하겠습니까? 만약 그 아이가 계속 울면서 자신의 행동에 대해 속상해했다면, 여러분은 그리 나쁘게 느끼지 않았을 것입니다. 그러나 그 아이가 아무 일도 없었던 것처럼 행동한다면, 여러분은 매우 좋지 않게 느낄 것입니다. 만약 어떤 아이가 문제를 일으킨 후에도 아무런 일이 없는 것같이 행동한다면, 어른이 되어 심지어 사람을 죽여도 개의치 않아 할지도 모릅니다. 가인이 바로 이러했습니다. 그는 자신이 해 왔던 것을 죄를 지은 후에도 동일한 방식으로 계속해서 했습니다. 아무 일도 일어나지 않은 것처럼, 그는 계속해서 하나님께 제물들을 드렸습니다. 그는 죄짓는 것을 작은 일로 여겼습니다. 그는 그것을 심각한 것으로 생각하지 않았습니다. 아벨은 하나님께 받아들여졌는데, 왜냐하면 자신이 에덴동산 밖에 있다는 것을 인정했기 때문입니다. 그가 제물을 드린 것은 자신이 죄를 지은 것을 인정한 것이었고, 자신의 현재 상황이 과거와 다르다는 것을 인정한 것이었습니다.

우리는 가인과 같은 경박한 사람들을 두려워합니다. 이런 종류의 사람들은 하나님을 섬길 수 없습니다. 이것이 기본 원칙입니다. 그들은 이렇게 말합니다. “우리는 교파들 안에 있습니다. 이 교파들은 우리에 의해 형성된 것이 아니라, 우리의 조상들에 의해 형성되었습니다. 우리는 교파들 안에서 얼마간의 책임을 지고 있습니다. 그래서 우리는 ‘좋습니다! 우리 내일 하나가 됩시다.’라고 말할 수 없습니다. 이것은 불가능합니다. 우리가 속한 교파들이 어떻다는 것입니까?” 하나님은 교회의 합일을 원하시지만, 교파들은 그것을 나눕니다! 이러한 방식으로 나누어지는 것이 잘못된 것임을 사람이 의식하기 시작할 때, 그는 반드시 하나님 앞에서 그것이 잘못된 것이라고 시인해야 합니다. 그는 반드시 그것을 무너뜨려야 합니다. 그는 마땅히 이렇게 말해야 합니다. "오, 하나님! 비록 이 교파는 제가 세운 것이 아니라 제 조상들이 세운 것이지만, 제가 이 교파의 한 부분인 한 저는 죄가 있습니다. 이것은 단지 개인적인 문제만이 아니라 하나님의 교회 전체와도 연관됩니다. 이것은 죄입니다. 오늘 저는 주님께서 그것을 무너뜨리시기를 구합니다. 오늘 저는 그 안에 무언가 잘못된 것이 있음을 선포하고자 합니다." 이것이 옳은 행동입니다. 가령 내가 한 교파를 세우고 나서, 그 후에 무언가가 잘못되었음을 깨닫고 "우리 함께 교통합시다!"라고 말함으로 그것을 개선하려 노력한다고 해 봅시다. 나는 이런 종류의 경박하고도 사려 깊지 않은 행위를 두려워합니다. 이것은 가인의 행위, 즉 죄를 지은 후에도 그것을 유죄 판결하지 않고, 그 대신 상황을 개선하려고 노력하는 행위입니다. 이것은 매우 그리스도인답지 않은 것입니다. 형제들이여, 여러분은 분명합니까? 여러분이 죄를 지은 후에도 그것을 유죄 판결하지 않고, 다만 그것을 개선하려고 노력하는 것으로 괜찮다고 생각하지 마십시오. 이것은 결코 하나님의 생명의 표현이 아닙니다!

예를 들어, 내가 어떤 형제의 등 뒤에서 많은 말을 함으로써 그의 마음을 상하게 했다고 가정해 봅시다. 내가 하나님의 빛에 의해 책망을 받을 때 어떻게 해야 합니까? 먼저, 반드시 그 형제에게 가서 나의 죄를 자백해야 합니다. "형제님, 나는 형제님의 등 뒤에서 형제님을 해치는 많은 말을 했습니다. 형제님에게 죄를 지었습니다. 부디 제 사과를 받아 주십시오." 그러고 나서, 다음 날 그 형제에게 얼마간의 사랑을 표현하는 것이 옳습니다. 가령, 어떤 사람이 여러분에게 죄를 짓고, 여러분에게서 많은 것을 훔쳐 가고, 여러분에 대해 험담을 하면서도 아무 일도 일으키지 않은 것처럼 행동한다면 어떻겠습니까? 그는 자신의 죄를 전혀 자백하지 않은 채, 돌아서서 여러분을 잘 대해 주고 여러분에게 선물도 보냅니다. 여러분은 그 사람에 대해 어떻게 느끼겠습니까? 우리 그리스도인들에게는 일들을 처리하는 방식이 분명히 있습니다. 우리가 어떤 잘못된 일을 했다면, 우리의 잘못을 자백하지 않은 채 약간 고치기만 하면 되는 것이 아닙니다. 그렇게 행하는 것은 옳지 않습니다. 이것은 하나님 앞에서 우리의 문제들을 해결하는 방식이 아닙니다. 그러한 사람은 마땅히 여러분에게 와서 이렇게 자백해야 합니다. "형제님, 제가 잘못했습니다. 제가 형제님에게 금전의 빚을 졌고, 다른 일들에서도 빚을 졌습니다." 반드시 먼저 자신의 죄를 자백한 후에야 자신의 사랑을 나타낼 수 있습니다. 이것이 그리스도인들 사이의 문제를 회복하는 원칙입니다.

여기에서도 원칙은 동일합니다. 오늘날 문제는 단지 교파들이 옳은지의 여부가 아닙니다. 중요한 것은, 우리가 그들이 옳다고 느낀다면 반드시 그것을 지지해야 하지만, 그들이 틀렸다고 느낀다면 반드시 그것을 무너뜨려야 한다는 것입니다. 우리는 담 너머로 악수해서는 안 됩니다. 만약 우리가 담이 옳다고 말한다면 그것을 더 높이 쌓아야 합니다. 그러나 만약 우리가 담이 틀렸다고 느낀다면 그것을 무너뜨려야 합니다. 우리는 '영적인' 교통을 가져서는 안 됩니다. 그들이 '영적인' 교통이라고 부르는 것은 그다지 철저하지 않은 교통을 의미합니다. 교파들이 잘못된 것인데도, 어떤 사람들은 그것들을 포기하기를 망설입니다. 그들은 여전히 그것들을 보존하기 원하면서, 그와 동시에 손을 뻗어 다른 사람들과 약간의 교통을 하고 있습니다. 만약 우리가 이러한 범주로 떨어진다면, 그것은 명백히 하나님에게서 나온 것이 아닙니다. 나는 우리가 이것을 분명히 보았는지 모르겠습니다. 우리가 이것을 철저히 보아야만, 나가서 각 지방에 있는 상황들을 다룰 수 있습니다. 이전에는 자신을 다른 사람들에게 꽉 닫았던 사람들이 단지 창문을 열고 담 너머로 악수하며, 이것이 자신들이 해야 할 모든 것이라고 생각하는 것으로는 충분하지 않습니다. 만약 이러한 담이 존재해야 한다면, 나는 그것을 더 강하고 더 높이 쌓을 것입니다. 그러나 만약 이러한 담이 존재하지 말아야 한다면, 나는 그것을 무너뜨릴 것입니다. 여러 다른 교파들을 지키면서도 교통을 갖는 것은 자신을 속이는 것입니다.

오늘날 중국에는 아마 세 종류의 합일이 있을 것입니다. 첫째 종류는 로마 천주교의 합일입니다. 둘째 종류는 '영적인' 합일입니다. 이 말은 서로를 분리하는 '잔들'이 여전히 외적으로 존재하지만, 자신의 마음속에는 그러한 '잔들'이 존재하지 않는다고 스스로에게 말하는 것을 의미합니다. 이것은 나에게 매우 이상하게 보입니다! 만약 교파들이 중요한 것이 아니라면, 사람들은 왜 그것이 존재하도록 허용할까요? 만약 교파들이 중요한 것이 아니라면, 교파들을 건드릴 때 왜 사람들은 강하게 반응할까요? 이것은 아주 어리둥절하게 하는 일입니다. 만약 교파들이 중요한 것이라면, 우리는 그것을 지지해야 합니다. 그러나 교파들이 중요한 것이 아니라면, 우리는 그것을 무너뜨려야 합니다. 교통이 필요하다면 교통을 합시다. 그러나 소위 '영적인' 교통은 하지 맙시다. '영적인'이라는 용어는 참으로 좋은 것이지만, 그 용법은 손상을 받아 왔습니다. 그것은 진짜 '영적인' 교통이 아니라 '절반의' 교통일 뿐입니다! 만약 이 문제에 대해 분명하다면, 나는 합일의 문제가 쉽게 해결될 수 있을 것으로 생각합니다.

이런 종류의 '영적인' 합일에는 큰 문제가 있습니다. 그것은 바로 '영적인' 합일을 주장하는 사람들이 하나님의 자녀들에게는 주의를 기울이면서도 정작 하나님의 명령은 소홀히 한다는 것입니다. 바꾸어 말해서, 그들은 하나님의 자녀들의 느낌에는 주의를 기울이지만, 정작 하나님 자신의 느낌은 잊어버립니다. 교파들을 지지하는 사람은 하나님을 거의 알지 못하는 사람입니다. 그러나 많은 사람들이 교파들을 지지하라는 요청을 받으면, 그들은 감히 그렇게 하지 않습니다. 그들은 교파들이 죄라고 느낍니다. 그러나 그들은 교파들 안에 있는 하나님의 많은 자녀들을 고려하기 때문에, 그들에게 하나님의 진리를 철저히 밝혀 줄 정도로 신실하지 않습니다. 그들은 하나님의 자녀들에게, 그들 가운데 있는 분열들이 얼마나 하나님의 뜻을 거스르는 것인지를 보여 주지 않습니다. 그들은 이것으로 말미암아 교파들 안에 있는 하나님의 자녀들과 그들 사이에 일종의 칸막이가 생길까 봐 두려워합니다. 그들은 자신들이 교파들을 옹호하고 지지하는지의 여부에 대해 질문을 받으면, 다소 난처해할 것입니다. 왜냐하면 그들이 지금까지 말씀을 연구하고 얼마간의 빛도 받았기 때문입니다. 교파들은 하나님 앞에서 유죄 판결받은 것이고, 하나님께서 거절하신 것입니다. 그럼에도 불구하고, 그들은 '영적인' 합일을 갖고 싶어 합니다. 이런 종류의 '영적인' 합일이니 담 너머로 악수하는 이러한 태도는 적당히 수용하는 방편, 내키지 않지만 받아들이는 방편, 타협하는 방편에 불과합니다. 그들은 감히 교파들을 철저히 옹호하지도 않고, 철저히 버리는 것도 주저합니다. 그래서 그들은 교파들이 존재하도록 허용하고, '영적인' 합일 곧 '영적인' 교통을 세상하는 것입니다. 그들이 '영적인' 합일이라고 부르는 것의 참된 의미는 바로 하나님을 향하여 절대적으로 되거나 그분의 말씀을 따르기를 주저하는 것입니다. 그들은 사람들을 두려워하기 때문에 하나님을 향해 절대적이 될 엄두를 내지 못합니다. 하나님을 향해 절대적이 되기를 두려워하는 것이 오늘날의 어려움입니다. 사실상 많은 사람들이 '영적인' 교통과 '영적인' 하나(oneness)를 제창하는 이유는, 그들이 주님의 요구 수준에 이를 수가 없기 때문입니다. 즉 그들이 하나님을 향해 절대적이지 않기 때문입니다. 그러한 방법은 성경의 가르침이 아니라 사람의 지혜와 두려움에서 비롯된 것입니다.

나는 우리가 하나님의 자녀들이 자신의 약함과 실패를 변명하는 편에 서지 않고 주님의 편에 서서 그분의 영광과 거룩함을 바라볼 때, 적당히 수용하는 것으로 이루어진 합일은 주님의 뜻에서 나온 것이 아니고 성경적이 아니라는 것을 보게 되리라 믿습니다. 우리는 반드시 이것에 대해 아주 분명해야 합니다. 우리가 이것에 대해 분명하다면 문제들을 해결할 수 있습니다.

성경 안에 있는 합일

이제 우리는 세 번째 종류의 합일, 즉 성경 안에 있는 합일을 보도록 하겠습니다.

몸의 고유의 합일

성경은 교회가 그리스도의 몸이고 오직 하나의 몸만 있음을 우리에게 보여 줍니다. 성경은 또한 우리에게, 하나님께서 성령으로 말미암아 교회 안에 거하시며, 성령께서 한 영이시라는 것을 보여 줍니다. 그러므로 성경은 '한 영'과 '한 몸'에 특별한 주의를 기울입니다(고전 12:12-13, 엡 4:4). 우리 역시 이것에 특별한 주의를 기울여야 합니다.

그리스도의 교회는 그리스도의 몸입니다. 만약 우리가 그리스도의 교회를 단지 교회로 본다면, 여기에서 약간 나누고 저기에서 약간 나누는 일이 있을지라도 그것이 거의 해가 되지 않는다고 생각하면서, 어떤 나누는 것이 있는지의 여부는 문제라고 느끼지 않을 것입니다. 만약 우리가 그리스도의 교회를 단지 하나님의 백성으로 본다면, 그 또한 여기저기에 어떤 나누는 것이 있는지의 여부는 문제가 되지 않을 것입니다. 만약 우리가 그리스도의 교회를 단지 하나님의 군대로 본다면, 거기에 어떤 나누는 것이 있는지의 여부는 중요하지 않을 것입니다. 마지막으로, 만약 우리가 그리스도의 교회를 단지 하나님의 집으로 본다면, 그것이 여러 가정들로 나누어진다 해도 괜찮을 것입니다. 그러나 하나님의 말씀은 또한 우리에게, 그리스도의 교회가 그리스도의 몸이라고 말합니다. 한 몸의 경우에는, 나누는 것이 절대적으로 불가능합니다. 우리는 여기에서 세 지체, 저기에서 다섯 지체, 또 저 너머에서 두 지체를 분리할 수 없습니다. 그것은 불가능합니다. 이 세상에서 다른 것은 다 나누어질 수 있어도 몸은 결코 나누어질 수 없습니다. 몸이 나누어질 때 즉시 시체가 됩니다. 교회가 나누어지는 순간, 세상에는 그리스도의 몸이 없고 그리스도의 시체만 있게 됩니다. 교회가 나누어질 때, 그것은 하나님께 심각한 일입니다. 몸이 나누어질 수 없는 것과 마찬가지로 하나님의 자녀들은 나누어질 수 없습니다. 교회는 나누어질 수 없습니다. 그러나 오늘날 하나님의 자녀들은 분열들에 대해 무감각해졌습니다. 그들은 그러한 것들을 심각한 일로 여기지 않습니다. 부디 기억하십시오! 몸은 나누어질 수 없습니다! 교회는 그리스도의 몸입니다. 본성에 있어서 교회는 몸이며, 한 영께서 그 안에 거하십니다. 그러므로 성경 안에서의 교회의 합일은 몸의 본성의 합일이며, 이것은 나누어질 수 없습니다.

오늘 우리는 이와 같이 한 가지 질문을 하기 원합니다. "성경은 교회의 합일이 한 성령께서 한 몸 안에 거하시는 것의 합일임을 우리에게 보여 주는데, 어떻게 그것이 표현될 수 있습니까?"

한 교회가 아니라 일곱 금등잔대임

로마 천주교는 우리에게 그리스도의 몸이 하나이기 때문에, 우리가 이 땅에서 오직 하나의 교회를 조직해야 한다고 말합니다. 우리가 이미 보았듯이, 이것은 성경의 가르침이 아닙니다. 성경은 그리스도의 몸이 하나라고 강조해서 말하지만, 결코 이 땅에 있는 교회가 로마 천주교와 같이 하나가 될 것을 요구하지 않습니다. 한 교회를 이루어야 한다면 '교회들'이라는 단어는 크게 잘못된 것이며, 그러한 용어는 성경에 담기지 말아야 합니다. 우리는 '교회들'을 말하면서 또한 '한 교회'를 말할 수 없습니다. 성경이 '교회들'에 대해 말하기 때문에, 우리는 하나님에게는 이 땅 위에 있는 교회들을 연합하여 한 교회를 이루실 의도가 없다는 것을 알 수 있습니다. 그뿐 아니라, 성경 안에서 사도들은 결코 한 교회를 조직한 적이 없습니다. 그들은 많은 곳에 교회들을 세웠고, 한 지방에 한 교회를 세웠습니다. 성령은 그들로 하여금 하나의 교회를 세우도록 인도하시지 않았습니다. 범세계적인 한 교회는 로마 천주교의 의견일 뿐입니다. 로마 천주교의 합일은 성경적인 것이 아니라 사람이 만들어 낸 것입니다.

성경을 다시 보기로 합시다. 우리는 이 땅에서 교회의 외적인 모습을 봅니다. 그러한 외적인 모습은 잘못된 것일 수도 있습니다. 외적인 모습만으로는 이 땅에서 교회가 많은 교회들이 되어야 하는지 아니면 한 교회가 되어야 하는지를 이해하기란 쉽지 않을 것입니다. 제일 좋은 길은 주님 앞에 나아가서, 주님께서 어떻게 땅에 있는 교회들을 바라보시는지를 보는 것입니다. 이것은 틀릴 수가 없습니다. 하나님께 감사드립니다! 성경에 따르면, 각 지방에 있는 교회는 주님 앞에서 한 대표를 두고 있습니다. 이것이 요한계시록 1장부터 3장까지의 소중함입니다. 이 장들은 우리에게 '아시아에 있는 일곱 교회'를 보여 줍니다. 이것은 이 땅에 오직 일곱 교회만 존재했다는 말이 아니라, 이 일곱이 대표적인 본보기들이었다는 말입니다. 요한계시록 1장부터 3장까지는 아시아에 있는 일곱 교회가 어떻게 하늘에 계신 주님 앞에 있었는지를 우리에게 보여 줍니다. 그분 앞에 일곱 금등잔대가 놓여 있었습니다. 이것이 보이십니까? 이 땅 위에 있는 교회들은 틀릴 가능성이 있고 완전히 틀릴 수 있지만, 하늘에 있는 교회들, 보좌 앞에 있는 교회들, 주님 앞에 있는 교회들은 틀릴 수가 없습니다. 이 교회들이 잘못되었다고 말하는 것은 모독하는 것이고 끔찍한 것입니다!

아시아의 일곱 교회는 어떻게 주님 앞에 있었습니까? 바로 '일곱 금등잔대'로 서 있었습니다. 바꾸어 말해서, 이 땅에 있는 모든 교회 하나하나마다 하늘에 금등잔대 하나가 있습니다. 그 일곱 교회는 각각 다른 일곱 지방에 있었습니다. 에베소가 하나의 지방이었고, 서머나가 하나의 지방이었으며, 버가모가 하나의 지방이었고, 다른 곳들도 마찬가지였습니다. 그곳에 총 일곱 지방이 있었습니다. 하늘에 일곱 등잔대가 있었던 이유는 이 땅에 일곱 교회가 있었기 때문입니다. 이 땅에 있는 교회들을 하나의 교회로 통합하는 것은 하나님의 뜻이 아닙니다. 만약 하나님의 뜻이 이 땅에 있는 교회들을 하나의 교회로 통합하는 것이라면, 하늘에 계신 하나님에게도 일곱 등잔대가 아니라 오직 하나의 등잔대만 있었을 것입니다. 형제들이여! 이것은 매우 분명합니다. 우리는 반드시 생각해야 하며, 주님도 우리로 하여금 생각하게 하십니다. 만약 우리가 약간만 생각해 본다면, 이 땅에서 주님에게 오직 하나의 교회만 있을 경우 하늘에서도 오직 하나의 등잔대만 있을 것임을 깨닫게 될 것입니다. 그러나 여기에 일곱 금등잔대가 있고, 그들은 일곱 지방에 있는 일곱 교회입니다. 각 지방에 한 등잔대가 있습니다. 이는 하나님의 목적이 교회들을 하나의 교회로 통합하는 것이 아님을 우리에게 분명히 보여 줍니다.

'등잔대'라는 용어는 우리에게 아주 익숙하며, 구약에서도 찾을 수 있습니다. 구약에서 일곱 가지(branch)가 있는 등잔대 하나가 하나님 앞에 놓여 있었는데, 이것은 모든 이스라엘 사람들이 한 나라로 합쳐진 것을 의미합니다. 하나님은 이스라엘 나라가 둘로 나누어지는 것을 원치 않으셨습니다. 당시 유대 나라와 이스라엘 나라로 나누어진 것을 하나님은 기뻐하지 않으셨습니다. 왜냐하면 하나님 앞에서 그들은 하나였기 때문입니다. 그들을 둘로 나누는 것은 죄였습니다. 그러므로 여로보암은 죄를 지었습니다. 그러나 신약에서는 일곱 가지가 있는 등잔대 하나가 있는 것이 아니라 각각 다른 일곱 등잔대가 있습니다. 바꾸어 말해서, 교회에 대한 하나님의 원래의 생각은 각 교회가 그분 앞에 독립적으로 서 있도록 하는 것입니다.

여러분, 이것이 보이십니까? 일곱 가지가 있는 한 등잔대가 아니라 일곱 등잔대가 있습니다. 주님은 이 일곱 등잔대 사이를 거닐고 계셨습니다. 그 등잔대들은 그곳에 나란히 놓여 있었고, 주님은 그 사이를 거니셨습니다(계 2:1). 만약 일곱 가지가 있는 한 등잔대뿐이라면, 주님은 그 사이를 거니실 수 없을 것입니다. 그러므로 영적인 실재 안에는 하나님 앞에 각각 다른 일곱 등잔대가 있는 것이지, 일곱 등잔대가 한 등잔대로 합쳐져서 있는 것이 아닙니다. 이것은 하나님께서 이 땅의 교회들을 하나의 교회로 연합시킬 의도를 갖고 계시지 않다는 것을 의미합니다. 하나님은 결코 이러한 의도를 가지신 적이 없습니다.

바꾸어 말해서, 하나님께서 이스라엘 나라에 대해 정하신 뜻과 교회에 대해 정하신 뜻은 같은 것이 아닙니다. 하나님께서 이스라엘 나라에 대해 정하신 뜻은 이스라엘 나라가 이 땅에서 둘이 아니라 한 나라를 이루는 것입니다. 하나님은 이스라엘 온 나라가 오직 한곳에서만 경배하도록 정하셨는데, 그곳은 예루살렘이었습니다. 이스라엘 백성은 매년 예루살렘으로 가야 했습니다. 다른 어떤 곳으로도 갈 수 없었습니다. 그래서 그들은 벧엘에 경배지를 세웠는데, 하나님은 이것을 기뻐하지 않으셨습니다. 그것은 하나님의 중심지가 아니라 산당이었습니다. 오늘날 하나님은 이 땅에 있는 교회들이 통합되고, 예루살렘처럼 로마를 하나의 중심지로 삼는 것을 원하지 않으십니다. 오늘날에는 '각각 다른 일곱 교회'가 있습니다. 그러므로 '그리스도의 몸의 합일은 이 땅에 있는 교회들이 하나의 교회로 형성되어야 한다는 의미가 아닙니다'. 성경은 모순되지 않습니다. 성경은 우리에게, 그리스도의 몸이 하나밖에 없다는 것을 보여 줍니다. 또한 성경은 우리에게, 하나님께서 교회들이 이 땅에서 하나의 교회로 통합되기를 원하지 않으신다는 것을 보여 줍니다. 하나님께서 갈망하시는 합일은 교회들이 결합하여 하나의 큰 교회가 되고 하나의 거대한 단일체로 형성되어야 한다는 것이 아닙니다.

우리는 이 문제를 한 걸음씩 연구하고 있습니다. 우리는 이제 막 성경이 어떻게 몸과 교회에 대해 말하는지 보았습니다. 성경에 언급된 합일은 하나의 큰 교회의 합일을 말하는 것이 아닙니다. 그렇다면 주님께서 갈망하시는 몸의 합일은 무엇을 가리키는 걸까요? 틀림없이 다른 무언가를 가리키는 것입니다. 로마 천주교의 합일은 이에 해당될 수 없습니다. 그것은 하나님에게서 나온 것이 아닙니다. 이것이 첫 번째 요점입니다.

교파가 있으면 분열이 있음

이제 두 번째 요점을 보도록 하겠습니다. 우리의 형제들은 우리에게 마땅히 '영적인' 교통, 곧 '영적인' 합일이 있어야 한다고 말합니다. 그러면 과연 그리스도의 몸의 합일이란 오늘날 교파에 있는 형제들이 제창하는 '영적인' 합일을 가리키는 것입니까? 그것은 절반은 옳고 절반은 틀립니다. 성경은 하나님의 자녀들이 나누어져서는 안 된다는 것을 우리에게 분명히 보여 줍니다. 그러나 교파들은 명백히 분열입니다. 교파가 있을 때 분열을 보게 됩니다. 분열이 존재하는 한, '영적인' 합일에 대해 말하지 마십시오! 우리가 이미 말한 것처럼 이런 행위는 철저하지 않은 것입니다. 한 면으로는 합일을 옹호하면서, 또 다른 면으로는 교파를 옹호할 수 없습니다. 우리는 한 면으로 분열을 계속 유지하면서, 또 다른 면으로 합일에 대해 말할 수 없습니다. 잔들과 관련된 예시에서 본 것처럼 그림의 하반부 곧 많은 잔들은 그릇된 것인 반면에, 그림의 상반부 곧 교통 가운데 내뻗은 손들은 옳은 것입니다. 내가 생각하기에, 성경은 아주 분명하게 교파들이 잘못된 것이라고 말합니다. 갈라디아서 5장 19절부터 21절까지는 심지어 교파들(종파들)을 육체의 일로 열거하기도 합니다. "육체의 일들은 분명합니다. … 편 나누기와 분열과 종파와 … 또 그 밖에 이와 비슷한 것들입니다."

그러면 하나님은 우리가 어떻게 몸의 합일을 나타내기를 원하십니까? 몸의 합일은 많은 교회들이 하나의 연합 교회로 통합되는 것과 같은 온 땅의 합일이 아닙니다. 그것은 교파들 안에 머물면서 '영적인' 합일에 관해 말하는 것도 아닙니다. 과연 어떤 것이 성경에서 말하는 몸의 합일입니까? 나는 얼마간의 시간을 들여서 여러분과 함께 이 문제를 연구하고자 합니다.

에베소서와 골로새서에서 말한 교회는 공간적으로나 시간적으로 우주적임

성경 안에는 특별히 교회에 관해 말하는 두 서신서가 있는데, 바로 에베소서와 골로새서입니다. 성경을 연구하는 사람은 누구든지 에베소서와 골로새서에 언급된 교회가 '한 교회', 곧 유일무이한 하나님의 교회라는 것을 압니다. 이 교회는 다만 땅에 있는 교회를 가리켜 말한 것이 아닙니다. 왜냐하면 땅에 있는 교회가 공간에 따르면 비록 모든 사람을 다 포함할 정도로 충분히 광대하기는 하지만, 시간에 따르면 교회의 시대적인 한 단면만을 포함할 뿐이기 때문입니다. 가령, 오늘날 지구상에 구원받은 사람이 오억 명이 있다고 합시다. 에베소서와 골로새서에서 말한 교회는 이 오억 명보다 많은 인원을 포함합니다. 이 오억 명은 1951년 현재 믿는 이들의 숫자일 뿐입니다. 올해 이전에, 즉

1950년에 죽은 믿는 이들도 있었습니다. 심지어 1951년에도 어떤 믿는 이들은 인수로 헤아려지기도 전에 죽었습니다. 또한 1950년 이전에, 예를 들면 1051년에 죽은 믿는 이들도 있었습니다. 사도 바울의 시대에 있었던 형제자매들은 오늘날 이 땅에 더 이상 살지 않습니다. 바꾸어 말해서, 골로새서와 에베소서에 있는 그리스도의 교회는 온 세상을 통틀어, 모든 나라에서 그리고 현재와 과거를 막론하고 모든 시대에서 구원받은 모든 사람을 포함합니다. 공간적인 것뿐만이 아니라 시간적인 것도 다 그 안에 들어 있습니다. 이것을 그리스도의 몸이라고 말합니다. 오늘날 전 세계의 그리스도인들을 합한다 해도, 그들은 여전히 그리스도의 몸이 아닐 것입니다. 우리는 지금 살아 있지만 많은 이들이 이미 죽었습니다. 우리가 살아 있지만 더 많은 사람들이 태어날 것입니다. 많은 형제자매들이 내일 구원받을 것입니다. 그들도 그리스도의 몸 안에 있습니다. 우리는 그들이 계수되어서는 안 된다고 말할 수 없습니다. 그러므로 이 땅에서 어느 특정 시기에 있는 교회는 그리스도의 몸이 아닙니다. 이 땅에 있는 하나님의 모든 자녀들이 함께 모인다 해도, 그들로는 그리스도의 몸이 되기에 충분하지 않을 것입니다. 공간적으로 본다면 그것으로 충분하겠지만, 시간적으로 본다면 그것을 몸이라고 말하는 것은 옳지 않을 것입니다. 왜냐하면 많은 세대들이 지나갔기 때문입니다. 지난 세대들의 모든 믿는 이들과 현재의 모든 믿는 이들과 미래의 모든 믿는 이들이 바로 그리스도의 몸입니다.

에베소서와 골로새서는 이러한 맥락에서 교회에 대해 말합니다. 이 합일이 올바른 영적인 합일입니다. 바울을 장로로, 베드로를 목사로 삼고 어떤 교회를 유지할 수 없는데, 그것은 그들이 죽었기 때문입니다. 그러므로 이러한 합일이 영적인 것이고, 모두를 아우르는 이러한 합일이 옳은 것입니다. 어떤 사람이 주님 안에 있는 형제인 한, 우리는 그와 교통을 갖습니다. 이미 세상을 떠난 사람도 있지만, 우리는 여전히 그들과 하나입니다. 우리는 어떤 형제나 자매와도 하나입니다. 이것이 진정한 영적인 합일이고, 이러한 합일은 시간과 공간 모두에 있어서 우주적인 것입니다.

고린도전서와 빌립보서에서 말한 합일은 한 지방에 있는 교회의 합일을 가리킴

주님 앞에서 우리는 에베소서와 골로새서의 교통과 합일을 인정합니다. 그러나 우리는 이러한 종류의 교통과 합일이 쉽게 이상적인 것이 될 수 있다는 것을 반드시 기억해야 합니다. 한 면에서는 몸의 합일을 주장하면서도 다른 면에서는 교파들과 합일을 동시에 주장하는, 사실상 두 번째 종류의 합일을 주장할 가능성이 아주 큽니다. 그러므로 우리는 주님 앞에서, 성경 안에 있는 그리스도인의 합일이 단지 에베소서와 골로새서에서만 언급된 것이 아니라, 다른 두 서신서 곧 고린도전서와 빌립보서에서도 언급된 것을 보아야 합니다. 이 두 서신서 안에 있는 그리스도인의 합일 역시 몸의 합일을 가리킵니다.

고린도전서에 언급된 합일은 분명히 시간적으로나 공간적으로 우주적인 합일을 가리키는 것이 아니라, 고린도에 있는 교회의 합일을 가리킵니다. 나는 이 말이 매우 분명하다고 생각합니다. 그리스도의 몸 전체가 아닌, 고린도에 있는 형제들 가운데 다툼이 있었습니다. 그것은 오직 고린도에 있는 몇몇 형제들과 관련된 것이었습니다. 그러므로 바울이 그들에게 하나가 되라고 권면했을 때, 그것은 단지 그들의 지방에 있는 형제들과 하나가 되라고 권한 것이었습니다. 마치 바울은 이와 같이 말하고 있었던 것 같습니다. "고린도에 살고 있는 모든 형제들이 곧 고린도에 있는 교회입니다. 여러분은 반드시 고린도라는 지방에서 몸의 하나를 표현해야 합니다. 여러분은 고린도에서 결코 나누어져서는 안 됩니다."

'여러분'은 고린도의 믿는 이들을 가리킴

고린도전서 1장 10절은 "형제님들, 이제 내가 우리 주 예수 그리스도의 이름으로 여러분에게 간청합니다. 여러분 모두가 같은 것을 말하고"라고 말합니다. 여기서 '여러분'은 누구를 가리킵니까? 그것은 고린도에 있는 그리스도인들, 곧 고린도에 있는 형제자매들을 가리킵니다. "여러분 가운데 분열이 없게 하여"에서 '여러분'도 고린도에 있는 그리스도인들을 가리킵니다. "(여러분은) 같은 생각과 같은 의견으로 조율되도록 하십시오." 이것도 고린도에 있는 그리스도인들을 가리킵니다. 여기에서 우리는 한 가지를 봅니다. 그것은 바로 성경에 언급된 몸의 합일이 한 지방에서 표현되지 않는다면 실지적인 것이 아니라는 것입니다. 이렇게 말하기는 쉽습니다. "우리는 바로 내 옆에 있는 이를 제외하고는 하나님의 모든 자녀들을 사랑합니다! 하나님의 자녀들은 바울과 아직 태어나지 않은 모든 이들을 포함하여 다 하나이지만, 여기 상하이에 있는 몇몇 형제만은 아닙니다!" 이것은 비현실적이고 자신을 속이는 말입니다. 우리는 몸의 합일에 관해 말하면서, 같은 장소에서 우리와 함께 사는 몇몇 형제들을 제외하고는 모든 사람과 하나라고 말할 수 없습니다! 바울에 따르면, '합일에 대해 말하기 위한 최소한의 요구 조건'이 있는데, 그것은 바로 '각 지방에 있는 교회라는 맥락'입니다. 만약 고린도의 그리스도인들이 몸의 합일에 대해 말하고자 한다면, 그것을 로마나 예루살렘에서 말해서는 안 되고 고린도에서 말해야 합니다. 만약 그들이 고린도에서 합일에 대해 말하지 않는다면, 그것은 쓸모없는 일입니다. 그들은 자신을 속이고 있는 것입니다. 가령 내가 상하이에 사는데, 상하이에 있는 형제들과 잘 지내지 못한다고 합시다. 그러나 난징(南京)에 있는 형제들과는 아주 잘 지냅니다. 이것은 쓸데없는 일이고, 나 자신을 속이고 있는 것입니다. 성경이 요구하는 몸의 합일에는 최소한의 경계(境界) 요건이 있는데, 그것이 바로 지방입니다. 고린도의 형제들은 반드시 고린도에 있는 형제들과 하나가 되어야 합니다. 그들이 고린도에서 하나가 아니라면, 그들의 모든 말은 다른 사람들을 속이는 말일 뿐입니다.

"내가 말하고자 하는 것은 여러분이 각각 나는 바울에게, 나는 아볼로에게, 나는 게바에게, 나는 그리스도께 속한 사람이라고 한다는 것입니다."(고전 1:12) '여러분이 각각'이라는 문구를 주목하십시오. 이들은 누구인가요? 물론 고린도의 형제들입니다. 만약 바울이 이러한 말을 예루살렘의 형제들에게 하는 것은 적절하지 않았을 것입니다. 왜냐하면 그들은 자신들이 그러한 말을 한 적이 없다고 말할 것이기 때문입니다. 바울이 이러한 말을 안디옥의 형제들에게 했어도 적절하지 않았을 것인데, 그것은 안디옥의 형제들도 그런 말을 하지 않았기 때문입니다. 오직 고린도의 형제들만 그런 말을 했습니다. 여기에서 주님은 가장 기본적인 합일의 형태에 대한 빛을 우리에게 주십니다. 그것은 바로 고린도의 믿는 이들은 '최소한 고린도에서' 하나가 되어야 한다는 것입니다. 만약 고린도에서의 합일이 실현될 수 없다면, 그들은 다른 사람들과의 합일에 대해 말해서는 안 됩니다. 그들은 최소한 한 곳에서 하나가 되어야 합니다. 어쩌면 고린도의 어느 형제는 에베소서 전체를 다 암송하면서, 우리가 서로 사랑해야 한다고 말할 수 있을 것입니다. 물론, 우리 모두가 미래에는 '하늘'에서 서로 사랑할 것입니다. 문제는 오늘 우리가 서로 사랑하는지의 여부입니다. 우리 모두가 장래에는 '하늘'에서 교통을 가질 것입니다. 그러나 문제는 오늘 교통을 갖는지의 여부입니다. 오늘 우리에게 있는 것이 실지적인 것입니다. 오늘 하나님의 말씀 안에서, 그분의 자녀들의 합일에 대한 '최소한의' 요구 조건은 지방입니다. 그 최소한의 요구 조건이 충족될 수 없다면, 다른 모든 것은 거짓된 것입니다. 고린도의 형제들은 나누어져 있었습니다. 그들은 "당신은 바울에게, 나는 게바에게, 그는 아볼로에게 속한 사람이다."라고 말했고, 또 어떤 사람은 일어나서, "나는 그리스도께 속한 사람이다."라고 말했습니다. 그들이 이렇게 서로 다투고 있는 동안에, 바울은 그들에게 반드시 하나가 되어야 한다고 말했습니다.

바울이 어떻게 그들을 책망했는지 보도록 하겠습니다. "형제님들, 내가 전에 여러분에게 말할 때에 여러분을 영적인 사람들처럼 대할 수 없었고, 육체적인 사람 곧 그리스도 안에 있는 어린 아기들처럼 대하였습니다. 나는 여러분에게 젖을 먹이고 단단한 음식을 먹이지 않았습니다. 왜냐하면 그때에(여러분이 처음 구원받았을 때에) 여러분이 먹을 수 없었기 때문입니다. 그런데 지금도(구원받은 지 오랜 세월이 지난 후에도) 여전히 여러분은 먹을 수 없습니다. 이것은 여러분이 여전히 육체에 속한 사람이기 때문입니다. 여러분 가운데 시기와 분쟁이 있으니, 여러분이 육체에 속한 사람이 아닙니까? 그리고 사람을 따라 행하는 것이 아닙니까?"(3:1-3) 이것은 1장과 관련됩니다. 고린도 사람들은 시기와 분쟁과 여러 분열에 연루되어 있었습니다. 그들은 육체에 속한 사람들로서, 이러한 것들에 대하여 처음 구원받았을 때 가지고 있던 것과 동일한 관점을 가지고 있었습니다. 그들은 전혀 나아지지 않았습니다. 그들은 처음 구원받을 때에도 젖을 먹었고, 지금도 여전히 젖을 먹고 있었습니다. 만약 그들이 계속해서 시기와 분쟁과 여러 분열 안에 머물러 있었다면, 온 일생 동안 육체에 속한 사람이 되었을 것입니다. 육십, 칠십, 팔십 대가 되어도 여전히 젖을 먹고 있었을 것입니다.

영적인 것의 표현은 교회의 합일에 있고, 육체의 나타남은 교회의 분열에 있습니다. 우리는 우리 자신을 영적이라고 말하면서 여전히 분열 가운데 남아 있을 수 없습니다. 우리가 이런 사람이라면, 자신에게 속임을 당한 것입니다. "이것은 여러분이 여전히 육체에 속한 사람이기 때문입니다. 여러분 가운데 시기와 분쟁이 있으니, 여러분이 육체에 속한 사람이 아닙니까? 그리고 사람을 따라 행하는 것이 아닙니까?"라는 이 말씀은 얼마나 분명한지!

바울은 또한 다음 절에서 1장의 말씀을 반복하였습니다. "어떤 사람은 '나는 바울에게 속해 있다.'라고 말하고, 또 어떤 사람은 '나는 아볼로에게 속해 있다.'라고 말하니, 여러분이 육체에 속한 사람이 아닙니까?"(3:4) 바울은 그들에게, 여러 분열이 사람들 앞에서는 아무리 좋아 보이더라도 하나님 앞에서는 육체에 속한 것임을 보여 주고 있었습니다. 영적인 것의 표시는 하나(oneness)이고, 육체적인 것의 표시는 분열과 시기와 분쟁입니다.

여기서 우리가 반드시 주의해야 할 것이 있습니다. 그것은 바울이 어떤 문제가 고린도의 형제들과 에베소의 형제들과의 사이에서 일어나는지, 또는 고린도의 형제들과 골로새의 형제들과의 사이에서 일어나는지에 대해 주의를 기울이지 않았다는 점입니다. 바울은 어떤 문제들이 고린도의 형제들과 라오디게아의 형제들과의 사이에, 또는 고린도의 형제들과 빌립보의 형제들과의 사이에 있는지 지적하지 않았습니다. 바울은 오직 고린도의 형제들 사이에 있는 분열에 주의를 기울였습니다. 그들은 "나는 바울에게, 나는 아볼로에게, 나는 게바에게, 나는 그리스도께 속한 사람입니다."라고 말했지만, 사실상 바울은 이렇게 말했습니다. "형제들이여! 여러분은 고린도의 형제들입니다. 여러분은 결코 고린도에서 시기와 분쟁과 여러 분열을 가져서는 안 됩니다." 분명히 하나의 경계가 존재합니다. 고린도에 있는 교회 안에는 시기와 분쟁과 여러 분열이 있어서는 안 됩니다. '여러분'은 누구를 가리킵니까? 바로 고린도에 있는 교회를 가리키는 것입니다. 성경 안에서의 합일은 성령의 합일과 몸의 합일을 포함합니다. 그러나 성령의 합일과 몸의 합일에는 한 가지 최소한의 경계 요건이 있는데, 그것은 바로 이 합일이 한 지방에 있는 교회 안에서 표현되어야 한다는 것입니다.

'몸'은 일정한 시기와 일정한 장소에 있는 하나님의 자녀들을 가리킴

우리는 이제 막 분열에 대한 부정적인 개관을 보았습니다. 이제 우리는 성경에서 요구하는 합일에 대한 긍정적인 개관을 보기로 하겠습니다. "떡이 하나이요, 우리 많은 사람이 한 몸입니다. 왜냐하면 우리 모두가 한 떡에 참여하기 때문입니다."(고전 10:17) 여기에서 바울은

'우리 많은 사람'을 언급했습니다. 이것은 고린도에 있는 하나님의 자녀들을 포함합니다. 이 '한 떡'은 고린도 교회의 상 위에 있는 떡입니다. 고린도에서 떡을 떼고 있는 동안에, 하나의 떡 덩이가 하나님의 자녀들 앞에 진열되었습니다. 이것은 그들이 많은 사람들이었지만 여전히 한 떡이라는 것을 가리켰습니다. 달리 말해서, 고린도의 형제들이 표현해야 하는 그리스도의 몸은 최소한 '고린도에서' 표현되어야 합니다. 여기서 우리는 그 당시의 상황을 상기해야 합니다. 우리의 생각을 고린도의 당시의 상황으로 되돌려 봅시다. 형제자매들이 함께 모였을 때, 하나의 떡 덩이가 그들 앞에 진열되었고, 모든 성도들은 그 둘레에 모였습니다. 아마도 오십 명이 떡을 함께 떼고 있었을 것입니다. 바울은 그 오십 명이 많은 사람들이지만 한 떡이라고 말하고 있었습니다.

다른 말로 하면, 그리스도의 몸은 우주적인 한 표현인 교회를 갖고 있습니다. 이 교회가 그리스도의 몸입니다. 그러나 각 지방에 있는 형제들도 그리스도의 몸을 표현합니다. 이 말은 고린도의 형제들은 그리스도의 몸인 반면에 에베소의 형제들은 그리스도의 몸이 아니라는 의미가 아닙니다. 그것은 고린도에 있는 하나님의 자녀들이 그리스도의 몸이라는 의미입니다. 따라서 영적인 원칙뿐만 아니라 또한 영적인 사실에 따라 그들은 그들 자신을 그리스도의 몸으로 표현해야 합니다. 그리스도의 몸은 우주적인 교회, 곧 공간과 시간 양면에 있어서 모든 곳에서, 그리고 모든 세대에 걸쳐서 존재하는 교회입니다. 그러나 한 지방에 있는 형제들은 최소한 동일한 위치에 서서 동일한 원칙을 적용하여 동일한 사실을 표현해야 합니다. 바꾸어 말해서, 합일의 최소한의 경계는 지방이라는 경계입니다. 고린도라는 지방에서 몸의 합일, 곧 생명의 합일이 표현되어야 합니다. 이것은 매우 놀라운 일입니다. 에베소서에 언급된 몸은 하나님의 모든 자녀들을 가리키고, 고린도전서에 언급된 몸은 일정한 시기와 일정한 장소에 있는 하나님의 자녀들을 가리킵니다. 그때 그곳에 있는 하나님의 자녀들이 또한 그리스도의 몸인 것입니다.

우리가 계속해서 고린도전서 12장을 읽을 때 다시 몸의 문제를 보게 됩니다. 한 성령과 함께 한 몸이 이렇게 언급됩니다. "왜냐하면 몸은 하나인데 많은 지체가 있고, 몸의 지체는 많지만 모두가 한 몸인 것 같이, 그리스도도 그와 같으시기 때문입니다."(12절) "발이 '나는 손이 아니기 때문에 몸에 속하지 않았다.'라고 말한다 해서 발이 몸에 속하지 않은 것이 아니며, 귀가 '나는 눈이 아니기 때문에 몸에 속하지 않았다.'라고 말한다 해서 귀가 몸에 속하지 않은 것이 아닙니다. … 눈이 손에게 '나는 네가 필요 없다.'라고 할 수가 없고, 머리가 발에게 '나는 네가 필요 없다.'라고 할 수가 없습니다."(15-16, 21절) 고린도전서 12장은 그리스도의 몸에 대해 매우 자세하게 말합니다. 고린도전서에 언급된 그리스도의 몸은 에베소서에 언급된 그리스도의 몸과 다릅니다. 내가 이미 말한 것처럼, 에베소서에서 말한 그리스도의 몸은 우주적인 교회입니다. 이것은 성경을 연구하는 사람들 대부분에게 문제가 되지 않습니다. 그러나 고린도전서 12장에서 말한 그리스도의 몸은 고린도에 있는 교회를 가리킵니다. 그것은 고린도전서에 언급된 몸과 에베소서에 언급된 몸이 다르기 때문입니다. 에베소서에 언급된 '머리'는 누구를 가리킵니까? 에베소서 5장 23절은 '그리스도께서 교회의 머리'이시라고 말합니다. 고린도전서 12장도 '머리'를 말하는데, 이것은 누구를 가리켜 말하는 것입니까? 고린도전서 12장 21절은 "눈이 손에게 '나는 네가 필요 없다.'라고 할 수가 없고"라고 말합니다. 여기에서 눈이 하나의 지체이고 손도 하나의 지체입니다. 21절은 계속해서 "머리가 발에게 '나는 네가 필요 없다.'라고 할 수가 없습니다."라고 말합니다. 그러므로 고린도전서 12장에서 말한 머리는 하나의 지체입니다.

이런 말이 에베소서에서는 예시로 사용되거나 적용될 수 없습니다. 그렇게 한다면 끔찍할 것입니다. 여기에서는 어떤 유사점도 비교될 수가 없습니다. 그렇게 된다면, '머리이신 분'께서 아주 낮은 위치에 있게 될 것입니다. 고린도전서 12장에 언급된 '머리'는 하나의 지체에 불과합니다. 이런 머리의 위치는 에베소서에 언급된 '머리이신 분'의 위치와 같지 않습니다. 에베소서에 언급된 머리는 절대적으로 그리스도이고, 반면에 고린도전서 12장에 언급된 머리는 형제들 가운데서 머리로서의 역할을 하는 한 사람입니다. 그는 지체 중 하나일 뿐 유일무이한 머리가 아닙니다. 그는 높지 않고 낮습니다. 그러므로 몸의 합일의 표현을 위해, 성경은 지방이 최소한의 경계임을 우리에게 보여 줍니다. 나는 형제자매들이 성경 안에 있는 합일에 대한 최소한의 요구 조건이 지방의 합일임을 보게 되기를 바랍니다. 하나님의 자녀들은 반드시 각 지방에서 영적인 합일을 가져야 합니다. 이것이 성경의 기본적인 요구입니다.

그러면 하나님의 목적은 무엇입니까? "이것은 몸 안에서 분열이 없…도록 하시려는 것입니다."(고전 12:25) 바울이 이런 말을 한 것은 1장과 3장에서 언급된 분열들 때문이었습니다. 바울은 고린도 사람들에게, 고린도라는 지방에 분열이 있는 것이 곧 그리스도의 몸 안에 분열이 있는 것과 동일한 것임을 보여 주었습니다. 합일은 반드시 지방을 그 경계로 삼아야 합니다. 내가 고린도에 살고 있다면, 최소한 고린도라는 지방에 있는 하나님의 자녀들과 하나가 되어야 합니다. 최소한 나는 고린도에서 하나(oneness) 안에 있는 삶을 살아 내야 합니다. 나는 분열 안에 있을 수 없습니다.

우리는 반드시 고린도에 있는 형제들을 사랑해야 함

13장에서 바울은 사랑에 대해 말합니다. 바울은 13장에서 사랑에 대해 매우 심각하게 말하는데, 그것은 오직 사랑만이 분열들과 상반되기 때문입니다. 사랑은 연결합니다. 사랑은 나누지 않습니다. 고린도에는 시기와 분쟁이 있었습니다. 그래서 바울은 사랑은 시기하지 않고, 자신의 유익을 구하거나 남의 잘못을 마음에 두지 않으며, 나누거나 분리하지 않는다고 말한 것입니다. 여기서 바울은 고린도의 믿는 이들에게, 적어도 고린도라는 지방에서 서로 사랑하라고 권면했습니다.

오늘날 교회 안에 널리 퍼져 있는 한 가지 상태가 있는데, 그것은 사람들이 서로 사랑하라는 교리를 전하지만 지방에 관해서는 잊어버린다는 것입니다. 그들은 '지방'을 중요하지 않다고 느낍니다. 형제들이여! 우리가 서로 사랑하는 것에 대해 전하면서도 지방의 문제를 잊어버릴 때, 그것은 쉽게 이상주의적인 것으로 변해 버립니다. "상하이의 몇몇 형제들을 제외하고는 모든 형제자매들이 사랑스럽다."라고 말하기는 쉽습니다. 우리는 어떻게 해야 됩니까? 상하이의 형제들이 이같이 느끼고, 난징(南京)의 형제들도 그 지방에 있는 이들을 제외하고는 모든 형제들이 좋다고 느낍니다. 나는 여러분에게, 하나님께서 상하이의 형제들에게 이렇게 말씀하신다는 것을 알려 주고 싶습니다. "너희는 먼저 상하이의 형제들을 사랑하고, 그런 다음에 난징의 형제들을 사랑하라.” 하나님은 또한 난징의 형제들에게 이렇게 말씀하십니다. “너희는 먼저 난징의 형제들을 사랑하고, 그런 다음에 상하이의 형제들을 사랑하라.” 고린도의 형제들은 먼저 고린도의 형제들을 사랑할 필요가 있었고, 그런 다음에야 하늘로 올라가 그리스도의 몸을 볼 수 있었습니다. 먼저 그들은 고린도전서에 있는 그리스도의 몸을 보기 위해 내려올 필요가 있었고, 그 후에야 에베소서에 있는 그리스도의 몸을 보기 위해 올라갈 수 있었습니다. 그들은 고린도전서에 있는 그리스도의 몸을 보기 위해 내려올 필요가 있었는데, 왜냐하면 그것이 훨씬 더 실지적이기 때문입니다.

보이는 형제들을 사랑할 수 없다면, 보이지 않는 형제들을 어떻게 사랑할 수 있습니까? 사도 요한은 “왜냐하면 보이는 형제를 사랑하지 않는 사람이 뵙지도 못한 하나님을 사랑할 수 없기 때문입니다.”(요일 4:20)라고 말했습니다. 오늘 우리는 이 한마디를 추가해야 합니다. “보이는 형제들을 사랑할 수 없다면, 보이지 않는 형제들을 사랑할 수 없습니다.” 많은 사람들이 보이는 형제들은 사랑하지 않고 보이지 않는 형제들만 사랑합니다. 이것이 바로 ‘영적인’ 교통이라 불리는 것인데, 왜냐하면 보이지 않는 모든 것이 ‘영적’이기 때문입니다. 우리가 이러한 위치에 선다면, 교회에 큰 어려움들이 닥칠 것입니다. 하나님의 자녀들 가운데의 교통과, 하나님의 자녀들 가운데 서로 사랑하는 것, 하나님의 자녀들 가운데 서로 돌보는 것, 하나님의 자녀들 가운데의 하나는 반드시 지방에서부터 시작되어야 합니다. ‘지방이 바로 최소한의 요건입니다’.

빌립보에서, 같은 생각을 하라고 요구함

빌립보서에서 바울은 또한 형제들에게 하나가 되라고 권면했습니다. "왜냐하면 여러분이 첫날부터 지금까지 복음의 확산을 위하여 교통해 왔기(하나 되었기) 때문입니다."(1:5) 그런 다음에 바울은 15절과 17절에서 또 다른 방면을 다음과 같이 언급하였습니다. "어떤 사람들은 시기와 다툼으로 그리스도를 전파하고, … 이기적인 야심에서 그리스도를 전파하는 것입니다." 이것은 교회의 보편적인 상태가 아니라, 빌립보 지방의 일이었습니다. 어떤 형제들은 하나 되어 그리스도를 전파한 반면에, 어떤 형제들은 "당신이 전파할 수 있다면 나도 할 수 있다. 당신이 그 일을 할 수 있다면, 왜 나라고 못하겠는가?"라고 말하면서 시기로 그리스도를 전파했습니다. 그래서 그들도 복음을 전했습니다.

빌립보서 2장 2절에서 바울은 "여러분은 같은 것을 생각하고, 같은 사랑을 가지며, 혼 안에서 연결되고, 한 가지 것을 생각하여"라고 권면했습니다. 나는 '같은 것을 생각하고'라는 문구를 지적하고 싶습니다. 이것은 우주적인 교회와 관련된 것이 아닙니다. 우주적인 교회도 이러한 사례에서 배울 수 있겠지만, 이 말씀은 특히 빌립보 사람들을 가리켜 말한 것입니다. 왜냐하면 바울이 이 서신을 빌립보 사람들에게 썼기 때문입니다. 빌립보의 그리스도인들, 곧 형제들은 같은 것을 생각할 필요가 있었습니다. 그들이 상하이 교회의 형제들이나 란저우(蘭州) 교회의 형제들과 같은 것을 생각하는 것은 무익한 일입니다. 그들은 반드시 빌립보의 형제들과 같은 것을 생각해야 합니다. 이것이 성경의 계명입니다. '같은 것을 생각하는 것'은 지방을 최소한의 요건으로 삼아야 합니다. 이것이 없다면, 모든 교리가 다 이론과 공상입니다. 많은 형제들이 하늘에서는 아주 영적이면서도 땅 위에서는 육체에 속합니다. 이것은 놀라운 일입니다. 그들의 관념은 매우 영적인 것이지만, 그들의 실행은 육체에 속한 것입니다.

이것에 뒤이어, 바울은 그들이 같은 것을 생각하고 같은 사랑을 가지며 혼 안에서 연결되고 한 가지 것을 생각한다면 그의 기쁨이 넘치게 될 것이라고 말했습니다.

"어떤 일도 이기적인 야심으로 하지 말고"(3상절). 이 말씀은 빌립보 사람들에게 주어진 것이었습니다. 빌립보 사람들은 어떤 일도 이기적인 야심으로 하지 말아야 했습니다. 바울은 이기적인 야심으로 일들을 하는 것에 대한 이유를 분명하게 제시했는데, 그것은 어떤 사람들이 헛된 영광을 탐내기 때문이라는 것입니다. 이렇게 헛된 영광을 구하는 사람들은 형제들과 쉽게 나누어집니다. 사람 앞에서 영광을 얻기를 갈망하는 사람들은 다른 사람들과의 사이에서 문제를 일으킵니다. 어떤 사람들은 교만하여 자신을 매우 높게 보므로, 다른 사람들과 하나가 될 수 없습니다. "오직 생각을 낮추어 서로 자기보다 남을 낫게 여기십시오."(3하절) 이렇게 할 때, 우리는 다른 사람들과 하나가 될 수 있습니다. 어떤 사람들은 오직 그들 자신의 일들만을 관심하며 매우 이기적입니다. 그래서 그들은 쉽게 문제를 야기하기도 합니다. 바울은 계속해서 "각자 자기의 장점만 귀하게 여기지 말고, 다른 사람들의 장점도 귀하게 여기십시오."(4절)라고 말했습니다. 바로 이러한 이유로, 곧 자기의 장점만 귀하게 여기므로 많은 사람들이 같은 것을 생각할 수 없고, 같은 사랑을 가질 수 없으며, 혼 안에서 연결될 수 없고, 다른 사람들과 하나 될 수 없는 것입니다. 어떤 사람들은 오직 자신만을 돌보며, 어떤 사람들은 교만하고, 어떤 사람들은 영광을 구하며 다른 사람들이 자신에게 박수를 쳐 주기를 갈망합니다. 이와 같은 사람들은 다른 사람들과 결코 하나가 될 수 없습니다. 우리는 사람에게서 영광받기를 구하지 말고 겸손하기를 반드시 배워야 합니다. 또한 다른 사람들을 돌보는 것을 배워야 합니다. 그럴 때 우리는 하나님의 다른 자녀들과 하나가 될 수 있습니다. 이것이 성경의 원칙이며, 따라서 우리는 이것을 마땅히 따라야 합니다.

바울은 빌립보 사람들이 복음을 전파하기 위해 교통해 온 것(하나된 것)을 칭찬했지만, 사실상 그들에게는 다툼이 있었습니다. 이것 때문에 2장에 있는 권면이 필요했던 것입니다. 빌립보에는 형제들뿐 아니라 자매들 사이에도 다툼이 있었습니다. 4장에서 바울은 특별히 두 자매를 언급했습니다. "내가 유오디아에게 권유하고 순두게에게도 권유합니다. 주님 안에서 같은 것을 생각하십시오."(2절) 이 두 이름은 여성형 단어입니다. 우리는 얼마나 많은 이야기가 이 말씀의 배후에 있는지 모릅니다. 바울은 우리에게 그것을 드러내지 않았습니다. 그는 다만 "내가 유오디아에게 권유하고 순두게에게도 권유합니다. 주님 안에서 같은 것을 생각하십시오."라고만 말했습니다. 이렇게 교정해 준 것을 통해, 우리는 한 면에서 빌립보에 분쟁이 있었다는 것과, 또 다른 면에서 바울이 언급한 이름들로 볼 때 이런 분쟁이 그 지방에 국한된 것이었음을 알 수 있습니다. 이제 나는 우리가 최소한 한 가지는 보아야 한다고 생각합니다. 그것은 바로, 성경 안에 있는 몸의 합일이나 성령의 합일은 지방 안에서의 합일을 가리킨다는 것입니다. 지방과 동떨어진 합일은 전적으로 공허한 것입니다. 우리는 우리 자신의 지방을 제외하고는 어디에서나 하나가 될 수 있다고 말할 수 없습니다.

성경 안의 교회는 지방적임

이제 우리는 이어서, 우리가 지방에서의 합일의 표현을 강조하는 이유를 보도록 하겠습니다. 그 이유는 성경 안에 있는 교회가 지방적이기 때문입니다. 우리는 이미 여러 해 동안 이것에 대해 말해 왔고, 심지어 지금도 수없이 그것을 언급했습니다. 성경 안의 교회는 지방적입니다. 신약 성경 전체에서 단 하나의 예외도 찾을 수 없습니다. 모든 교회들이 지방적입니다. 예루살렘에 있는 교회, 안디옥에 있는 교회, 고린도에 있는 교회, 빌립보에 있는 교회, 골로새에 있는 교회 등과 같이, 성경에 있는 모든 예들이 다 지방적입니다. 예를 들어, 요한계시록에서 에베소와 서머나와 버가모와 두아디라와 사데와 빌라델비아와 라오디게아에 있는 교회들이 모두 지방적입니다. '하나님은 각 지방에 한 교회를 정하셨습니다.' 지방과 교회는 서로 동등합니다. 이 땅에 있는 나라들은 도시들로 나누어집니다. 오늘날 이 땅에 있는 하나님의 교회 또한 도시들로 나누어집니다. 이 세상에는 상하이라는 지방이 있습니다. 그러므로 하나님 앞에는 상하이에 있는 교회가 있습니다. 이 세상에는 난징이라는 지방이 있습니다. 그러므로 하나님 앞에는 난징에 있는 교회가 있습니다. 이 세상에는 시안(西安)과 란저우(蘭州)라는 지방들이 있습니다. 그러므로 하나님 앞에는 시안에 있는 교회와 란저우에 있는 교회가 있습니다. 한 지방이 될 만큼 충분히 큰 곳이 있다면, 그 지방에는 한 교회가 있어야 합니다. 만약 우리가 있는 곳이 한 지방이 될 정도로 충분히 크지 않다면, 우리는 교회가 될 수 없습니다. 란저우는 하나님께서 보시기에 한 지방이 될 정도로 충분히 큽니다. 그러므로 그곳에 란저우에 있는 교회가 있을 수 있습니다. 하나님 앞에서 이 문제는 매우 분명합니다.

성경에서는 한 도시나 마을의 한계에 따라 한 지방을 결정합니다. 예를 들어, 우리가 조금 전에 읽은 고린도전서에 매우 좋은 말씀이 있습니다. “이 때문에 내가 주님 안에서 사랑하는 신실한 아들인 디모데를 여러분에게 보냈습니다. 그가 그리스도 예수님 안에 있는 나의 생활 방식, 곧 내가 각처 각 교회에서 가르치고 있는 것을 여러분에게 생각나게 할 것입니다.”(4:17) ‘각처’는 지방이고, ‘각 교회’는 영적인 내용입니다. 각 지방에 한 교회가 있습니다. ‘각처’는 성경에서 한 도시나 마을에 따라 나누어집니다. 주 예수님은 모든 도시와 마을에서 복음을 전하셨습니다(마 9:35). 그러므로 지방의 단위는 도시나 마을입니다. 바울은 디도에게 “내가 지시한 대로 각 도시에 장로들을 세우게 하려는 것입니다.”(딛 1:5)라고 말했습니다. 그 당시 바울은 여러 도시에서 복음을 전했습니다. 그는 아직 마을로 들어간 적이 없었습니다. 그러므로 그는 마을들을 언급하지 않았습니다. 성경 안에 있는 모든 교회들은 다 지방적입니다. 이것이 바로 오늘날의 문제입니다. 하나님의 자녀들의 합일은 지방을 그 단위로 삼아야 합니다. 바꾸어 말해서, 하나님의 자녀들의 합일을 위한 최소 단위는 반드시 지방이 되어야 합니다. 같은 지방에 있는 하나님의 모든 자녀들은 반드시 하나가 되어야 합니다. 이것은 최소한의 요건입니다.

교회들 사이에 영적인 교통이 있어야 함

이제 나는 하나님의 자녀들이 이 문제와 관련해서 당면하고 있는 문제를 논의하기 원합니다. 나는 이미 두 번째 종류의 합일에 대해 말했습니다. 그러한 합일은 일부는 옳고 일부는 잘못된 것입니다. 이 말은 무슨 뜻입니까? 그들은 '영적인 교통'에 대해 말하는데, 그러한 교통이 마땅히 있어야 하는 것입니까? 그중 일부는 존재해야 하지만, 일부는 존재해서는 안 됩니다. 존재해야 할 부분을 이루는 길은 바로 한 지방에 있는 교회와 또 다른 지방에 있는 교회 사이에 영적인 교통이 있어야 한다는 것입니다. 성경은 교회가 지방적이기 때문에, 반드시 한 지방 안에 교회의 합일이 있어야 한다는 것을 우리에게 보여 줍니다. 그러므로 나는 만약 한 지방 안에 합일이 없다면 다른 모든 말은 헛되고 자기를 속이는 것이라고 말한 적이 있습니다. 교회들 사이의 교통이란 한 지방이 자기 지방의 일들은 소홀히 하고 다른 지방의 일들을 돌본다는 의미가 아닙니다. 그것은 톈수이(天水)의 형제들이 티엔수이의 일들은 돌보지 않고 핑량(平凉)의 일들을 돌본다는 말이 아닙니다. 그보다 그것은 톈수이와 핑량이 영적인 일에 있어서 교통을 가져야 한다는 말입니다.

교회의 합일, 곧 몸의 합일은 지방을 단위로 삼습니다. 그러나 우리는 또한 다른 지방들에 있는 형제들과도 영적인 합일을 가져야 합니다. 이 영적인 합일은 한 교파와 또 다른 교파 사이의 합일이 아니라, 한 교회와 또 다른 교회 사이의 합일입니다. 이 영적인 합일은 분파들 사이의 합일이 아니라 몸의 지체들 사이의 합일입니다. 여기에 두 지방에 있는 교회들이 있습니다. 이 두 지방에 있는 교회들 사이에서, 우리는 성령의 합일을 찾고, 몸의 합일을 찾으며, 주님의 길 안에서의 합일을 찾고, 각 방면에서의 합일을 찾아야 합니다. 이것은 교회들 사이에서 영적인 합일을 표현하기 위한 것입니다. 만약 우리가 이러한 영적인 합일을 교회와 교회 사이에 적용하지 않고 교파와 교파 사이에 적용한다면, 그것은 잘못된 것입니다. 영적인 합일을 지방과 지방 사이에 두지 않고 종파와 종파 사이에 두는 것도 잘못된 것입니다. 주제는 옳지만 적용은 틀렸습니다.

조합 교회주의자의 합일

이제 우리는 지방의 경계의 중요성을 보도록 하겠습니다. 아마도 우리는 먼저 역사를 살펴보아야 할 것입니다. 앞에서 우리가 본 대로, 초기에 성경 안의 교회들은 지방적이었습니다. 그 후에 이 교회들이 연합하여 도(道) 또는 권역 교회들을 이루었습니다. 그 후에도 그들은 연합하여 교황 아래에 있는 하나의 국제적인 교회가 되었습니다. 교회들은 초기에 하나님의 목적과 조화를 이루었습니다. 그때 교회들은 지방적이었습니다. 그러나 점차적으로 그들은 하락하여, 마침내 온 세상에 오직 한 교회만 있게 되었는데, 그것이 바로 로마의 천주교회입니다. 종교 개혁의 시기에, 로마의 천주교회는 부서졌습니다. 이렇게 로마의 천주교회가 부서질 때, 당초에 있었던 지방 교회들은 복원되지 않았습니다. 이렇게 부서진 뒤에, 이 국제적인 교회는 국가적인 교회들, 곧 여러 다른 나라들에서 국교회들이 되었습니다. 이 단계에서 약간의 발전, 곧 진보가 있었고, 그와 함께 교회들이 당초의 모습과 약간 더 가까워졌습니다. 국교회들은 후에 독립 교회들이 되었습니다. 한 나라에 수십, 수백, 심지어 수천 군데의 작은 교회들이 있었습니다. 이 독립 교회들은 당초의 상황에 한 걸음 더 가까워졌습니다.

우리는 이 독립 교회들이 얼마나 어렵게 세워졌는지를 깨달아야 합니다. 예를 들면, 많은 나라들에 있는 교회는 오직 거룩한 곳들에서만 설교를 할 수 있다고 주장했습니다. 거룩한 곳들이란 봉헌된 전용(專用) 성소들이었습니다. 웨슬리가 일어나 어떤 곳에서든 설교를 할 수 있다고 말했습니다. 그는 얼마나 심한 박해를 받았는지! 국교회는 봉헌되지 않은 곳에서 전해진 메시지는 더럽혀진 메시지라고 선포했습니다. 장소가 봉헌되는 것에 더하여, 메시지를 전하는 사람은 성직자로 임명을 받아야 했습니다. 일반인은 누구도 말씀을 전하는 것이 허용되지 않았습니다. 이 때문에 다비는 이런 관점대로 한다면, 바울과 베드로와 요한도 성직자로 임명을 받지 않았기 때문에 말씀을 전할 수 없었을 것이라고 말한 것입니다. 국교회들에게는 말씀 전하는 것이 심각한 일이었고, 장소가 심각한 문제였으며, 새로운 교회들을 세우는 것은 훨씬 더 심각한 일이었습니다. 루터조차도 종교 개혁 시기에 감히 교회를 세우지 못했습니다. 어쩔 수 없이 그로 하여금 그렇게 하도록 한 것은 바로 정치권력이었습니다. 그럼에도 불구하고 웨슬리가 일으켜진 후에, 분위기가 점차 바뀌면서 독립 교회들이 세워졌습니다. 국제적인 교회가 국교회들로 진화했고, 국교회들이 독립 교회들로 진화했습니다.

이러한 독립 교회들 가운데서 아주 널리 퍼지게 된 교리가 소위 '조합(회중) 교회주의(congregationalism)'였는데, 이것은 각각의 독립된 회중이 다 하나의 교회라는 것을 의미합니다. 누가 조합 교회주의를 믿었을까요? 바로 조합 교회주의자들과 침례교 사람들이었습니다. 조합 교회주의란 무슨 뜻인가요? 성경을 읽는 하나님의 자녀들 가운데 많은 이들이 교회들 모두가 서로 독립적이라는 것을 보았습니다. 예루살렘에 있는 교회는 그 자체의 행정을 가지고 있었고, 안디옥에 있는 교회는 그 자체의 일들을 돌보았으며, 에베소에 있는 교회와 마찬가지로 고린도에 있는 교회 또한 그 자체의 행정을 가지고 있었습니다. 비록 교회가 우주적이기는 했지만, 그들은 각각의 회중이 교회의 단위라고 생각했습니다. 그래서 그것을 '조합 교회주의'라고 불렀습니다. 그들은 각 회중이 한 교회로서 역할을 하는 조합 교회(회중파 교회: Congregational Church)들을 세웠습니다. 그들 위에는 대주교가 없었습니다. 다른 독립 교회들과 비교할 때, 이것은 하나의 발전이었습니다. 이제 우리는 이 다양한 단계들에서 다음과 같이 진보한 것을 볼 수 있습니다. 국제적인 교회가 발전하여 국가적인 교회들이 되었고, 국가적인 교회들이 발전하여 독립 교회들이 되었으며, 일부 독립 교회들이 발전하여 조합 교회들이 된 것입니다.

조합 교회주의의 과오

조합 교회주의는 사실상 성경에 매우 가까운 것이지만, 성경을 약간 지나친 것입니다. 조합 교회주의의 형제들은 성경을 연구했지만 '지방'이라는 사상을 발견하지 못했습니다. 예루살렘은 하나의 도시이지 회중이 아닙니다. 안디옥도 하나의 도시이지 회중이 아닙니다. 에베소는 항구 도시이지 회중이 아닙니다. 골로새는 산에 있는 도시이지 회중이 아닙니다. 그들은 예루살렘과 안디옥과 에베소와 골로새가 회중이라고 생각했고, 따라서 회중들이 서로 독립적이라고 결론지었습니다. 교회 역사를 볼 때, 우리는 교회가 시작된 지 얼마 되지 않아 루터의 때까지 계속 타락한 것을 알 수 있습니다. 그 후에 회복, 곧 발전이 있어서 독립 교회들의 단계에까지 이르게 되었습니다. 독립 교회들의 시기에서부터, 교회는 하나의 회중을 단위로 삼는 또 다른 극단에 빠지게 되었습니다. 이러한 극단에는 조합 교회주의자들과 침례교 사람들이 포함되었고, 그 후 심지어 개방파 형제회(Open Brethren)도 포함되었습니다. 이들 형제회 또한 하나의 회중을 단위로 여기는 극단에 빠졌습니다.

이제 나는 왜 조합 교회주의가 틀렸는지를 논의하기 원합니다. 그것이 성경에 가장 가까운 것이기는 하지만 여전히 틀린 것입니다. 주님은 우리가 같은 지방에 있는 교회 안에서 서로 사랑하고, 서로를 받아들이며, 시기와 다툼과 분열을 피하기를 원하십니다. 조합 교회주의의 합일은 회중을 그 단위로 취합니다. 회중과 같은 그러한 것을 분명하게 정의하기가 어렵다는 점에서 이것은 문제가 됩니다. 난양루(南陽路) 145번지에 한 회중이 있을 수 있고, 난양루 143번지에 또 다른 회중이 있을 수 있습니다. 만약 내가 난양루 145번지에 있는 형제들을 사랑한다면, 그들과 모일 것입니다. 그러나 그들과 의견이 맞지 않을 때, 나는 난양루 143번지에 또 다른 회중을 세울 것입니다. 우리가 합일이 지방의 문제라는 것을 보았다면, 다른 도시에 가서 교회를 세울 수 있을 뿐 상하이에서는 또 다른 교회를 세울 수 없습니다. 이것은 쉬운 일이 아니지만, 우리는 여전히 서로 사랑해야 합니다. 오, 우리를 여러 지방들에 두시고 우리에게 지방을 경계로 주신 주님의 지혜는 얼마나 큰지! 오직 여기에서만, 우리는 참으로 우리가 져야 할 십자가와 배워야 할 공과들을 발견할 수 있습니다.

조합 교회란 무슨 의미인가요? 그것은 각 지방 안에 여러 회중들이 있을 수 있고, 각 회중이 그 자체 안에서 합일을 이루며, 다른 회중들과는 독립적이라는 것을 의미합니다. 이것은 매우 심각한 문제입니다. 조합 교회주의의 합일은 잘못된 것입니다. 국제적인 교회의 과오는 한 극단에 빠져서, 많은 지방들에 한 교회가 있도록 만든 것입니다. 그러나 조합 교회들의 과오는 반대편 극단에 빠져서, 한 지방에 많은 교회들이 있도록 만든 것입니다. 로마의 천주교회는 많은 지방들에 한 교회가 있다는 이쪽 끝에 있고, 조합 교회들은 한 지방에 많은 교회들이 있다는 저쪽 끝에 있습니다. 이것은 마치 많은 지방들에 한 교회가 있다는 한쪽 끝에서 한 지방에 다섯 내지 열 군데의 교회들이 있다는 다른 쪽 끝으로 오가며 흔들리는 추(錘)와도 같습니다. 지난 세기에 형제회가 일으켜졌지만, 그들 중 일부가 조합 교회주의에 빠졌습니다. 그들은 주로 폐쇄파 형제회(Closed Brethren)와 개방파 형제회(Open Brethren)로 나누어졌습니다. 폐쇄파 형제회는 여전히 연합 교회 쪽입니다. 개방파 형제회는 반대편으로 가서 회중들, 곧 '예배당' 모임들이 되었습니다. 그들은 한쪽 거리에서 한 모임을 갖고 또 다른 쪽 거리에서 또 다른 모임을 가질 수 있었는데, 그 각각은 서로 아무 관계가 없습니다. 이것은 한 지방에 많은 교회들이 있다는 것을 의미합니다.

'한 지방에 한 교회'

그러므로 우리는 하나님 앞에서, 성경에는 한 지방에 한 교회만 있다는 것을 분명히 보아야 합니다. 간단히 말해서 '한 지방에 한 교회'입니다. 이것이 성경 안에 있는 원칙입니다. 우리가 교회의 문제를 연구할 때, 반드시 한 지방에 한 교회라는 이 원칙을 이해할 수 있어야 합니다. 모든 과오가 이 원칙을 위반하는 것에서 나옵니다. 한 지방에 한 교회는 추입니다. 그것이 한쪽 끝으로 움직일 때, 서너 지방에 한 교회가 있도록 만들거나 전 세계에 한 교회가 있도록 만들기 때문에 잘못된 것입니다. 그것이 반대편 끝으로 움직일 때 그 또한 잘못된 것인데, 왜냐하면 한 지방에 여러 교회들, 또는 많은 교회들이 있도록 만들기 때문입니다. 거기에는 지방과 관련하여 비정상적인 어떤 것이 있거나, 교회와 관련하여 비정상적인 어떤 것이 있습니다. 성경에는 한 지방에 한 교회가 있습니다. 사도들의 때에 예루살렘성의 인구는 약 백만 명이었습니다. 그곳은 당시에 인구가 가장 많은 도시들 중 하나였습니다. 오늘날 중국의 많은 지방들도 그만큼 인구가 많지 않습니다. 그때에 삼천 명이 구원받았고, 그 후에 오천 명이 구원받았습니다(행 2:41, 4:4). 구원받은 사람들의 숫자가 결국 수만 명에 이르렀습니다(21:20). 그것은 참으로 흔치 않은 일이었습니다. 그들이 함께 모일 만한 넓은 장소가 그곳에 없었기 때문에, 그들은 이 집 저 집에서 모였습니다. 그러나 성경은 '예루살렘에 있는 교회들'이라고 말하지 않습니다. 나는 그들이 삼천 명에서 오천 명이 함께 모일 만한 넓은 집회 장소를 쉽게 찾을 수 있었을지 의문이 듭니다. 이 모든 사람들은 심지어 한 번도 함께 모이지 않았을 수도 있습니다. 광야에서 모였을지도 모릅니다. 이에 대해 우리는 알지 못합니다. 예루살렘성이 매우 크고 그곳에 많은 믿는 이들이 있었지만, 그들은 여전히 '한' 교회였습니다. 그러므로 성경은 우리에게 '한 지방에 한 교회'를 보여 줍니다.

우리는 로마의 천주교회가 한쪽 끝, 즉 많은 지방들에 한 교회가 있다는 원칙으로 치우쳤다는 것을 분명하게 보았습니다. 또 다른 무리의 사람들은 그 반대편 끝, 즉 한 지방에 많은 교회들이 있다는 원칙을 갖고 있습니다. 동일한 지방 안에서, 여러분이 하나의 교회이고 다른 사람들이 또 하나의 교회입니다. 이것이 곧 조합(회중파) 교회주의입니다. 동일한 회중 안에 있는 사람들을 사랑하는 것만으로 충분합니다. 그들은 다른 회중은 관심하지 않습니다. 개방파 형제회는 조합 교회의 방향으로 갔습니다. 폐쇄파 형제회는 로마의 천주교회의 방향으로 갔습니다.

따라서 우리는 중국에서 크나큰 문제에 직면하고 있습니다. 우리가 여기에서 지켜야 하는 증거는 한 면으로는 로마의 천주교회의 일을 저지하는 것이고, 또 한 면으로는 조합 교회들의 일을 저지하는 것입니다. 우리가 조금만 부주의하게 되면 조합 교회주의가 나타날 것입니다. 만약 우리가 한 지방에 한 교회가 있다는 것에 대해 분명하다면, 로마 천주교와 조합 교회주의에 대해서도 분명하게 될 것입니다. 예를 들어, 시안(西安)은 하나의 지방입니다. 그러므로 그곳에 하나의 교회만 있어야 합니다. 시안에 있는 교회가 좋든 나쁘든 그곳에서 유일한 교회입니다. 내가 시안에 있는 형제들과 올바른 관계에 있어도 시안에 있는 교회 안에 있고, 내가 시안에 있는 형제들과 올바른 관계에 있지 않더라도 시안에 있는 교회 안에 있는 것입니다.

이제 조합 교회주의의 결과가 어떠한지를 보기로 하겠습니다. 만약 내가 조합 교회주의를 믿고 형제들과 올바른 관계에 있다면, 그들과 함께 떡을 뗄 것입니다. 그렇지 않다면 우리는 떡을 따로 뗄 것인데, 그것은 당신은 당신의 그룹을 사랑하고 나는 나의 그룹을 사랑하기 때문입니다. 이렇게 떡을 떼면 아무런 비용도 들지 않습니다. 목사를 초빙할 필요가 없기 때문입니다. 우리가 편한 대로 다만 상 하나를 놓고 떡을 뗄 수 있습니다. 우리는 또 다른 교회를 세우고, 서로 사랑하고, 아침부터 저녁까지 다른 사람의 발을 씻어 주고, 매끼 애찬을 하고, 매우 좋은 교통을 나눌 수 있습니다. 그러나 성경은 한 지방, 곧 한 교회를 말합니다. 성경은 "우리(동일한 지방에 있는 형제들) 많은 사람이 한 몸입니다. 왜냐하면 우리 모두가 한 떡에 참여하기 때문입니다."(고전 10:17)라고 말합니다. 그러나 여러분은 어떤 사람들입니까? 여러분은 수가 적지만 여전히 두 개의 떡 덩이입니다. 여러분은 "우리가 떡

한 덩이이고, 당신들도 떡 한 덩이이다."라고 말합니다. 이것이 바로 조합 교회주의입니다. 조합 교회주의가 나타나게 되면, 교회는 끔찍한 상황이 됩니다. 로마 천주교는 천백 년이라는 기간에 걸쳐 오직 한 교회밖에 없었습니다. 만약 조합 교회주의가 천백 년이라는 기간 동안 존속된다면, 수십만의 교회들이 있게 될 것입니다. 다투기를 좋아하는 사람들은 항상 다툴 명분들을 찾습니다. 가령 내가 다투기를 좋아하는데, 다툴 만한 어떤 형제를 발견했다고 합시다. 그 다툼은 결국 분열로 끝날 것입니다. 그 후 나는 다툴 만한 사람이 아무도 없어서 괴로워할 것입니다. 그래서 나는 다른 누군가를 찾을 것입니다. 이것은 소름 끼치는 일입니다. 그것은 교회를 갈기갈기 나눌 뿐 아니라 분열을 조장하게 될 것이기 때문입니다. 원칙이 잘못되면 많은 어려움이 따를 것입니다. 서로 뜻이 맞지 않게 되면, 당신도 주님의 상을 세우고 다른 사람도 또 하나의 상을 세울 것입니다.

주님은 우리에게 '한 지방에는 오직 한 교회만 있어야 하고, 한 지방에는 오직 한 행정만 있어야 한다는 것'을 보여 주셨습니다. 그러므로 우리는 지방에 제한받아야 합니다. 만약 어떤 형제가 나와 하나가 아니라면, 그가 나와 하나가 될 때까지 나는 그의 발을 씻어 주고 그에게 간정해야 합니다. 여기에 내가 배워야 할 공과들이 있습니다. 반드시 나의 기질이 처리되어야 합니다. 어떤 형제가 나와 하나가 될 수 없는 이유를 찾아야 하고, 최선을 다해 그것을 처리해야 합니다. 그러지 않으면 우리가 나아갈 길이 없을 것입니다. 만약 조합 교회주의에 따라 행동한다면, 그것은 매우 편리합니다. 의견이 맞지 않는 어떤 일이 발생하면, 나는 또 다른 교회를 세울 것입니다. 그럴 때 상하이에는 스물네 군데의 가정 집회들이 있을 뿐 아니라 스물네 군데의 교회들이 있게 될 것입니다. 그 결과, 많은 교회들이 있는 한 지방이 나타나게 될 것입니다. 이것은 매우 심각한 일입니다. 우리의 합일에는 경계가 있습니다. 로마의 천주교회의 합일은 성경에 위배되며, '영적인' 합일은 주님의 목표에 이르지 못했습니다. 성경 안의 합일은 한 지방에 한 교회입니다. 이것은 우리로 하여금 각 지방에서 하나가 되지 않는 것을 불가능하게 합니다.

예를 들어, 교회에 참으로 함께 하나가 되기를 구하는 몇몇 형제들이 있다고 합시다. 우리는 그들의 태도가 어떠한지를 알아내야 합니다. 최근 며칠 사이에, 나는 어떤 이가 이렇게 말하는 것을 들었습니다. "설령 당신에게는 당신의 교회가 있고, 나에게는 나의 교회가 있으며, 그 사람에게는 그의 교회가 있다고 하더라도, 우리는 대화하고 교통할 수 있습니다. 우리 모두가 하나입니다. 우리 모두는 자신의 위치에 서 있으면서 서로 하나가 되어야 합니다. 우리 모두에게는 자체의 장로들과 집사들이 있지만, 우리는 서로 존중합니다." 나는 이 형제들에게, 한 지방에는 오직 한 교회밖에 없다는 것을 강조해서 말할 수밖에 없습니다. 한 지방에 있는 몇몇 교파들로부터 형제들을 함께 결집하려는 이러한 사람들의 사상은 몇몇 교회만을 기쁘게 할 것입니다. 여러분은 과거를 처리할 수 있고, 심지어 여러분의 영리함으로 아주 잘 처리할지도 모릅니다. 그러나 미래에 대하여는 어떻게 할 것입니까? 우리 모두는 결국 죽게 될 것입니다. 여러분은 젊은 형제들이 미래에 어떻게 하기를 원하십니까? 만약 우리의 형제들이 각지에서 조합 교회주의를 실행하고 이런 종류의 합일을 용인하면서 우리의 순종을 희생 제물로 드리는 것에 대해 아무 말도 하지 않는다면, 우리는 앞으로 무엇을 해야 하겠습니까? 오늘날 우리는 다섯 군데의 회중들을 그럭

저럭 견딜 수 있을지 모릅니다. 그러나 미래에 어떤 어려움이 있을 것이고 그것과 더불어 여섯 번째 회중이 나타날 것입니다. 더 많은 어려움들이 있으면, 일곱 번째와 여덟 번째 회중이 나타날 것입니다. 그럴 때 어떻게 하겠습니까? 우리 모두는 반드시 이 기본적인 원칙을 보아야 합니다. 주님의 명령은 매우 분명합니다. 한 면으로, 그분은 우리가 연합 교회를 갖기를 허락하지 않으실 것입니다. 그것은 우리가 이 땅에서, 그리고 사람들 가운데서 세력이 되지 않도록 하시려는 것입니다. 또 한 면으로, 그분은 한 지방에서 한 교회를 초과하여 여러 교회가 되는 것을 허락하지 않으실 것입니다. 그러지 않으면, 미래에 다툼들이 끝없이 일어날 것입니다.

나는 조합 교회주의가 형제들이 성경 안의 진리를 오직 부분적으로만 본 데서 나온 결과라는 것을 여러분이 보기를 바랍니다. 성경에는 조합 교회주의가 없습니다. 예루살렘과 안디옥과 에베소와 두아디라와 라오디게아는 다 지방입니다. 오랜 세월의 교회 역사 전반에 걸쳐, 주님의 빛은 점점 더 분명해졌습니다. 국제적인 교회에서 국교회로, 국교회에서 독립 교회로, 독립 교회에서 정상적인 표준을 좀 넘어서서 조합 교회주의로 변천되었습니다. 최근 이 이십 년 내지 삼십 년 동안, 주님은 우리를 인도하시어 각 지방에 있는 교회를 보게 하셨습니다. 그것은 아주 분명합니다. 오늘날 교회는 사도들의 길을 취하고 있습니다. 교회는 지방적인 것입니다. 우리는 교만하게 되어, 이것이 우리만 전하는 것이라고 말해서는 안 됩니다. 이것은 하나님의 은혜입니다. 하나님은 그분의 자녀들이 천여 년 동안 더듬어 찾도록 허락하셨습니다. 하나님께 감사드립니다! 우리는 그들이 얻은 것을 유업으로 물려받았고 길을 발견했습니다. 하나님께 감사드립니다! 비록 조합 교회주의가 잘못된 것이기는 하지만 확실히 진보한 것입니다. 그들은 로마 천주교의 '한 교회'가 잘못된 것임을 보았습니다. 그러나 그들의 진보는 표준을 넘어선 것입니다.

심지어 형제회와 같은 그런 훌륭한 형제들에게도 많은 다툼이 있었는데, 그것은 형제회 중 한 무리는 연합 교회의 길을 취하고, 또 다른 무리는 조합 교회주의의 길을 취했기 때문입니다. '중국 내지 선교회(China Inland Mission)'도 조합 교회주의를 실행합니다. 오늘날 가장 유력한 실행이 바로 조합 교회주의입니다. 굿맨(Goodman)이 저술한 소책자인 〈긴급한 외침(An Urgent Cry)〉도 조합 교회주의에 속한 것입니다. 조합 교회주의란 어떤 것입니까? 그것은 어떤 거리에 한 모임이 있고 그 옆에도 한 모임이 있을 때, 그들 각자가 다른 쪽이 잘하고 있든 못하고 있든 서로를 관심하지 않는 것입니다. 그들이 유일하게 추구하는 합일은 그들 자신의 모임 안에서의 합일입니다. 그들 모두가 서로 하나가 될 수 있으면, 그들은 한 모임으로 함께 모입니다. 그러지 않으면, 그들은 나누어집니다. 조합 교회주의가 주장하는 '서로 사랑하는 것'은 바로 이런 종류의 사랑입니다. 그들은 지방에 제한받지도 않고 한 지방 안에서 공과들을 배우려고 하지도 않습니다. 이 때문에, 나는 한 지방 안에서 배워야 할 공과들이 매우 힘든 일이라고 거듭해서 말해 온 것입니다. 우리는 이 도시에서 살고 있으며, 다른 곳으로 이사하기란 쉬운 일이 아닙니다. 주님은 우리를 철저히 갈기 위해 특정 지방에 두셨습니다. 우리는 자신이 좋아하는 대로 행동할 수 없습니다. 이러한 이유로, 우리에게는 배워야 할 공과들과 짊어져야 할 십자가가 있는 것입니다. 이런 상황이 아니라면 우리가 짊어져야 할 십자가는 없습니다. 단 며칠 만에 우리는 십자가를 던져 버릴 것입니다.

우리는 바울이 고린도전서에서 바로 이 조합 교회주의와 맞섰다는 것을 반드시 보아야 합니다. 고린도는 하나의 도시이며, 따라서 고린도에는 오직 한 교회밖에 없었습니다. '고린도에 있는 하나님의 교회'(1:2)는 헬라어 원문에 따르면 단수입니다. 그러나 고린도의 형제들은 어떻게 행동했습니까? 그들은 '나는 바울에게, 나는 아볼로에게, 나는 게바에게, 나는 그리스도께 속한 사람'이라고 말했습니다(12절). 바꾸어 말해서, 한 교회가 네 회중들로 나뉜 것입니다. 바울에게 속한 사람들은 바울에게 속한 사람들을 사랑하고 그들과 함께 모였습니다. 아볼로에게 속한 사람들은 아볼로에게 속한 사람들을 사랑하고 그들과 함께 모이는 것이 쉽다는 것을 발견했습니다. 게바에게 속한 사람들은 게바에 속한 다른 사람들과 함께 모였습니다. 그리고 그리스도께 속한 사람들은 그리스도께 속한 사람들과 함께 모였고 서로 사랑했습니다. 그러나 바울은 그들 모두가 육체에 속한 사람들이라고 말했습니다(고전 3:3-4). 그들은 바울에게나, 아볼로에게나, 게바에게나, 그리스도께 속하지 않고 육체에 속한 사람들이었습니다. 바울도 그들이 자신에게 속하도록 하지 않았고, 아볼로도 그들이 자신에게 속하도록 하지 않았으며, 게바도 그들이 자신에게 속하도록 하지 않았고, 그리스도도 그들이 자신에게 속하도록 하지 않으셨습니다. 그들은 육체에 속했습니다. 한 지방에는 오직 한 교회만 있을 수 있습니다. 교회 안에서 분파나 종파로 나누려는 욕망은 모두 육체에서 나온 것입니다. 성경에 따르면, 우리는 다름 아닌 '한 지방에 한 교회'라는 합일을 지켜야 합니다. 이것보다 더 작은 어떤 합일도 용납될 수 없습니다.

만약 우리가 주님 앞에서 이것을 정확히 본다면 교파의 형제들에게 아주 정확한 말을 할 수 있을 것입니다. 예를 들어, 핑량과 톈수이에는 각각 한 교회만 있을 수 있습니다. 교회에 관해 어떤 절을 사용하든 성경을 그들에게 보여 주면서 그들에게 교회가 지방적인지의 여부를 물어보십시오. 과거에는 고린도가 있었지만, 오늘날에는 핑량이 있습니다. 이러한 장면 전환은 매우 합리적인 것입니다. 과거에는 에베소가 있었지만, 오늘날에는 톈수이가 있습니다. 이것 또한 매우 합리적인 것입니다. 과거에는 한 지방에 한 교회가 있었습니다. 오늘날에 와서 그것이 여러 교회들로 바뀌어서는 안 됩니다. 나는 오늘날 많은 형제들이 조합 교회주의로 되돌아가고 있는 것을 알고 있습니다. 얼마 전에 상하이의 형제들이 '가정 교회들(home churches)'을 주장하였습니다. 아주 간단하게 말해서, 이것은 여전히 조합 교회주의입니다. 그러므로 우리 모두가 '한 지방에 한 교회'를 지키는 것에 대해 분명해야 합니다. 추(錘)가 이쪽저쪽으로 움직여서는 안 됩니다. '가정 교회'에 대한 정의에 따르면, 각 가정 집회가 곧 하나의 교회입니다. 이럴 때 상하이에 '교회들'이 있게 됩니다. 상황이 이렇게 될 수 있었다면, 그 당시 아시아에 일곱 교회가 있었을 뿐 아니라 고린도에도 네 교회가 있을 수 있었습니다. 아시아는 하나의 도(道)이기 때문에 일곱 교회가 있을 수 있었습니다. 그러나 고린도는 하나의 도시이므로 네 교회가 있을 수 없었습니다. 고린도 사람들은 '나는 바울에게, 나는 아볼로에게, 나는 게바에게, 나는 그리스도께 속한 사람'이라고 말했습니다. 그러므로 바울은 그들이 육체에 속한 사람들이라고 말했습니다. 교회는 오직 하나입니다. 한 지방에 네 교회가 있을 수 없습니다. 이 문제가 해결될 때 다른 모든 문제도 해결됩니다.

어떤 일을 하는 것보다
교회를 설립하는 것을 더 두려워해야 함

마지막으로, 우리가 반드시 주의해야 할 또 다른 문제가 있습니다. 우리는 몸의 합일이 지방에서 표현된다는 것을 보았습니다. 만약 우리가 지방에서의 합일을 주의하지 않는다면 다른 종류의 합일은 헛된 말인데, 왜냐하면 그러한 것들을 성경에서 발견할 수 없기 때문입니다. 합일은 반드시 지방에서 표현되어야 합니다. 만약 이것이 없다면 합일에 관해 말하는 것은 헛된 일입니다. 합일은 우리가 하늘로 가서 실현될 때까지 기다리는 것이 되어서는 안 됩니다. 왜냐하면 우리가 다 하늘에서는 하나가 될 것이기 때문입니다. 합일은 바로 오늘 우리 주변에 있는 형제들과 하나가 되는 것입니다. 그러지 않으면 조합 교회주의의 과오가 뒤따를 것입니다. 로마의 천주교회 안에 있는 사람들은 교회에 관해 무언가를 배웠지만, 그것을 부정확하게 적용했습니다. 로마의 천주교회 안에 있는 사람들은 누구나 교회가 하나인 것을 보았지만, 그 경계에 관해서는 잘못 판단했습니다. 그들은 이 땅에 교회가 오직 하나밖에 없다고 생각합니다. 우리는 어떻습니까? 한 면에서, 우리는 교회가 하나인 것을 보았기 때문에 그들과 같습니다. 그러나 그들에게는 온 땅에 한 교회가 있고, 우리에게는 각 지방에 한 교회가 있습니다. 로마 천주교는 온 땅에 한 교회밖에 없다고 믿기 때문에, 그들은 또 다른 종류의 교회를 세우지 않는 공과를 배웠습니다. 이는 그들의 장점입니다. 그들에게 아무리 큰 어려움들이 있다 하더라도, 그들은 여전히 함께 머물고 감히 나누어지려고 하지 않습니다. 그들은 교회가 하나임을 보았기 때문에, 분열을 일으킬 경우 주님께 죄를 짓는 것이라고 느낍니다. 오늘날 우리가 이와 동일한 공과를 배움으로써, 나는 동일한 종류의 결과를 보기를 기대합니다. 다시 말해서 '우리 역시 감히 다른 교회들을 세우지 않고', 그 대신 형제들과 함께 머물면서 동일한 공과를 배우기를 기대합니다.

오늘 나는 형제들에게 어떻게 말해야 할지 모르겠습니다. 나는 우리가 '또 다른 교회를 세우는 것 이외에는' 어떤 것이든 할 수 있다는 공과를 주님 앞에서 아주 잘 배워야 한다고 느낍니다. 우리가 어떤 지방으로 이주할 때, 우리에게는 학교나 병원이나 성경 학교나 회사나 공장을 설립할 자유가 있습니다. 우리에게는 어떤 일이든 할 수 있는 자유가 있을지도 모릅니다. 설령 그러한 일이 주님에게서 나온 것이 아니라 하더라도 가장 큰 죄는 아닙니다. 내 말은 주님의 뜻을 청종하지 않아도 된다는 뜻이 아니라, 그러한 잘못이 가장 큰 죄는 아니라는 뜻입니다. 그러나 아주 분명한 것이 있는데, 그것은 바로 '결코 또 다른 교회를 세우기 위해 나가서는 안 된다.'는 것입니다. 우리 자신의 원함에 따라 교회들을 세우는 것은 가장 큰 죄입니다. 우리는 다른 어떤 것보다도 교회를 설립하는 것을 더 두려워해야 합니다.

형제들이여, 여러분은 이 문제의 심각성을 보았습니까? 임의로 교회를 세우는 것보다 더 나쁜 것은 없습니다. 우리는 어떤 것이든 설립할 수 있지만, 결코 이런 식으로 교회를 세워서는 안 됩니다. 왜냐하면 이것은 그리스도의 몸의 문제와 연관되는 일이기 때문입니다. 우리는 반드시 하나님 앞에서 이 일에 대해 분명해야 합니다.

우리가 어디로 가든 첫째로 해야 할 일은 그 지방에 교회가 존재하는지의 여부를 찾는 것입니다. 이것은 그곳에 있는 교회가 강한지 약한지의 문제가 아닙니다. 그것은 또 다른 문제입니다. 그곳에 있는 교회가 영적인지 아닌지도 중요하지 않습니다. 그것은 부차적인 문제입니다. 만약 그 지방 이쪽 끝에 교파가 하나 있거나 다른 쪽 끝에 천주교회가 있다면, 다시 말해서 한 지방에 여러 교회가 있거나 많은 지방에 한 교회가 있다면 그 지방에는 교회가 없는 것이고, 따라서 우리는 그곳에 교회를 세울 수 있습니다. 교회는 지방적인 것이기 때문에, 조합 교회주의도 아니고 연합주의도 아닙니다. 만약 어떤 지방에 그 지방에 있는 교회가 있다면, 우리는 절대로 또 다른 교회를 세워서는 안 됩니다. 우리는 반드시 따로 떡 떼는 상을 세우기를 두려워해야 합니다. 이것은 무서운 일입니다.

요즈음 나의 마음은 심히 아픈데, 그것은 우리의 책 몇 권을 읽고 교회의 진리에 대해 약간 본 사람들이 "우리 함께 모입시다."라고 말하기 때문입니다. 형제들이여, 이것은 그리 간단한 일이 아닙니다! 우리는 임의로 느슨하게 교회를 세울 수 없습니다. 첫째로, 우리는 자신의 지방에 교회가 있는지의 여부를 보아야 합니다. 만약 그 지방에 교회가 이미 존재한다면, 심지어 내키지 않을지라도 반드시 그 형제들과 왕래해야 합니다. 만약 교파나 종파가 있다면 우리는 그들과 함께할 수 없는데, 그것은 우리가 교파들 안에 서 있을 수 없기 때문입니다. 그러나 그 지방에 교회가 있다면, 설령 그 안에 결함들이 있다 하더라도, 우리는 교회를 돕는다는 구실 아래 또 다른 교회를 세울 수 없습니다. 우리는 또 다른 교회를 세우는 것을 통해서가 아니라 가르침을 통해서 교회를 도울 수밖에 없습니다. 많은 사람들이 교회를 세우는 일을 두려워하지 않기 때문에, 나의 마음은 대단히 아픕니다. 그들은 이것을 매우 간단한 일로 여기며, 서너 사람과 의논한 후 즉시 교회 하나를 세울 수 있다고 생각합니다. 약간의 은사가 있고 얼마간의 성경 지식이 있고 말씀을 전하는 데에 역량이 있는 형제들은 자신이 교회를 세울 수 있다고 생각합니다. 내가 형제들과 어떤 문제가 있을 때, 나가서 말씀을 전하고 주님의 상을 세우며 집회소를 짓는 것은 어렵지 않을 것입니다. 그러나 나는 결코 그렇게 할 수 없는데, 그것은 교회가 각 지방에 하나뿐이기 때문입니다.

그러므로 형제들이여, 오늘 우리는 결코 그리스도의 몸을 나누는 죄를 짓지 않는 지점에까지 이끌려야 합니다. 그리스도의 몸은 하나밖에 없습니다. 나는 분열을 일으키는 그러한 육적인 사람, 육체에 속한 사람이 되기를 원하지 않습니다. 형제들이 모두 이 위치에 서 있을 때, 우리의 배움이 증가할 것이고, 우리의 영성도 증가할 것입니다. 우리는 교회의 길로 인도받을 것이고, 모든 형제자매들이 참된 합일을 갖게 될 것입니다. 이러한 합일은 속에서도 불분명한 외면적인 큰 합일이 아니고, 우리가 분파들 가운데 머물도록 허용해 주는 '영적인' 합일도 아닙니다.

〈긴급한 외침〉이라는 소책자는 그리스도 안에서의 합일에 대해 언급하면서, 그것이 해마다 한 주 동안 영국의 케스윅 총회(Keswick Convention)에서 존재한다고 합니다. 그러나 나는 남은 오십일 주에 대해 묻고 싶습니다. 만약 우리가 그리스도 안에서 하나라면, 연중 오십이 주 내내 하나여야 합니다. 만약 우리가 나누어져야 한다면, 오십이 주 내내 나누어져야 합니다. 그러나 이상한 일은 케스윅에서의 합일은 일 년에 한 주뿐이라는 것입니다. 그런 다음에 모든 사람이 다시 분파들로 돌아갑니다. 어떤 형제들은 여전히 이것을 합일의 한 본보기로 여깁니다. 그러나 우리가 나누어져야 한다면 시종일관 나누어져야 합니다. 우리가 합일을 지켜야 한다면 시종일관 그것을 지켜야 합니다. 하나가 되든지 나누어지든지 둘 중 하나입니다. 만약 우리가 한 주 동안은 합쳐질 수 있는데 연중 나머지 주간들에는 나누어진다면, 차라리 매일 케스윅에 머물고 결코 떠나지 않는 것이 좋을 것입니다. 우리는 소위 '영적인' 합일이 아닌 철저하고도 절대적인 합일을 반드시 보아야 합니다. 이 용어는 좋은 것이지만 잘못된 의미로 적용되고 있습니다. 우리가 본 합일은 '지방에서 표현되는' 그리스도의 몸의 합일입니다. 그러나 '지방에서'라는 이 표현은 많은 사람들을 걸려 넘어지게 합니다. 이것은 하나의 큰 시험입니다. 물론, 만약 하나님께서 '지방'이라는 단어를 없애 버리신다면 모든 것이 쉬워질 것입니다. 우리는 몇 번의 집회를 열어 모든 사람이 다 함께 모여 대화한 다음에 분파들로 다시 돌아갈 수 있습니다.

나는 오늘날 중국에 있는 형제들이 교회가 지방적인 것임을 보기 바랍니다. 앞으로 하나님의 긍휼로 말미암아 우리에게 수백, 수천 군데의 지방 교회들이 일으켜질 것입니다. 교회들이 또한 외국의 여러 나라들로 확산될 것이고, 우리에게 복음을 전한 서방 세계로 되돌아갈 것입니다. 나는 중국에 있는 우리 형제들이 결코 조합 교회주의의 영향을 받지 않기 바랍니다. 조합 교회주의 안에는 '분열'이라는 이 한마디 외에 아무것도 없습니다. 이것은 한 지방을 여러 분파로 나누는 것입니다. 나는 형제자매들이 교회를 세우는 것에 대해 두려워하는 마음을 품고, 어떤 것을 다 하더라도 교회는 감히 세우지 않기를 바랍니다. 우리는 그리스도의 몸이 지방에서 표현된다는 것을 심각하게 보아야 합니다. 물론 우리는 다른 사람을 강요하여 이 길을 취하라고 할 수 없습니다. 어떤 지방에 교파가 있는 경우, 그것은 또 다른 문제입니다. 또 어떤 지방에 분파가 있는 경우, 그것 역시 또 다른 문제입니다. 그러나 만약 그 지방에 이미 교회가 있다면, 우리는 결코 또 다른 교회를 세워서는 안 됩니다. 우리가 이렇게 한다면, 나는 중국의 교회들이 전진할 수 있는 더 좋은 길을 얻을 것이라고 생각합니다.

합일에 관한 질문

어떤 형제가 이렇게 질문했습니다. "이번에 교회의 합일에 관한 말이 우리에게서 나갈 때, 사람들은 매우 쉽게 우리가 다른 사람들에게 우리와 합하라고 요구하고 있는 것으로 오해할 것입니다. 왜 우리는 그들과 합하지 않습니까?"

이 질문에 답변하기 위해, 우리는 다음과 같은 기본적인 문제를 그들에게 알려 주어야 합니다. 그것은 바로 주님 앞에서 우리가 어떤 것들은 양보할 수 있지만, 결코 타협할 수 없는 어떤 것들이 있다는 것입니다. 무엇이 우리가 타협할 수 없는 것들입니까? 바로 성경의 가르침들인데, 왜냐하면 그러한 가르침들이 하나님의 말씀이기 때문입니다. 설령 우리가 타협하고 싶어도 그럴 수 없습니다. 그것은 단지 이런 방식으로 말하다가 그와 상반되는 다른 방식으로 말하는 문제가 아닙니다. 우리는 하나님의 말씀을 고칠 수 없습니다. 그러면 우리가 어떤 것들을 양보할 수 있습니까? 우리 자신의 위치를 양보할 수 있습니다. 그러나 조합 교회든 연합 교회든 상관없이 교파들 안에 있는 형제들을 향해서는, 우리가 타협할 수 없는 것들이 있습니다. 이러한 것들에 대해서 우리는 굳게 서 있어야 하고 타협해서는 안 됩니다. 그러나 우리가 양보할 수 있는 것들에 대해서는 양보해야 하는데, 그것은 우리가 반드시 합일을 찾아야 하기 때문입니다.

우리가 타협할 수 없는 두 가지 요점이 있습니다. (1) 교파들은 죄입니다. 따라서 우리는 이것에 있어서는 타협할 수 없습니다. 하나님은 분열(종파들, 교파들)이 육체에 속한 것이라고 말씀하셨습니다. 우리는 분열이 영적인 것이라고 말할 수 없습니다. 만약 우리가 주님께 신실하지 않다면 주님의 종이 아니며 주님의 말씀을 전할 수 없습니다. 교파주의는 언제나 유죄 판결을 받아야 합니다. 이것은 부정적인 방면입니다. (2) 우리는 그들에게 교회가 지방적인 것임을 시인하는지 물어야 합니다. 이것은 긍정적인 방면으로, 우리가 결코 타협할 수 없는 것입니다. 각 지방에는 여러 교회가 아니라 오직 한 교회만 있어야 합니다. 이것은 주님의 말씀이고, 따라서 우리에게는 이것을 고칠 권한이 없습니다. 이 두 가지 중 어느 한 가지도 바꿀 수 없습니다. 주님의 말씀과 관련된 문제가 해결되면, 여러분이 나와 합하든 내가 당신과 합하든 전혀 문제가 없습니다. 그것은 다만 우리의 위치와 관련된 것일 뿐이며 주님의 말씀과 관련된 것이 아닙니다. 사람이 자신의 위치만을 고려한다면 그것은 그릇된 것입니다. 그 사람은 주님의 종이 아닙니다.

다른 사람들이 오늘 우리와 합했다가 미래에 분열이 일어날 경우는 어떻겠습니까? 그들은 이제 막 이 길을 걷기 시작했기 때문에, 아주 쉽게 문제가 다시 일어날 수 있습니다. 한번 어떤 일을 한 사람들의 경우, 그것을 다시 하기란 매우 쉽습니다. 교파의 길을 걸어온 사람들이 다시 그 길을 가기란 매우 쉽습니다. 중요한 것은 우리가 우리의 형제들을 신뢰하지 않는 것이 아니라, 그들이 교파주의를 죄로 유죄 판결해야만 한다는 것입니다. 그럴 때 하나님께서 그들을 교파에서 구출하실 것입니다. 만약 그들이 교파주의를 죄로 유죄 판결하지 않는다면, 그들이 지금 거기에서 나왔을지라도 미래에는 문제가 일어날 것입니다.

더구나 우리가 합일을 이루기 위해 책략을 쓸 경우, 많은 문제들이 일어날 것입니다. 우리는 결코 '교파주의는 죄이고, 교회는 지방적이다.'라는 이 두 가지 요점을 느슨하게 풀어 놓아서는 안 됩니다. 우리는 이 사람들에게, 우리가 삼십 년 동안 이 길을 걸어왔고, 그들도 우리와 함께 가기를 바란다고 말할 수 있습니다.

다른 면에서, 우리가 우리 스스로 이 길을 가 본 적이 없는 것으로 여기고, 모든 것을 다시 시작한다고 생각하는 것은 좋은 일입니다. 우리의 역사에도 불구하고, 우리가 다른 사람들과 합하는 것에는 문제가 없습니다. 주님의 말씀은 주님의 것이므로 우리는 그것을 양보할 수 없지만, 우리의 역사는 양보할 수 있습니다. 교회는 지방적인 것이고, 교파주의는 죄입니다. 우리는 이 두 가지 요점에 대해서는 느슨하게 풀어 놓을 수 없습니다. 그러나 우리의 위치와 관련하여 우리는 내일부터 다시 새로운 시작을 가질 수 있습니다. 우리도 교파를 거절하고 그들도 교파를 거절한다면, 우리는 함께 합하여 그 지방에 있는 교회가 될 수 있습니다. 그것이 어떻습니까? 우리의 역사는 우리가 양보할 수 있는 것이며, 따라서 우리는 모든 것을 다시 시작할 수 있습니다. 우리는 그들도 교회가 아니고 우리도 교회가 아니지만, 내일은 우리 모두가 교회가 될 것이라고 말할 수 있습니다. 이것은 어떻습니까? 무릇 우리가 양보할 수 있는 것은 다 양보할 것입니다. 그러나 주님의 말씀은 양보할 수 없습니다. 우리는 그것을 포기할 수 없습니다. 이 문제는 쉽게 해결됩니다. 결코 어려운 것이 아닙니다.

행정 방면에 있어서도 한 지방에는 오직 한 행정만 있습니다. 조합교회주의는 한 지방 안에 여러 행정을 가지고 있습니다. 사도행전 14장 23절은 바울과 바나바가 각 교회에 장로들을 선택하여 세웠다고 말합니다. 만약 이것이 바울의 행동과 관련된 유일한 성경의 기록이라면, 사람들은 한 지방에 여러 교회가 있고 이 교회들 각각마다 장로들이 있다고 말할 수도 있을 것입니다. 그러나 우리가 디도서 1장 5절을 읽는다면 상황이 다르다는 것을 볼 것입니다. 바울은 '각 도시에 장로들을 세우라.'고 말했습니다. 우리가 이 두 군데의 말씀을 함께 둘 때, 이 말씀들이 매우 특별하다는 것을 볼 것입니다. 한 절은 '각 교회에'라고 말하고, 다른 절은 '각 도시에'라고 말합니다. 그러므로 장로들은 각 교회를 위해 세워지는 것이며, 도시는 장로들이 교회 안의 행정을 집행하기 위한 경계입니다.

많은 형제자매들은 그들이 우리와 하나가 되는 것은 영적인 방면에 불과할 뿐, 그들의 행정은 여전히 독립될 것이라고 생각합니다. 이것은 성경의 가르침이 아닙니다. 각 지방에는 '오직 한 교회와 오직 한 행정만' 있어야 합니다. 한 지방에 여러 교회와 여러 행정이 있을 수 없습니다. 이것은 매우 중요한 일이기 때문에, 우리는 이에 대해 분명해야 합니다. 한 도시에는 여러 행정이 있을 수 없고 오직 한 행정만 있을 수 있습니다. 우리가 이것에 대해 분명하다면 문제가 거의 없을 것입니다. 그렇지 않으면 한 모임에서 문제가 있을 때, 우리는 다른 모임으로 갈 것입니다. 만약 어떤 모임이 우리를 받아들이지 않는다면, 우리는 다른 거리에 있는 또 다른 모임에 가서 받아들여질 수 있습니다. 만약 하나님의 자녀들이 교회의 합일을 보았다면, 형제자매들은 교통에서뿐 아니라 행정에 있어서도 하나가 될 것입니다.

5.
교회의 봉사

제5장

교회의 봉사

(워치만 니 형제님이 1948년에 구링산에서 훈련받는 동역자들과 나눈 두 부분의 대화임. 전반부는 "그리스도인의 50필수 과정" 49장에 수록되어 1949년 4월에 출간되었고, 후반부는 "교회의 사무" 3장에 수록되어 1950년 3월에 출간되었음)

교회에게 외적으로 합당한 터가 있고 내적으로 합당한 내용이 있다고 해도, 그것으로는 여전히 불충분합니다. 교회에는 또한 반드시 봉사, 곧 교회의 봉사가 있어야 합니다.

교회의 봉사는 과거 모든 세대를 통틀어 경시되어 왔습니다. 심지어 오늘날에도 우리에게는 그것에 대한 충분한 인식이 없습니다.

교회의 봉사란 영적인 동역, 곧 성도들이 생명 안에서 그리고 성령 안에서 갖는 동역을 말합니다. 그것은 성령 안에서 서로 지체들인 성도들이 한 몸으로서 각 지체가 자신의 직무에 따라 기능을 발휘하는 영적인 활동입니다. 그것은 한 개인의 독립적인 움직임이 아니라, 모든 성도들의 조화를 이룬 움직임입니다. 그것은 한 사람이 개별적으로 하는 봉사가 아니라, 모든 성도들이 함께하는 봉사입니다. 그것은 목사 한 사람에 전도사와 여러 장로들과 집사들이 더해진 봉사가 아니라, 모든 성도들이 함께 참여하는 봉사입니다.

어떤 교회가 정상적이라면, 구원받은 사람들의 숫자는 또한 봉사하는 사람들의 숫자여야 합니다. 신약에서 구원받은 모든 사람들은 제사장들입니다. 그러므로 구원받은 모든 사람들이 봉사를 해야 합니다. 만약 어떤 교회에 단지 소수나 일부만이 봉사를 하고 있다면, 그 교회에는 무언가 잘못된 것이 있습니다. 그 교회는 여전히 약합니다. 오직 모든 사람이 봉사하고 있을 때에만, 그 교회가 강한 것입니다.

몸 안에서의 봉사

고린도전서 12장 14절부터 21절까지는 이렇게 말합니다. "몸은 한 지체만이 아니라 많은 지체입니다. 발이 '나는 손이 아니기 때문에 몸에 속하지 않았다.'라고 말한다 해서 발이 몸에 속하지 않은 것이 아니며, … 온몸이 눈이라면, 듣는 곳은 어디입니까? 온몸이 듣는 곳이라면, 냄새 맡는 곳은 어디입니까? 그러나 이제 하나님은 그분께서 뜻하시는 대로 지체들을 각각 몸 안에 두셨습니다. 모두가 한 지체라면, 몸은 어디에 있겠습니까? 그러나 이제 지체는 많지만, 몸은 하나입니다. 눈이 손에게 '나는 네가 필요 없다.'라고 할 수가 없고, 머리가 발에게 '나는 네가 필요 없다.'라고 할 수가 없습니다." 계속해서 28절부터 30절까지는 이렇게 말합니다. "하나님께서 교회 안에 몇몇 은사들을 두셨습니다. 첫째는 사도들이요, 둘째는 신언자들이요, 셋째는 교사들이요, 그다음은 능력을 행하는 이들이요, 그다음은 병 고치는 은사를 받은 이들과, 돕는 이들과, 다스리는 이들과, 여러 가지 다른 언어들로 말하는 이들입니다. 다 사도들이겠습니까? 다 신언자들이겠습니까?

다 교사들이겠습니까? 다 능력을 행하는 이들이겠습니까? 다 병 고치는 은사를 가지고 있겠습니까? 다 다른 언어들로 말하겠습니까? 다 통역을 하겠습니까?"

그리스도의 몸 안에는 많은 지체가 있고, 성령은 몸의 필요를 따라 그들에게 온갖 종류의 은사와 사역을 나누어 주십니다. 주님께서 지체들에게 각기 다른 은사와 사역을 주신 것은 몸 전체의 필요를 공급하기 위한 것입니다. 주님은 온몸을 눈이나 귀로 만들지 않으실 것입니다. 주님은 몸 전체를 공급할 수 있도록 지체들에게 각기 다른 은사와 사역을 주십니다. 사람의 몸에 모든 지체가 필요한 것처럼, 교회도 영적인 봉사를 위하여 각기 다른 많은 은사와 사역이 필요합니다. 어떤 이는 말씀의 사역으로 봉사하고, 어떤 이는 능력의 일들을 수행함으로 봉사합니다. 어떤 이는 병을 고치는 은사를 발휘하고, 어떤 이는 남을 돕습니다. 어떤 이는 다른 언어들로 말하고, 어떤 이는 통역합니다. 그러므로 교회는 모든 형제자매들에게 봉사하도록 충분한 기회를 제공해야 합니다. 아름답지 못한 이들을 포함하여 모든 지체들이 그 영의 사역에 유용합니다. 몸 안에는 쓸모없는 지체가 있을 수 없습니다. 모든 형제자매들 한 사람 한 사람이 몸의 한 지체이며, 각 지체는 각자의 기능과 임무를 가지고 있습니다. 여러분이 그리스도인인 한, 여러분은 그리스도의 몸의 한 지체입니다. 따라서 몸 안의 한 지체로서, 여러분은 하나님 앞에서 각자의 봉사를 수행해야 합니다. 우리는 이러한 보편적인 봉사의 실행을 중요시해야 합니다. 모든 그리스도인은 각자의 기능을 가져야 하고, 그 기능에 따라 주님을 섬겨야 합니다.

교회 안의 모든 지체는 봉사할 자리를 찾아야 합니다. 모든 사람이 봉사해야 하고, 어떤 독점도 있어서는 안 됩니다. 한 지체 또는 몇몇 지체가 모든 지체를 대신하여 모든 것을 다 해서는 안 됩니다. 모든 지체가 기능을 발휘하도록 기회를 주지 않는 제도는 어떤 것이든 분명 몸에 속한 것이 아닙니다. 물질적인 몸 안에서 눈과 입과 발과 손이 모두 매우 바쁠 수 있습니다. 그러나 그것들은 상충되지 않습니다. 만약 눈만 기능을 발휘하고 입이나 발이나 손은 기능을 발휘하지 않는다면, 무언가 잘못된 것입니다. 눈과 입과 발과 손이 모두 함께 기능을 발휘하고 한 실체로서 동역한다면, 그것이 바로 몸입니다. 만약 어떤 사람들은 봉사를 하는데 다른 사람들은 봉사를 하지 않거나 오직 한두 사람만 봉사를 한다면, 이것은 그리스도의 몸이 아닙니다. 우리는 이 원칙에 대해 매우 분명해야 합니다.

로마서 12장 4절부터 8절까지는 이렇게 말합니다. "한 몸에 많은 지체가 있지만, 모든 지체가 같은 기능을 가진 것이 아닙니다. 이와 같이 우리 많은 사람도 그리스도 안에서 한 몸이며, 각 사람이 서로 지체들입니다. 우리에게 주신 은혜에 따라 각각 다른 은사들을 가지고 있습니다. 그것이 신언이면 믿음의 정도에 맞게 신언하십시오. 섬기는 일이면 그 섬기는 일에, 가르치는 사람이면 그 가르치는 일에, 권유하는 사람이면 그 권유하는 일에 신실하십시오. 나누어 주는 사람은 단순하게, 인도하는 사람은 부지런하게, 긍휼을 베푸는 사람은 즐겁게 하십시오."

또 한 가지, 몸 안에서 특별히 주의해야 할 것은 각자가 받는 은혜와 은사가 다르다는 점입니다. 고린도전서 12장은 말씀의 사역과 기적적인 은사를 강조합니다. 로마서 12장에는 말씀의 사역에 대한 언급 외에, 교회 안에 있는 다른 종류의 섬기는 사역들도 언급하고 있습니다. 어떤 이들은 나누어 주고, 어떤 이들은 인도하며, 어떤 이들은 긍휼을 베풉니다. 이 모든 것은 레위인의 일로 여겨질 수 있습니다. 그러한 것들은 실무적인 일들과 관련된 봉사입니다.

로마서 12장은 우리에게, 은사가 있는 모든 사람은 말씀의 사역을 하든 섬기는 사역을 하든, 하나님께서 자신에게 주신 은사를 따라 기능을 발휘해야 함을 보여 줍니다. 신언하는 사람이면 그로 신언하게 하십시오. 섬기는 사람이면 그로 섬기게 하십시오. 가르치는 사람이면 그로 가르치게 하십시오. 위로하는 사람이면 그로 위로하게 하십시오. 인도하는 사람이면 그로 교회 안에서 부지런히 인도하게 하십시오. 바꾸어 말하면, 모든 사람이 봉사해야 합니다. 각 사람에게는 구체적으로 섬기는 일이 있어야 하고, 각자가 그 기능에 신실해야 합니다. 모든 사람이 다 자신이 하나님 앞에서 무엇을 할 수 있는지, 그리고 자신이 주님에게서 어떤 은사를 받았는지를 알아야 합니다. 이러한 인식에 따라 각자가 구체적으로 기능을 발휘해야 합니다. 누구도 자신의 기능을 넘어서서 다른 사람의 봉사를 떠맡지 말아야 합니다. 어떤 지체도 다른 지체를 대신해서는 안 되고, 자기 자신의 기능을 포기해서도 안 됩니다. 모두가 함께 봉사해야 하고, 각 사람이 자신의 일에 완전히 전념해야 합니다. 이러한 방식에 의해 그리스도의 몸이 표현될 것입니다.

몸은 어떤 지체도 자신의 의무를 소홀히 하는 것을 허락할 수 없습니다. 만약 눈이 보지 않는다면 온몸이 어둡게 됩니다. 만약 발이 걸으려 하지 않는다면 온몸이 걸을 수 없습니다. 눈은 마땅히 보아야 하고 발은 마땅히 걸어야 합니다. 설령 여러분이 하나님에게서 얻은 은사가 아주 작다 할지라도 그 은사를 감추지 말아야 합니다. 여러분이 하나님에게서 받은 은사가 한 달란트뿐이라 하더라도(마 25:14-30), 그것을 간직하고 있거나 소홀히 해서는 안 됩니다. 자신의 은사가 크든 작든, 즉 '다섯 달란트'든 '두 달란트'든 '한 달란트'든 관계없이, 우리는 우리가 가진 것을 사용하고 그에 맞추어 섬겨야 합니다. 만약 어떤 사람이 봉사에 전념하려 하지 않고 자신의 '한 달란트'를 묻어 버린다면, 교회는 이로 인하여 손실을 입을 것입니다. 만약 몸 안의 몇몇 지체가 기능을 발휘하기를 거절한다면, 이것은 몸에 큰 손실을 줄 것입니다.

교회에서 '다섯 달란트'를 가진 이들을 발견하기란 쉬운 일이 아닙니다. 그러나 하나님의 모든 자녀는 그 은사가 아무리 작다 하더라도 최소한 '한 달란트'는 가지고 있습니다. '한 달란트'의 은사를 가진 모든 사람이 일어나 섬긴다면, 이것은 '다섯 달란트'를 가진 소수의 사람들이 섬기는 것보다 더 효과적일 것입니다. '한 달란트'를 가진 모든 사람이 일어나 섬긴다면, 교회는 틀림없이 번성할 것입니다. '한 달란트'를 가진 모든 사람이 일어나 섬겨야 합니다. 교회가 부흥될 수 있는지의 여부는 '한 달란트'를 가진 사람들이 일어나 섬기는지에 달려 있습니다. 소수의 사람들만 수고하고 일하고 있다면, 우리에게 교회가 없는 것입니다. 모든 형제자매들이 일하고 수고하고 있다면, 그것이 바로 섬기는 교회이고 기능을 발휘하는 몸일 것입니다. 그러면 몇몇 지체가 더 이상 온몸의 기능을 차지하지 않을 것입니다. 우리는 '한 달란트'를 가진 모든 사람이 땅에서 자신의 달란트를 파내기를 바랍니다. '므나'를 가진 사람이라면 누구든지 수건이 땀을 닦기 위한 것이지 자신의 므나를 싸 두기 위한 것이 아님을 깨달아야 합니다(눅 19:20). 우리는 우리의 능력에 따라 섬기기를 배워야 합니다. 모든 사람이 일어나 섬기고, 아무도 자신의 책임을 다른 누군가에게 떠넘기지 않을 때, 우리에게 교회가 있게 됩니다.

모두가 배워야 함

교회의 실무적인 일들에 대해, 형제자매들은 상당한 관심을 가져야 하고 매우 분명해야 합니다. 어떤 종류의 일이든 모두가 그 일에 진력해야 합니다. 예를 들어, 집회소를 청소하는 것과 교회 소유의 담요와 시트를 처리하고 정돈하는 것 등은 다 성질상 레위인의 봉사입니다. 우리 가운데 있는 궁핍한 이들을 돌보는 것과 외지 형제자매들을 영접하고 전송하는 일도 성질상 레위인의 봉사입니다. 성질상 레위인의 봉사에 속한 수많은 일들이 있습니다. 교회 사무실에는 많은 일이 있는데, 이 또한 레위인의 일들입니다.

어떤 사람이 하나님을 섬길 때, 한 면으로는 제사장의 일이 있고 또 다른 면으로는 레위인의 일이 있습니다. 두 방면의 일을 모두 해야 합니다. 여러분은 한 면으로 영적인 봉사에 참여하고, 또 한 면으로는 실무적인 일들도 돌보아야 합니다. 스데반과 다른 몇몇 사람들이 음식 봉사의 일을 한 것을 기억하십시오. 그것은 집사들의 봉사, 곧 레위인의 일이었습니다. 제자들은 떡을 나누어 준 후 열두 바구니의 부스러기를 모았고, 또 다른 때에는 일곱 광주리의 부스러기를 모았습니다. 그때 그들은 집사들의 일을 하고 있었습니다. 특히 돈지갑을 지키는 유다의 책임은 집사들의 일이었습니다. 주 예수님은 수가의 우물에서 제자들을 보내어 음식을 사 오게 하셨습니다. 그들이 음식을 사 온 일도 집사들의 일이었습니다. 이런 일들이 그리스도인의 일의 대부분을 차지합니다. 교회 안의 모든 사람이 이런 범주의 일들을 하나님 앞에서 잘 배워야 합니다.

집안일을 도움

형제자매들이여, 이 시점에서 한 가지 제안을 하고자 합니다. 부디 이것에 면밀한 주의를 기울여 주십시오. 많은 형제자매들에게는 약간의 여유 시간이 있습니다. 그러나 집에서 밥도 하고 자녀들도 돌보아야 하기 때문에 시간이 조금도 없는 자매들도 많습니다. 왜 레위인의 봉사를 하는 형제들이, 실제로 누군가가 그들의 집에 가서 그들을 돕도록 안배하는 방식으로 이러한 문제에 책임을 지려고 하지 않습니까? 책임을 맡은 사람들은 그들에게, 우리 가운데 두 자매가 매주 두 시간씩 빨래를 도와줄 수 있다고 말할 수 있습니다. 이것 또한 레위인의 일입니다. 사도 시대에 헬라어를 사용하는 유대인 과부들이 충분한 돌봄을 받지 못해 불평하는 일이 생겼습니다. 교회란 그런 것입니다. 비록 이러한 일이 영적인 것이 아니라 실무적인 일이었다 해도, 여전히 처리할 필요가 있었습니다.

열두 항목의 실무적인 일들

우리가 주님 앞에서 고려해 볼 수 있는 많은 일들이 있는데, (1) 청소하는 일과, (2) 집회소를 정돈하고 안내하는 일과, (3) 한 무리의 형제자매들이 떡 떼는 것과 침례를 돌볼 필요 등입니다. 어떤 이들은 떡 떼는 집회에서 떡과 잔에 대한 책임을 져야 합니다. 또한 침례와 관련된 일들을 돌보도록 훈련받은 몇몇 사람들이 필요합니다. 그들은 침례 받는 사람들이 물에 잠기고 물에서 올라오며 옷을 갈아입는 것 등을 도울 수 있습니다. 또한 (4) 믿지 않는 이들 가운데 있는 가난한 사람들을 구제

하는 일이 있습니다. 믿지 않는 이들이 홍수나 화재의 재난을 당할 때, 교회는 마땅히 그들을 돌보아야 합니다. 그리고 (5) 우리 가운데 있는 가난한 사람들을 돌보는 일과, (6) 외지에서 온 형제들을 영접하고 환송하는 일과, (7) 경리와, (8) 부엌 봉사와, (9) 사무실의 일과, (10) 차량 관리 등이 있습니다. 승용차와 화물차가 있는 곳에서는 몇 사람이 그 용도를 감독할 필요가 있습니다. 또한 (11) 우편물을 수취하고 발송하는 일을 포함한 사무적인 일과, (12) 가난한 형제자매들의 집안일을 돕는 일이 있습니다. 이 일에는 세탁과 바느질과 수선 등이 포함됩니다.

나는 또한 모든 형제자매들 각자가 실무적인 일들에 부담을 지기를 기대합니다. 몇몇 사람에게는 할 일들이 있고 다른 사람들에게는 아무 할 일도 없는 그런 상황이 존재하도록 결코 내버려 두지 마십시오. 교회의 봉사는 언제나 모든 사람을 위한 것입니다. 만약 우리 가운데 시간이 있는 형제자매들이 있다면, 다른 형제자매들의 집안일을 도와주는 것이 좋을 것입니다. 매주 그들은 다른 형제나 자매의 집에 가서 몇 가지 자질구레한 일들을 한두 시간씩 도와줄 수 있습니다. 특히 돈과 사회적 지위가 있는 가정주부들인 자매들이 어떤 형제나 자매의 집에 가서 세탁과 수선 일을 한다면 아주 좋을 것입니다. 그러한 사람들은 스스로는 아무것도 하지 않으면서 다른 사람들이 자신을 위해 일하도록 시키기만 해서는 안 됩니다. 가난한 형제자매들의 집에 가서 자신의 손으로 일들을 하는 것이 그리스도인들인 그들에게 걸맞습니다.

모든 사람이 섬기는 원칙

지금까지 실무적인 일들에 관해 충분히 말했습니다. 여러분은 하나님 앞에서 이 원칙, 곧 모든 형제자매들이 영적인 봉사를 해야 할 뿐 아니라 실무적인 봉사도 해야 한다는 원칙에 대해 분명해야 합니다. 각 사람이 얼마나 많은 일을 할 수 있는지는 중요하지 않습니다. 나는 모든 사람이 일하고 최선을 다하기를 기대합니다. 이러한 문제가 합당하게 해결될 수 있다면, 교회는 점차 전진할 수 있을 것입니다. 형제들이여, 내가 거듭해서 말하는데, 여러분은 자신에게 있는 책임이 막중하다는 것과, 여러분의 손안에 있는 일들 때문에 여러분이 계속해서 매우 바쁠 것이라는 점을 깨달아야 합니다. 여러분은 모든 형제들을 여러분의 현재 상태와 동일한 상태로 이끄는 그런 정도로 일해야 합니다. 모든 형제들이 와서 함께 섬길 때, 그 지방에 있는 교회는 기초가 있게 될 것입니다. 다른 사람들이 이것을 볼 때 우리 가운데 교회가 있음을 알게 될 것입니다. 모든 사람이 일하고, 모든 사람이 실무적인 일들을 함께하며, 모든 사람이 영적인 일에 참여해야 합니다.

한 달란트 가진 모든 사람들이 장사하게 함

여기에서 나는 책임 형제들에게 말하고 싶습니다. 여러분에게는 오직 두 달란트 가진 사람들만을 사용하려는 천연적인 습관이 있습니다. 교회의 역사가 지금까지 항상 이와 같았습니다. 다섯 달란트 가진 사람들은 스스로 진보할 수 있기 때문에 그런 사람은 돌볼 필요가 없습니다. 그러나 한 달란트 가진 사람들의 경우, 그들을 돕기란 참으로 어렵습니다. 그들에게 한두 마디만 하면, 그들은 자신의 달란트를 다시 땅에 묻어 버립니다. 두 달란트 가진 사람들은 가장 유용한 사람들입니다. 그들에게는 얼마간의 능력도 있고, 일도 잘할 수 있으며, 자신의 달란트를 땅에 묻지도 않습니다. 그러나 만약 여러분이 각지에서 두 달란트 가진 사람들만 사용하고 한 달란트 가진 사람들을 사용할 수 없다면 완전히 실패한 것입니다. 나는 푸저우에서 이것을 말했고, 상하이에서도 이것을 말했으며, 오늘 다시 이것을 말하고자 합니다. 교회란 무엇입니까? 교회란 한 달란트 가진 모든 사람들이 다 나와서 실무적인 방면과 영적인 방면 모두에서 교회 봉사에 동참하는 것입니다. 여러분은 머리를 흔들면서 "이 사람도 쓸모없고, 저 사람도 쓸모없다."라고 말할 수 없습니다. 여러분이 이 사람도 쓸모없고 저 사람도 쓸모없다고 말한다면, 교회는 끝나게 되고 여러분은 완전히 실패하게 됩니다. 만약 여러분이 어떤 사람을 쓸모없는 사람이라고 생각한다면, 그는 참으로 쓸모없게 될 것입니다. 여러분은 이런 사람에게 이와 같이 말할 수 있습니다. "당신 자신에 따르면 당신은 참으로 쓸모없지만, 주님은 당신에게 한 달란트를 주셨고, 한 달란트 가진 모든 사람이 나가서 장사하기를 원하십니다." 주님은 그들을 사용하실 수 있습니다. 만약 여러분이 한 달란트 가진 사람들을 쓸 수 없다면, 그것은 여러분이 주님 앞에서 인도자가 될 수 없다는 것을 증명합니다. 여러분은 '쓸모없는' 모든 형제자매들을 다 써야 합니다. 이것이 주님의 일을 하는 형제들의 일입니다. 그들은 유용한 형제자매들을 써야 할 뿐 아니라, 유용하지 않은 형제자매들을 유용하게 만들어야 합니다.

기본적인 원칙은 주님께서 어느 누구에게도 한 달란트 미만의 달란트를 주시지 않았다는 것입니다. 주님의 집에는 은사 없는 종이 한 사람도 없습니다. 각자가 최소한 한 달란트를 가지고 있으며, 한 달란트보다 더 적게 가질 수 없습니다. 어느 누구도 주님께서 자신에게 한 달란트를 주신 적이 없다고 말하면서 변명할 수 없습니다. 나는 여러분이 하나님의 모든 자녀가 그분 앞에서 다 종이라는 점을 깨닫기 바랍니다. 하나님의 자녀라면 다 종입니다. 달리 말해서, 그들이 지체들이라면 그들에게 은사가 있습니다. 그들이 지체들이라면 사역자들인 것입니다. 만약 우리가 주님께서 쓰실 수 없는 누군가가 있다고 생각한다면, 우리는 하나님의 은혜를 전혀 모르는 사람입니다. 우리는 반드시 하나님께서 어떤 사람을 그분의 종이라고 부르실 때, 그가 일어서서 하나님의 종이 아니라고 결코 말하지 않도록 하나님의 은혜를 아주 철저히 알아야 합니다. 만약 오늘 여러분에게 선택권이 주어진다면, 아마 여러분은 온 교회에서 서너 명만 뽑을 것입니다. 그러나 하나님은 모두가 다 종이라고 말씀하십니다. 하나님께서 이렇게 말씀하시기 때문에, 우리는 반드시 그들이 봉사하도록 해 주어야 합니다.

형제자매들이여! 이제부터 주님의 일에 있어서 우리에게 길이 있는지, 그리고 그 길이 성공할 것인지의 여부는 우리가 주님 앞에서 우리의 일에 대해 어떤 말을 할 수 있느냐에 달려 있습니다. 몇몇 사람들만 일하고 있습니까? 특별히 은사 있는 사람들만 일을 하고 있습니까? 아니면 주님의 모든 종들이 다 봉사에 참여하고, 온 교회가 봉사하고 있습니까? 바로 이것이 문제입니다. 만약 이 문제가 해결될 수 없다면, 우리에게는 아무것도 없게 됩니다.

그리스도의 몸은 살아 있음

그리스도의 몸은 교리가 아니라 살아 있는 어떤 것입니다. 우리 모두는 이 한 가지, 곧 각 지체가 다 기능을 발휘할 때에만 그리스도의 몸이 있다는 것을 반드시 배워야 합니다. 모든 지체들이 기능을 발휘할 때에만 그것이 바로 교회입니다.

오늘날 우리의 문제는 로마 천주교의 사제 체계와 개신교의 목사 체계를 물려받았다는 것입니다. 우리가 현시점에서 조심하지 않으면, 우리 가운데에도 일종의 중재 체계가 나타날 것입니다. 우리만이 하나님의 봉사의 일을 돌보는 사람들이 될 것입니다. 단지 그리스도의 몸을 전하는 것만으로는 소용없습니다. 우리는 반드시 몸이 일하고 그 기능을 나타내 보이도록 해야 합니다. 그리스도의 몸이라면, 거기에 기능이 없을까 두려워할 필요가 없습니다. 그리스도의 몸이라면, 우리의 믿음을 거기에 둘 수 있습니다. 주님은 각지에서 모든 지체들이 일어나 봉사하기를 원하십니다.

하나님께서 우리를 앞서가셨음

만약 내가 틀리지 않았다면, 나의 판단에 의하면 이미 때가 이르렀을 가능성이 높습니다. 여러 곳에서 온 편지와 각지에서 들려오는 소식에 따르면, 오늘날 모든 곳에서 성도 전체가 나와서 봉사할 준비가 되어 있습니다. 하나님께서 우리를 앞서가셨으므로, 우리는 반드시 그분을 따라가야 합니다.

나는 우리 가운데서 단 한 명의 형제도, 나가서 형제자매들이 봉사하도록 인도하지 못한 채 그들을 대신하는 일이 없기를 바랍니다. 나는 여러분이 어느 지방에 가서 처음에는 여덟 명이나 열 명을 인도하여 봉사하게 하기를 바랍니다. 그런 다음 한동안이 지난 후에는 그들이 육십 명, 팔십 명, 혹은 백 명을 인도하여 봉사하게 하기를 바랍니다. 그러면 여러분은 또다시 그 지방에 갈 때, 천 명이나 이천 명이 봉사하는 것을 보게 될 것입니다. 이것이 합당한 것입니다. 만약 여러분이 다섯 달란트 가진 이들을 사용하여 두 달란트 가진 이들을 금하고, 두 달란트 가진 이들을 사용하여 한 달란트 가진 이들을 금한다면, 여러분은 주님의 종이 아닙니다. 만약 여러분이 다섯 달란트 가진 이들을 사용하여 두 달란트 가진 이들을 대치하고, 두 달란트 가진 이들을 사용하여 한 달란트 가진 이들을 대치한다면, 여러분은 주님의 종이 아닙니다. 여러분은 반드시 다섯 달란트를 가진 모든 사람이 일어나 섬기도록 해 주어야 하고, 두 달란트를 가진 모든 사람이 일어나 섬기도록 해 주어야 할 뿐 아니라, 또한 한 달란트를 가진 모든 사람이 다 일어나 섬기도록 해 주어야 합니다. 또한 여러분이 쓸모없다고 생각한 사람들도 일어나 섬기도록 해 주어야 합니다. 이럴 때 영광스러운 교회가 나타날 것입니다.

푸저우에서 나는 세 명이나 다섯 명의 특출한 사람들이 말씀을 전하는 것보다 소박한 시골 사람들이 모두 봉사하는 것을 보고 싶습니다. 나는 남달리 뛰어난 사람들을 감탄하며 바라보지 않습니다. 나는 한 달란트 가진 사람들을 좋아합니다.

주님은 그분의 은혜 가운데서 우리에게 더 많은 바울과 베드로를 주실 수 있었습니다. 그러나 주님은 그렇게 하지 않으셨습니다. 모든 교회에는 한 달란트 가진 형제자매들로 가득합니다. 우리는 이 사람들을 어떻게 해야 하겠습니까? 우리는 그들을 어디에 두어야 하겠습니까?

빌라델비아가 반드시 나타나야 함

여기 이 산에서의 훈련으로, 하나님께서 참으로 우리의 자아와 일을 처리해 주시어, 우리가 나가서 한 달란트를 가진 모든 사람이 봉사하도록 길을 마련해 주는 정도가 된다면, 처음으로 교회가 형제 사랑이 무엇인지를 볼 것이고 우리 가운데 빌라델비아가 나타날 것입니다.

오늘날 교회에게는 감독뿐 아니라 형제 사랑도 필요합니다. 나는 권위도 믿으며 형제 사랑도 믿습니다. 권위가 없을 때 교회는 나아갈 수 없습니다. '네가 … 나의 말을 지켰고'가 권위이고, '나의 이름을 부인하지 않은 것'도 권위입니다. 빌라델비아 교회에는 이 두 종류의 권위가 있었습니다. 그러나 빌라델비아 자체는 형제 사랑입니다. 모든 형제들이 나와서 사랑 안에서 섬깁니다. 이러한 날이 올 때, 우리는 교회가 무엇인지를 알기 시작할 것입니다. 그렇게 되지 않는다면, 즉 지금의 상태가 지속된다면, 우리는 여전히 로마 천주교와 개신교의 꼬리를 붙들고 있을 것입니다. 우리는 빌라델비아의 형제들이 어떤 이들이고, 무엇이 교회의 권위인지를 모를 것입니다.

두 가지 길 — 은사와 권위

오늘 나는 두 가지의 길이 우리 앞에 분명히 놓여 있다고 생각합니다. 만약 주님께서 우리 가운데서 돌파하실 수 있다면, 지난 십 년이나 이십 년 또는 삼십 년 동안 우리가 취해 온 길이 완전히 뒤집힐 것입니다. 우리의 관점은 이전과 동일할 수가 없습니다. 그것은 반드시 부서지고 파쇄되어야 합니다.

어떤 사람도 배제하지 않음

첫째로, 여러분은 단지 어떤 형제가 유용하다는 이유로 그를 쓰고,

그가 유용하지 않다 해서 그를 배제해서는 안 됩니다. 교회 안에서는 한 지체도 배제되어서는 안 됩니다. 그것은 주님께서 취하신 길이 아닙니다. 오늘날 주님께서 그분의 증거를 회복하시려면, 반드시 한 달란트를 가진 모든 사람이 일어나게 하셔야 합니다. 주님께 속한 모든 사람은 몸의 지체들입니다. 모든 사람이 다 일어나 자신의 기능을 발휘해야 합니다. 이럴 때 여러분은 교회를 보게 될 것입니다. 여러분이 여기 이 산 위에 있는 동안에, 모든 곳을 하나하나 고려해 보십시오. 여러분 대부분은 "교회가 어디에 있는가? 그리스도는 어디에 계시는가?"라고 말할 수밖에 없을 것입니다. 그곳에 주님도 교회도 없는 것 같습니다. 여러분이 나가면, 한 달란트를 가진 사람을 결코 경시하지 마십시오. 결코 그들을 대신하지 마십시오. 결코 그들을 억누르지 마십시오. 여러분은 반드시 진심으로 그들을 신뢰해야 합니다. 여러분은 반드시 그들이 일하도록 해 주어야 합니다. 하나님께서 확신을 가지고 그들을 종들이 되도록 부르셨다면, 여러분도 확신을 가지고 그들을 종들이 되도록 불러야 합니다.

권위는 육체를 다룸

둘째로, 교회 안에서 우리는 육체에 속한 활동들을 두려워하지 않습니다. 교회 안에서 반드시 두 노선이 세워져야 하는데, 하나는 권위이고 다른 하나는 은사입니다. 반드시 한 달란트를 가진 모든 사람이 나와서 봉사하고, 일하고, 열매를 맺어야 합니다. 여러분은 "한 달란트를 가진 사람들이 육체를 가지고 나오면 어떻게 합니까?"라고 물을지도 모릅니다. 육체는 반드시 처리되어야 합니다. 육체를 처리하는 길은 하나님을 대표하는 권위를 사용하는 것입니다.

은사와 권위는 완전히 구분된 두 가지입니다. 은사는 은사이고, 권위는 권위입니다. 한 달란트를 가진 사람들은 반드시 자신의 은사를 사용해야 합니다. 그러나 육체에 속한 사람들에게 여러분은 반드시 권위를 사용해야 합니다. 어느 형제가 일하는 동안에 육체를 가지고 들어올 때, 여러분은 그에게 이렇게 말해 주어야 합니다. "형제여, 그 일은 효과가 없을 것입니다. 형제는 그러한 것을 가지고 들어올 수 없습니다." 그에게 "그런 태도는 틀린 것입니다. 우리는 당신의 그런 태도를 허락하지 않습니다."라고 말해 주십시오. 여러분이 그에게 이렇게 말하면, 그는 아마도 다음 날 집에 가서 더 이상 아무 일도 하려고 하지 않을 것입니다. 그럴 때 여러분은 반드시 그를 찾아가서 "안 됩니다. 여전히 당신은 그 일을 해야 합니다."라고 말해야 합니다. 육체가 다시 들어올 수 있지만, 그래도 여러분은 그가 그 일을 하도록 해 주어야 합니다. 여러분은 다시 그에게 "이것은 마땅히 해야 하고, 저것은 허락할 수 없습니다."라고 말해야 합니다. 항상 권위를 사용하여 그를 다루십시오.

이것이 가장 큰 시험입니다. 주님께서 한 달란트를 가진 사람들을 사용하시면, 즉시 그들의 육체가 들어올 것입니다. 육체와 한 달란트는 함께 연결되어 있습니다. 우리는 육체를 거절하고, 그 한 달란트를 사용해야 합니다. 오늘날의 상황은 우리는 육체를 묻고 그들은 한 달란트를 묻는 것입니다. 그럴 때 교회에는 아무것도 없게 됩니다. 이렇게 될 수 없습니다! 우리는 권위를 사용해서 육체를 다루어야 할 뿐 아니라, 또한 그들에게 자신의 달란트를 가지고 나오도록 요구해야 합니다. 아마 그들은 "내가 일을 해도 안 된다고 하고 일을 하지 않아도 안 된다고 하니, 나더러 어떻게 하라는 것입니까?"라고 말할 것입니다. 여러분은 그들에게 이렇게 말해 주어야 합니다. "그렇습니다. 일을 할 경우 육체를 가져오기 때문에 틀린 것이고, 일을 하지 않을 경우 달란트를 묻어 버리기 때문에 그것 또한 틀린 것입니다. 한 달란트는 반드시 들어와야 하지만, 결코 육체가 들어와서는 안 됩니다."

교회 안에서 권위가 유지되고 모든 지체들의 기능이 발휘될 수 있다면, 여러분은 이 땅에서 영광스러운 교회를 보게 될 것이고, 회복의 길을 가는 것도 쉬울 것입니다. 나는 주님께서 우리 앞에 두신 날들이 얼마나 남았는지 모르지만, 우리의 길이 점점 더 분명해질 것이라 믿습니다. 우리는 우리의 모든 생각과 온 힘을 사용하여 모든 형제자매들이 일어나 봉사할 수 있도록 해 주어야 합니다. 그때가 도래하면, 교회가 나타날 것이고 주님께서 돌아오실 것입니다. 우리가 최선을 다할 수 있도록, 주님께서 우리에게 긍휼과 은혜를 베풀어 주시기를 바랍니다.

6.

앞으로의 일을 위한 길

제6장

앞으로의 일을 위한 길

(워치만 니 형제님이 1948년 8월 19일에
구링산에서 훈련받는 동역자들과 나눈 대화로서
1948년 11월 1일 자의 '사역자들'에 게재된 것임)

주님의 일에서 이전에 우리가 취한 길로 인해, 우리는 몇 가지 실지적인 어려움들에 부딪혔습니다. 올해 우리는 상하이와 푸저우에서 열린 두 집회를 통해 우리의 문제를 해결하려고 상당한 시간을 들였습니다. 오늘 우리는 이 문제로 다시 돌아가고자 합니다.

과거의 어려움

과거에 우리는 아주 분명하게 교회에 대한 빛을 보았지만, 일에 대한 빛은 그다지 잘 보지 못했습니다. 〈정상적인 그리스도인의 교회생활〉은 한커우(漢口)에서의 동역자 특별 집회에 이어서 출판한 책입니다. 이 책을 보면, 교회의 문제에 관하여 우리의 이상이 분명했음을 알 수 있습니다. 우리는 교회들이 지방적인 것임을 보았습니다. 이 문제는 교회 역사의 전반에 걸쳐 그 어느 때보다 오늘날 훨씬 더 분명해졌습니다. 우리가 여러 서적들을 읽어 본다면, 틀림없이 교회의 지방적인 특성이 오늘날처럼 분명한 적이 없었다는 것을 깨달을 수 있습니다. 그러나 일과 관련해서는, 우리가 교회의 문제에 대해 분명한 것과 같은 그런 분명함이 우리에게 부족했다고 항상 느껴 왔습니다. 이 때문에 안디옥의 관점에서 볼 때 예루살렘이 필요 없는 것처럼 보였던 것입니다. 우리는 한커우에 있을 때 사도행전 전체를 자세히 살펴보았지만, 예루살렘을 고려할 수 없었습니다. 13장부터 시작하여 사도행전은 우리의 일과 일치했고, 우리의 일은 사도행전과 일치했습니다. 그러나 우리는 13장 이전에 일어난 사건들을 어떻게 적용해야 할지 몰랐습니다. 그 당시에 우리에게는 충분한 빛이 없었습니다.

최근 몇 년 사이에 우리가 겪은 여러 시련과 어려움으로 인해, 이제 우리는 사도행전의 처음 십여 장의 유용성을 보게 되었습니다. 우리는 이 장들의 유용성을 발견했습니다. 내가 이렇게 말하는 것을 부디 용서하시기 바랍니다. 그러나 이것은 사실입니다. 우리는 푸저우와 상하이에서 열린 집회들을 통해, 사도행전의 처음 열두 장이 이전 어느 때보다도 우리에게 더 분명해진 것을 인정해야 합니다. 사도행전 13장 이후에 나오는 각 지방에 있는 교회들의 문제를 한커우에 있을 때처럼 그토록 분명하게 본 적이 없었듯이, 일의 문제도 오늘날처럼 이토록 분명하게 본 적이 없었습니다. 과거에 있었던 어려움들은 과거의 일이고, 오늘날의 상황은 다릅니다.

일은 권역적인 것임

이번에 우리는 몇 가지 문제를 찾아내었는데, 그중 하나는 권역(圈域)의 문제입니다. 교회들은 지방적인 것인 반면에 일은 권역적인 것입니다. 나는 이것이 성경에 아주 분명하게 계시되어 있다고 느낍니다. 우리는 오 년 전이나 십 년 전에는 이것을 보지 못했습니다. 왜냐하면 그것이 우리의 눈에 보이지 않았기 때문입니다. 그때에는 어쩔 도리가 없었습니다. 그러나 이제 우리는 그것을 명확하게 보았고 단 두 문구로 이렇게 기술할 수 있습니다. '교회들은 지방적인 것이고, 일은 권역적인 것이다.' 바꾸어 말한다면, 교회는 지방적인 것이고, 일은 권역적인 것 즉 많은 지방들이 함께 결합하여 하나의 권역을 형성해 이루어지는 것입니다.

사도행전에서 우리는 열두 사도에게 그들의 일을 위한 명확한 권역이 있었음을 분명히 볼 수 있습니다. 베드로와 요한 그리고 그들과 함께한 무리가 한 권역에서 일했고, 바울과 실라와 디모데와 바나바가 또 다른 권역에서 일했습니다. 빌립보서 1장에서 우리는 여러 다른 권역들을 볼 수 있습니다. 고린도후서 10장 13절과 14절에서 우리는 이와 같은 말씀을 발견합니다. "그러나 우리는 우리의 분량을 벗어나 자랑하지 않고, 분량을 재어 주시는 하나님께서 우리에게 나눠 주신 그 분량의 한계에 따라 자랑하는데, 여러분에게 간 것도 그 분량의 한계에 따른 것입니다. 우리가 여러분에게 가서는 안 될 사람들이 아니며, 우리의 범위를 벗어나 스스로 지나치게 나아간 것도 아닙니다." 여기서 우리는 권역과 관련된 어떤 것, 즉 하나님께서 사도들에게 정해 주신 분량의 한계를 분명히 볼 수 있습니다. 하나님은 그들을 위하여 하나의 동그라미를 그려 주셨고, 그 동그라미 안에 그들을 위한 일의 범위가 있었습니다. 그러므로 일은 권역의 문제와 관련됩니다.

그러나 교회들은 권역과 관련이 없습니다. 교회들은 지방적인 것이므로, 어떤 교회도 다른 지방들을 통제해서는 안 됩니다.

과거에 우리는 일의 범위와 교회의 지방을 혼동하는 큰 실수를 했습니다. 이제 우리는 일이 권역이라 불리는 일정 지역 안에 있는 여러 지방들을 포함한다는 것을 분명히 압니다. 베드로와 요한이 예루살렘 주변의 권역에 있었던 것과 마찬가지로, 바울과 디모데는 안디옥 주변의 또 다른 권역에 있었습니다. 그들은 계속해서 서로 접촉하고 교통했지만 권역은 같지 않았습니다.

오늘 우리는 이것에 대해 그리 많이 말할 수 없습니다. 그러나 일이 권역적인 것이고 교회들이 지방적인 것은 매우 분명합니다.

권역에는 중심지가 있음

두 번째 문제는 각 권역에 하나의 중심지가 있는 것과 관련됩니다. 교회들에는 하나의 중심지가 없습니다. 예루살렘에 있는 교회는 사마리아에 있는 교회들을 통제하지 않았습니다. 성경을 연구하는 사람들은 교회들이 지방적인 것이고, 한 지방에 있는 교회가 다른 지방에 있는 교회를 통제할 수 없다는 것을 압니다. 더 나아가서 한 지방에 있는 교회는 많은 지방에 있는 교회들을 통제할 수 없습니다. 어떤 교회가 호소할 수 있는 가장 높은 곳은 바로 그 교회가 있는 지방일 뿐 지역 평의회나 본부라는 것은 없습니다. 그러나 일의 경우에는 그러지 않은데, 그것은 일에는 하나의 중심지가 있기 때문입니다. 사도행전에서 우리는 예루살렘이 한 권역의 중심지였고, 안디옥이 또 다른 권역의 중심지였다고 말할 수 있습니다.

예루살렘의 특징

만약 우리가 일에는 하나의 중심지가 있다는 것을 깨닫지 못한다면, 예루살렘은 도움이 아닌 문젯거리가 될 것입니다. 비록 성경이 교회들이 지방적임을 계시하기는 하지만, 예루살렘은 조금 특별하게 보입니다. 또한 비록 교회들이 지방적임을 성경이 계시하기는 하지만, 안디옥은 특별해 보입니다. 따라서 안디옥은 우리에게도 도움이 아닌 문제가 될 수 있습니다. 예루살렘과 안디옥은 둘 다 우리에게 도움보다는 문제들을 줄 수 있습니다.

오늘날 우리는 안디옥에 있는 교회와 일을 위한 중심지로서의 안디옥이 별개의 문제임을 분명히 봅니다. 교회들에 대해 말할 때, 예루살렘은 안디옥과 동등하게 서 있고 사마리아에 있는 교회들과도 동등하게 서 있습니다. 그러나 일에 대해 말할 때, 예루살렘은 일의 중심지입니다. 하나님의 명령은 예루살렘과 온 유대와 사마리아와 땅끝까지 이르러 그분의 증인이 되라는 것이었습니다. 예루살렘은 일의 중심지였습니다.

사도행전 13장에 의하면, 안디옥에 또 다른 시작이 있었고, 이 안디옥은 일의 또 다른 중심지가 되었습니다. 성령께서 그곳에서 무언가를 시작하셨습니다. 성령은 예루살렘에서 하나의 시작을 하셨습니다. 또한 사도행전 13장에서 성령은 안디옥에서 또 다른 시작을 하셨습니다. 두 곳 모두에서 성령께서 일을 시작하셨습니다. 안디옥에서부터 몇몇 사람들이 일을 하기 위해 다른 곳들로 나아갔습니다. 교회들이 산출되었을 때, 그 교회들을 감독할 책임을 지도록 장로들이 세워졌습니다. 그러나 안디옥이 그들에 대한 책임을 맡고 있었던 것으로 보이는데, 그것은 일꾼들이 안디옥에서 살았기 때문입니다.

베드로도 장로였음

여기에서 우리는 예루살렘의 소중함을 봅니다. 성경을 읽을 때, 우리는 또한 베드로가 예루살렘의 장로인 것에 대한 소중함을 봅니다. 과거에 우리는 오직 장로로서의 베드로보다는 사도로서의 베드로만을 주의했습니다. 그곳에서 그는 이중(二重)의 신분을 가지고 있었습니다. 예루살렘이라는 지방과 관련하여 말하자면 베드로는 장로였고, 야고보와 요한도 장로였습니다. 그러나 일과 관련하여 말하자면 그들은 모두 사도였습니다. 그러므로 그들이 안디옥에 있는 교회에게 편지를 썼을 때, 그들은 사도들과 장로들로서 서명을 했습니다. 그러지 않았다면, 예루살렘에 있는 장로들이 안디옥 교회에게 편지를 써서 명령을 내리기가 불가능했을 것입니다. 그 이유는 안디옥에 있는 교회에도 장로들이 있었기 때문입니다. 그들은 장로들로서 안디옥에 있는 교회에게, 그들이 예루살렘에 있는 교회를 위해 어떠한 결정을 내렸는지를 말해 주었습니다. 그들은 또한 사도들로서 일을 위해 동일한 결정을 내렸던 것입니다.

오늘날 이 문제는 우리 가운데서 매우 분명합니다. 우리에게 있어서 이 문제는 완전히 해결되었고 지금은 지나간 일입니다. 이 문제는 우리에게 지나간 일일 뿐 아니라, 영광스럽게도 바로 이러한 가르침이 산출되었습니다. 이제 우리는 하나님의 일이 권역 단위로 수행된다는 것을 봅니다. 하나님은 그분의 일을 위해, 한 지방을 중심지로 세우기를 원하십니다. 모든 일꾼들은 그 지방에 집중되어야 합니다. 즉 그 지방을 중심지로 해서 때로는 나가고 때로는 들어와야 합니다. 장로들은 한 지방에 있는 교회를 책임집니다. 그러나 어떤 지방이 또한 일을 위한 중심지가 된다면, 일꾼들 역시 그저 장로들이 아니라 그곳에서 교회의 일들에 대한 책임을 나누어 지는 장로들이 되어야 합니다.

성경에는 일꾼들을 어떤 지방에서 거주하도록 보내는 예가 하나도 없습니다. 그러한 실행은 성경에서 찾아볼 수 없습니다. 이것에 대한 유일한 예외는, 어떤 일꾼이 한 지방에 이주하여 그곳에서 장로가 되는 경우뿐입니다. 장로는 예루살렘에 거주하는 것을 선택할 수도 있고, 다른 도시로 이주해서 그 도시에서 장로가 될 수도 있습니다. 그는 거주하는 도시에서 책임을 맡을 수 있습니다. 그러나 만약 어떤 사람이 일꾼이 되고자 한다면, 반드시 예루살렘으로 이주해야 합니다.

교회는 지난 이천 년 동안 베드로를 비난해 왔지만, 우리는 베드로가 틀리지 않았다고 말해야 합니다. 교회는 지난 이천 년 동안 베드로가 예루살렘을 떠나지 않은 것에 대해 비난했지만, 베드로가 예루살렘에 남은 것은 옳은 일이었습니다. 그것은 틀린 것이 아니었습니다. 어떤 이들은 베드로가 예루살렘을 떠났어야 했다고 말했지만, 나는 그렇게 믿지 않습니다! 누가 주님께서 베드로와 요한이 예루살렘을 떠나기를 원하셨다고 말할 수 있습니까? 어떤 이들은 베드로와 요한이 예루살렘을 떠나지 않았기 때문에, 예루살렘에 있는 교회에 박해를 불러왔다고 말한 적이 있습니다. 그러나 이것은 성경적인 근거가 없는 말입니다. 만약 주님께서 베드로와 요한이 예루살렘을 떠나기를 원하셨다면,

그분은 교회가 아닌 베드로와 요한이 박해를 받도록 하실 수 있었습니다. 내가 잘못했는데 다른 사람들이 그로 인해 고통을 겪는다는 것은 옳지 않습니다. 만약 주님께서 다른 사람들을 고통받게 하셨다면, 분명 내가 틀린 것이 아닙니다. 만약 베드로와 요한이 예루살렘에 남아 있는 것이 잘못된 일이라면, 하나님은 마땅히 베드로와 요한을 책망하셔야 했고, 예루살렘에 있는 교회가 박해를 받지 않도록 하셔야 했습니다.

그러나 주님은 세상이 우리를 미워할 것인데 그것은 우리가 세상에 속해 있지 않기 때문이고, 또한 사람들이 그분을 박해한다면 우리도 박해할 것이라고 말씀하셨습니다(요 15:19-20). 우리가 주님을 따를 때, 세상은 우리를 미워합니다. 그것은 우리가 세상에 속해 있지 않기 때문입니다. 우리가 우리의 집을 떠나지 않는다고 해서 박해가 일어나는 것은 아닙니다. 만약 그러하다면, 집을 떠난 모든 그리스도인들은 다 박해를 면할 것입니다. 박해는 집에 머무는 그리스도인들이나 자신의 집을 떠나는 사람들이나 동일하게 겪는 것입니다.

나가고 다시 돌아옴

여러분은 베드로가 가이사랴로 간 후에 다시 예루살렘으로 돌아왔다는 것을 기억할 것입니다. 그 후 베드로는 사마리아에 하나님의 일이 있었기 때문에 사마리아로 갔다가 다시 예루살렘으로 돌아왔습니다. 예루살렘은 중심지였고, 반면에 사마리아는 일의 그 권역 안에 있는 하나의 도시였습니다. 동역자들은 예루살렘에 모여 있었습니다. 그들은 나갔다가 돌아오고, 돌아왔다가 나갔습니다.

한 명의 일꾼으로 한 지방에 있는 교회를 다스리게 하는 것은 개신교의 사상입니다. 그것은 성경의 사상이 아닙니다.

어떤 지방을 일의 중심지로 삼아야 하는지에 대해서는 오직 하나님만이 결정하실 수 있습니다. 오직 하나님만이 어디에서 어떻게 시작할지를 아십니다. 오직 성령만이 어떻게 일을 시작하는지를 아십니다. 사람의 결정은 아무런 소용이 없습니다. 우리 스스로 상의하여 어떤 지방을 '예루살렘'으로 결정할 수 없습니다. 그 이유는 하나님께서 그러한 결정을 친히 하기를 원하시기 때문입니다. 이러한 일은 성령의 손안에 있습니다. 성령께서 정하신 예루살렘만이 예루살렘입니다.

사도행전의 첫 부분에서, 우리는 베드로가 나갔다가 예루살렘으로 다시 돌아온 것을 봅니다. 그 후 우리는 바울이 나갔다가 안디옥으로 다시 돌아온 것을 봅니다. 그들은 결코 한 지방에 머물러 있지 않고 항상 다시 돌아왔습니다. 우리는 반드시 일에는 중심지뿐 아니라 범위가 있음을 보아야 합니다.

우리가 이러한 것을 권역이라고 하든, 지역이라고 하든, 중심지라고 하든, 그것들은 용어일 뿐입니다. 우리는 그 용어들 뒤에 있는 본질적인 것을 강조할 필요가 있습니다. 예루살렘의 일 안에는 어떤 본질적인 것이 있었습니다. 우리가 그것을 지역이라고 부르든, 중심지라고 부르든, 권역이라고 부르든, 그러한 것은 중요하지 않습니다. 안디옥의 경우도 마찬가지입니다. 주님께서 일에 어떤 몫을 재어 주시기 때문에, 그것을 일의 분량이라고 부르는 것이 옳습니다. 한 무리의 일꾼들은 한 지역이나 권역이나 중심지에 거주하는 반면에, 또 다른 무리의 일꾼들은 또 다른 지역이나 권역이나 중심지에 거주합니다.

장로들은 한 곳에서 특정한 곳으로 파견되지 않습니다. 베드로의 경우, 그는 다만 사도가 아니었고, 다만 장로도 아니었습니다. 그는 사도이자 장로였습니다. 그러므로 형제들이여, 여러분이 동역자로서 한 지방에 거주할 때, 여러분은 그곳에서 사도이자 장로인 것입니다. 이러한 방식으로 이 길을 가는 것이 맞습니다. 우리 형제들 가운데 몇몇이 나가서 도와주는 것은 좋은 것입니다. 그러나 그들은 반드시 돌아와야 합니다. 그들이 그곳에 머물고 돌아오지 않는 것은 옳지 않은 것입니다. 그들이 바울처럼 나가서 크게 한 바퀴 돈 다음에 다시 돌아오든, 아니면 베드로처럼 나가서 즉시 돌아오든, 둘 다 옳은 것입니다. 돌아오는 것이 필수 조건입니다. 만약 사람들이 베드로가 나가지 않은 것에 대해 책망한다면, 바울이 돌아온 것도 책망해야 합니다. 베드로가 예루살렘으로 돌아왔을 뿐 아니라 바울도 안디옥으로 돌아왔습니다. 이것이 하나님의 말씀입니다. 그 어떤 것도 그분의 말씀보다 더 분명할 수 없습니다.

사도들의 복음 전파와 이주에 의한 전파

이제 우리는 세 번째 문제, 즉 하나님의 일이 어떻게 수행되고 복음이 어떻게 전파되는지를 보도록 하겠습니다. 여기에는 두 가지 방식이 있습니다. 예루살렘의 일이 안디옥의 일과 차이가 있는 것처럼, 복음을 전하는 데에 두 가지 다른 방식이 있으며, 교회들을 세우는 데에도 두 가지 다른 방식이 있습니다.

안디옥의 방식 — 사도들이 나감

첫 번째 방식으로, 이러한 일은 안디옥의 방식을 따라 이루어질 수 있습니다. 바울과 바나바, 바울과 디모데, 또는 바울과 실라는 한 지방 한 지방을 다니면서 복음을 전한 후에 다시 안디옥으로 돌아왔습니다. 이는 사도들이 나가서 복음을 전파하고 교회들을 세운 것입니다. 이것이 하나의 방식입니다.

예루살렘의 방식 — 이주하여 나감

두 번째 방식은 예루살렘의 방식입니다. 이 방식은 모든 믿는 이들이 이주한 것입니다. 그들은 각처에서 복음을 전했습니다. 이렇게 이주한 결과, 복음이 모든 곳에 확산되었습니다(행 8:4). 이주가 평화로운 가운데서 이루어지든, 아니면 박해의 결과로 이루어지든, 이주는 여전히 이주입니다. 예루살렘의 방식은 이주하는 것입니다. 단 한 가지 특별한 것이 있었다면, 그들이 박해를 받아서 나갔다는 것입니다.

나는 주님께서 여기에 매우 분명한 발자취를 남겨 두셨다고 생각합니다. 우리는 결코 사도행전의 초반부를 별로 중요하지 않은 것으로 생각해서는 안 됩니다. 사도행전은 창세기와 마찬가지로 하나님의 길에 대한 기록입니다. 우리가 하나님께서 처음에 어떻게 일하셨는지를 보게 될 때, 오늘 우리도 그와 동일하게 일할 수 있습니다.

증가의 분량은 나간 숫자와 비례함

하나님은 박해를 사용하셔서 성도들이 어쩔 수 없이 이주하도록 하셨습니다. 그들은 그곳에 머물 수 없었고 강제로 떠나야만 했습니다. 그 당시 수천 명이 끊임없이 나가고 있었습니다. 그러나 바울이 예루살렘으로 돌아왔을 때, 여전히 교회 안에 수많은 믿는 이들이 있는 것을 발견했습니다. 바울이 예루살렘에 돌아와서 야고보와 모든 장로들을 만나러 갔을 때, 그는 유대인들 가운데 믿은 사람이 수만 명이나 된다는 말을 들었습니다(행 21:20). 밀은 올해 수확할지라도 내년에 다시 자랄 것입니다. 우리는 반드시 우리가 차지해 온 터를 떠나야 합니다. 그것은 다른 사람들이 그리스도인이 되도록 틈을 열어 주기 위한 것입니다. 우리는 늘 움직이지 않은 채 머물러 있어서는 안 됩니다. 그리스도인들의 숫자는 밖으로 나간 만큼 증가하게 되는 것입니다. 늘 한곳에 머물러 있다면, 우리의 인수는 증가하지 않을 것입니다. 예루살렘에 있는 제자들은 복음을 전하기 위해 계속해서 나갔지만, 성경은 바울이 예루살렘에 돌아왔을 때 그곳에 수만 명의 유대인 믿는 이들이 있었다고 말합니다. 하나님의 길은 씨를 뿌리는 것처럼, 사람들을 한 무리 한 무리 내보내는 것입니다.

하나님 앞에서 우리는 이 세 가지 원칙을 분명하게 보아야 합니다. 그런 다음에야 소위 전도자의 일에 참여할 수 있습니다.

복음을 전파해야 함

내가 런던에 있었을 때, 한번은 오스틴 스팍스(Austin-Sparks) 형제에게 중국에서의 우리의 일이 그들의 일과 다르다고 하면서, 우리는 반드시 먼저 복음 방면을 돌보아야 한다고 말한 적이 있습니다. 런던은 모든 지역에 아주 많은 그리스도인들이 있었기 때문에, 마치 온 국민이 그리스도인인 것 같습니다. 그러나 중국은 그렇지 않기 때문에, 우리는 처음으로 복음을 전했던 초기의 본에 따라 일해야 합니다. 런던에서 하고 있는 우리 형제의 일이 유일한 사역의 일인 것처럼 보입니다. 그러나 우리 같은 경우에는 반드시 복음을 전파해야 합니다.

느슨하지 말아야 함

그러므로 형제들이여, 우리는 결코 이 세 가지 요점에 대해 느슨하지 말아야 합니다. 여러 해에 걸친 중일 전쟁 동안에, 우리는 수많은 어려움을 겪었습니다. 이러한 어려움들을 통해 우리는 이것들을 배웠습니다. 우리 중 많은 사람들의 경우, 적어도 우리 인생의 절반이 지나갔습니다. 남은 절반의 시간에 우리는 반드시 곧은길을 가야 합니다. 결코 과거에 했던 것처럼 행해서는 안 됩니다. 이것은 내 개인적인 느낌이긴 합니다만, 나는 이 빛이 충분히 밝다고 믿습니다. 이천 년 동안 교회는 예루살렘이라는 그림에 어울리도록 맞추어 넣으려고 노력해 왔지만, 한 번도 그것을 정확하게 맞춘 적이 없습니다. 오늘 우리는 그것을 정확하게, 훨씬 분명하게 맞출 수 있게 되었습니다. 이제 이 문제는 교회가 지방적이라는 것과 관련하여 우리가 한커우에서 본 진리만큼이나 분명합니다.

우리는 교회들이 지방적이라는 것과 일이 권역적이라는 것을 분명히 보았습니다. 이러한 이유로 우리의 일은 올바른 궤도에 있어야 합니다. 만약 우리가 여전히 한 명의 일꾼이 한 지방을 담당해야 한다고 생각한다면, 막다른 골목에 이르게 될 것입니다. 이 문제가 처리되지 않으면, 일은 결코 전진할 수 없습니다. 옛 방식은 통하지 않을 것입니다. 예를 들어, 만약 옛 방식이 옳다면 핑양(平陽) 일대의 권역에 백여 군데의 모임이 있는데, 우리가 모든 동역자를 그곳에 다 투입한다 하더라도, 그들을 돌보기가 충분하지 않을 것입니다. 원저우(溫州) 일대의 권역만 보더라도 동역자가 충분하지 않을 것입니다. 자매들이 가서 모두 소위 목사가 되더라도 길이 없을 것입니다. 이러한 방식을 따른다면, 우리는 결코 필요를 채울 수 없을 것입니다.

중심지에서의 증거를 지킴

우리는 반드시 일에는 일의 권역과 일의 중심지가 있음을 보아야 합니다. 지방과 관계된 모든 일은 각 지방에 있는 교회들의 손안에 둘 수 있습니다. 일꾼들은 항상 일하기 위해 나가고, 얼마 후에 다시 예루살렘으로 돌아옵니다. 그런 다음에 그들은 다시 나가고, 예루살렘으로 다시 돌아옵니다. 이러한 이유로, 예루살렘에서 강한 증거를 지키는 것은 좋은 일입니다. 열두 사도가 예루살렘에서 말씀의 사역을 계속하기는 쉬운 일입니다. 그러나 그들이 사마리아와 온 유대 전역에 걸쳐 이 사역을 계속하기는 매우 어려웠을 것입니다.

그러므로 주님 앞에서 우리는 한 권역 안에서 어떤 지방을 일의 중심지로 사용할 수 있는지에 관해 많이 기도하고 분명한 빛을 받아야 합니다. 그곳은 한 무리의 동역하는 형제자매들이 함께 거주하면서 중심지로 세울 수 있는 그런 곳이어야 합니다. 또한 그들이 그 지방에 있는 교회의 지체들로서 섬기면서 지방의 증거를 지킬 수 있는 그런 곳이라야 합니다. 나가고 다시 돌아오는 것에 의해, 그 지방에서의 말씀의 사역은 합당하게 유지될 수 있습니다.

상하이는 하나의 중심지임

장쑤성(江蘇省)과 저장성(浙江省)의 경우, 난징–상하이 철도와 상하이–항저우 철도 노선을 따라 이루어지고 있는 일의 중심지는 상하이에 있습니다. 그러므로 상하이는 강한 증거를 지켜야 하고, 일꾼들은 일을 계속하는 것이 필요합니다. 이 권역 안에 있는 나머지 지방들에 대한 책임은 해당 지방에 있는 형제들에게 맡겨져야 합니다. 그와 동시에 상하이에 있는 형제들은 다른 곳들로 이주해야 합니다. 일정 시간이 지난 후, 상하이에 있는 형제들은 한 무리 한 무리씩 이주해 나가야 합니다. 이것은 매우 중요한 일입니다. 나가서 복음을 전하는 것은 형제자매들의 손에 달려 있습니다. 우리는 사람들을 목사가 되도록 밖으로 보내는 것이 아니라 다만 이주민이 되도록 보내는 것입니다. 예루살렘의 원칙이 바로 이주하는 것임을 부디 기억하시기 바랍니다. 이것이 초기의 교회들 안에서 복음을 전파한 방식이었습니다. 물론 그들이 나간 것은 박해 때문이었다고 말할 수 있습니다. 그러나 박해를 당하지 않는 하나님의 자녀를 우리가 어디에서 찾을 수 있겠습니까? 그러므로 우리는 좁은 길이 우리 앞에 분명하게 놓여 있다는 것을 명심해야 합니다.

푸저우(福州)도 하나의 중심지임

이것이 내가 오늘날 이 문제를 보는 방식입니다. 이렇게 예를 들어 보겠습니다. 만약 푸젠성(福建省)과 대만이 일을 위한 한 권역이라면, 우리는 푸저우를 중심지로 삼을 수 있다고 믿습니다. 물론 형제들은 나가고 들어옴으로써 반드시 이러한 중심지를 지탱하고 지켜야 합니다. 우리가 사람들을 구원으로 이끌 때, 그들도 주님의 은혜로 나가야 한다고 그들에게 권면해야 합니다. 우리는 이십 명은 난핑(南平)으로, 삼십 명은 푸톈(莆田)으로, 또 삼십 명은 샤먼(廈門)으로, 또 삼십 명은 타이베이로, 또 삼십 명은 타이난(臺南)으로 이주하도록 격려해야 합니다. 그들이 이주해 나갈 때, 복음도 그들과 함께 나갈 것입니다. 복음은 단순히 그들을 따라갈 것입니다. 만약 우리가 일정한 기간 안에 상당수의 복음을 전하는 이들이 일으켜지기를 기대하고 있다면, 경비가 많이 들 뿐 아니라 나가는 사람들의 숫자도 제한적일 것입니다. 결국 우리는 큰 결과를 보지 못할 것입니다. 반드시 교회 전체가 나가서 복음을 전해야 한다는 것을 부디 기억하시기 바랍니다. 한 무리 한 무리씩 나가는 것이 옳은 것입니다.

푸저우에는 사도들과 장로들이 있습니다. 때때로 그들 중 두세 사람이 어떤 지방으로 가서 사람들을 방문하고 다시 돌아올 수 있습니다. 또 다른 두세 사람이 다른 지방을 보고 돌아올 수 있습니다.

내 말은 복음의 모든 일이 지금부터 그들의 손에 맡겨져야 한다는 뜻이 아닙니다. 아마 한두 명의 형제자매들이 이 마을에서 저 마을로 가서 사람들을 방문할 필요가 있을 것입니다. 그러나 복음을 전하는 이 두 가지 방식이 동시에 진행될 때에만 복음은 나가게 될 것입니다.

말씀의 사역과 내보냄

이제 우리는 중심지에서의 일이 매우 중요하게 된 것을 볼 수 있습니다. 그곳에서 우리는 말씀의 사역을 계속해야 할 뿐 아니라, 또한 일을 위해 사람들을 내보내야 합니다. 행상을 하는 사람이든, 인력거를 끄는 사람이든, 집안의 하인이든 상관없이, 그들 모두가 복음을 전하도록 보냄을 받아야 합니다.

이런 이유로, 우리는 모든 형제자매들을 합당하게 훈련해서, 그들이 보냄을 받을 준비가 되는 지점에 이르도록 해 주어야 합니다. 한 곳에 오십 명이 보냄을 받고 또 다른 곳에 삼십 명이 보냄을 받으면, 그곳에서 그들은 다른 이들에게 전혀 짐이 되지 않은 채 그 지방에 있는 교회를 도울 수 있을 것입니다. 만약 나간 많은 형제들이 문젯거리가 되고 그 지방에 있는 교회가 그들을 어떻게 할 수 없다면, 무슨 유익이 있겠습니까? 그러므로 형제자매들은 한 무리씩 전도자 그룹으로 나갈 준비가 되도록 합당하게 훈련받아야 합니다.

동역자들은 일이 분산되어서는 안 되고 집중되어야 한다는 것을 반드시 보아야 합니다. 먼저 중심지가 되는 지방이 질서 정연하게 세워져야 합니다. 그런 후에야 성도들은 훈련받고 보냄을 받을 수 있습니다.

지난 몇 년 동안 우리는 많은 고통과 어려움을 겪었습니다. 우리는 그동안 얼마간의 공과들을 배웠습니다. 이러한 공과들을 가볍게 다루지 않기를 바랍니다. 우리는 이러한 것들을 통해 배워야 합니다.

기본적인 훈련을 받을 필요성

이제 우리는 네 번째 요점에 왔는데, 바로 모든 형제자매들이 동일한 훈련을 받을 필요가 있다는 것입니다.

초신자를 온전하게 하는 집회

우리는 초신자들에게 특별한 종류의 집회를 마련해 주어야 합니다. 상하이와 푸저우에서, 우리는 이미 초신자 형제자매들에게 이러한 훈련을 마련해 주었습니다. 이런 집회는 매년 다 동일합니다. 우리는 무언가 새로운 것으로 바꾸기를 원치 않습니다. 물론 우리는 어떤 사람들이 이 훈련 교재(教材)를 마치 주기도문처럼 암송하는 것도 바라지 않습니다. 말하는 사람들이 살아 있다면, 그곳에 생명이 있을 것입니다. 이 교육 과정의 공과들은 매년 초부터 연말까지 차례차례로 제공됩니다. 오십이 주가 지나면, 그 과정이 다시 반복됩니다. 모든 형제들은 최소한 이 기본적인 가르침을 받은 다음에 나가야 합니다. 이렇게 할 때, 우리는 몇 가지 문제점들을 없앨 수 있을 것입니다.

어떤 사람들이 우리 가운데로 들어오면, 어떤 주에 합류했는지에 관계없이, 일 년 안에 훈련의 전 과정을 마치게 될 것입니다. 오십이 주 후에는 그 주기(週期)가 다시 반복될 것입니다. 만약 그들이 첫 번째 해의 열째 주에 들어왔다면, 그다음 해의 아홉째 주에 이를 때 훈련과 가르침의 주기를 다 마칠 것입니다. 모든 사람이 동일한 교육을 받고, 그런 다음에 보냄을 받을 준비를 해야 합니다.

복음을 전파하도록 보냄을 받음

그들이 어떤 곳으로 이주할 때, 그들에게 자신들이 사는 지방에서 최선을 다하여 사람들을 구원해야 한다고 권고하시기 바랍니다. 이처럼 우리는 먼저, 중심지가 되는 지방에서 사람들을 구원으로 이끌어야 합니다. 이 사람들이 온전하게 되어 다른 곳으로 보냄을 받아야 합니다. 나가서 복음을 전할 기회가 그들에게 주어져야 합니다.

이렇게 할 때, 단지 복음 전하는 이들만이 아닌 온 교회가 복음을 전할 것입니다. 오직 복음 전하는 이들만 복음을 전한다면, 그들은 살아 있는 동안에 중국 전역에 복음을 전하는 일을 결코 완수할 수 없습니다. 오늘날 중국의 인구는 사억 오천만 명이지만, 그리스도인은 백만 명이 채 안 됩니다. 오늘 이러한 백만 명의 그리스도인들이 우리 손에 있고 모든 사람이 보냄을 받는다면, 중국을 복음화할 수 있습니다. 우리는 그들을 도와서 동일한 훈련을 받게 한 다음에 그들을 내보내야 합니다. 그럴 때 우리는 교회가 각처에서 복음을 전하는 것을 보게 될 것입니다.

그들은 박해를 받아서가 아니라 보냄을 받았기 때문에 나가서 복음을 전합니다. 아마도 그들은 박해에 부딪힐 것입니다. 그러나 중요한 것은 그들이 반드시 나가야 한다는 것입니다.

이를 위해 약간의 안배가 필요하며, 인도하는 형제들은 반드시 이러한 안배를 해야 합니다. 어떤 지방들은 지리적으로 전략적인 곳이기 때문에, 우리는 그러한 곳들을 장악해야 합니다. 아마도 우리는 먼저 그곳에 셋 혹은 다섯 명을 보내어 어떤 직장을 잡도록 해야 할 것입니다. 그런 다음 몇 명을 더 보내어 다른 직장을 잡도록 할 수 있습니다. 사람들이 그들을 통해 구원으로 이끌리고 나면, 동역자들이 그곳에 가서 집회를 일으킬 수 있습니다. 전진하려면, 우리는 현 상황을 바꿀 필요가 있습니다. 이것이 일에 있어서 우리가 전진하는 길입니다.

교회는 복음을 전할 때 열매가 가득하게 됨

오늘날 모든 형제자매들은 교회가 복음을 전할 때 항상 더 많은 열매가 있다는 것을 인정합니다. 오직 교회의 일만이 열매를 더 풍성하게 맺을 수 있습니다. 최근에, 한 무리의 형제들이 구톈(古田)에 가서 복음을 전하여 총 오십여 명이 구원을 받고 침례를 받았습니다. 첸 형제가 돌아와서 말하기를, 자신이 떠날 때에는 교회가 복음을 전파한 결과가 무엇인지 알지 못했다고 했습니다. 그러나 구톈을 여행한 후에, 그는 '교회가 복음을 전할 때 사람들이 구원받았다.'는 말에 대해 더 이상 의문을 품지 않게 되었습니다. 광고를 내지도 않고, 한 사람이 단순히 다른 한두 사람을 붙잡고 복음을 전했습니다. 짧은 시간에 오십여 명이 구원받았습니다.

난핑(南平)은 과거에 단 몇 명의 성도만 집회에 참석했습니다. 형제들이 최근에 그곳에 간 후에 이십여 명이 침례를 받았습니다. 이 사람들은 난핑 대화재 기간 중에, 즉 그 도시 인구의 사분의 일만 겨우 남아 있을 때에 복음을 들었습니다. 우리의 형제들 중에서도 약 열 가정의 집이 불에 탔습니다. 황 형제의 점포도 불에 탔습니다. 그러나 온 교회가 복음을 전했을 때, 수많은 사람들이 구원받았습니다. 우리의 형제들은 편지로 이렇게 말했습니다. "우리는 이 길을 발견했기 때문에, 다른 어떤 방향으로도 돌아서지 않고 이것을 위해 우리의 생명을 드리겠습니다."

교회가 복음을 전하는 동안, 주님께서 일하십니다. 우리는 어떤 광고를 내거나 어떤 인간적인 방법도 사용할 필요가 없습니다. 단지 형제들이 나가서 각자가 다른 사람을 오게 했을 뿐인데 사람들이 왔습니다. 메시지가 다소 약한 것은 그리 문제가 되지 않습니다. 교회가 복음을 전하는 한, 수십 명이 얻어지고 침례를 받게 될 것입니다. 앞으로 이 일은 그 지방에 있는 형제들에게 넘겨질 것입니다. 그들이 직접 이 일을 할 것입니다.

구링이 도움을 줄 것임

여기 구링에서 우리는 무슨 일을 해야 합니까? 각 지방에 있는 교회들은 유망한 사람들을 이곳으로 보내어, 한두 달 동안 영적인 도움을 받게 해야 합니다. 그런 다음에 그들은 자신들의 지방으로 다시 돌아가서 어떤 책임을 맡게 될 것입니다. 동역자들은 항상 중심지의 일을 책임져야 하고, 또한 거듭해서 나갔다가 다시 돌아와야 합니다. 우리가 이렇게 한다면, 일은 전진할 길이 있을 것입니다.

동역이 필요함

이런 이유 때문에, 상하이와 푸저우 둘 다에서의 특별 집회 기간 중에, 우리는 동역의 문제에 많은 주의를 기울였습니다. 동역하지 않으면 어떤 것도 이루어지지 않을 것입니다. 과거에 우리 모두는 각기 제 길로 갔는데, 동역이 없어서 어떤 일도 제대로 되지 않았습니다. 어느 누구도 독립적으로 행동해서는 안 됩니다. 각 사람이 다 자신을 드려서 동역이 잘 이루어지게 해야 합니다.

나는 복음이 빠르게 확산될 것이라고 믿습니다. 나아가서 나는 우리가 중국 전체를 복음으로 장악하는 일이 쉬울 것이라고 믿습니다. 예를 들어, 푸저우에 있는 형제들이 충성을 다한다면, 푸젠성과 대만을 매우 쉽게 장악할 것입니다. 다른 지방의 형제들도 충성을 다하여 이 길을 가도록 배운다면, 그들이 사는 지방들을 장악할 수 있을 것입니다.

오늘날 우리는 길을 발견했습니다. 이제 문제는 전적으로 사람에게 있습니다. 이보다 더 분명한 길은 없습니다. 만약 우리가 예루살렘의 원칙을 보지 못한다면, 하나님의 말씀과 무언가 맞지 않는 것이 그곳에 있다고 느낄 것입니다. 마치 어떤 문제가 있는 것처럼 보입니다. 오늘날 우리는 우리가 사도행전 전체와 매우 잘 맞고 전혀 문제가 없다고 선포해야 합니다. 이뿐만 아니라, 나는 요즘 사도행전을 읽을 때마다 첫 번째 부분에서 베드로가 처신한 방식에 경이로움을 느낍니다. 나는 베드로가 이천 년 동안 부당하게 비난받아 왔다고 생각합니다. 베드로가 나가고 예루살렘으로 다시 돌아온 것은 완전히 옳은 것이었습니다. 의심의 여지 없이, 하나님의 일에는 중심지들이 있습니다.

말씀의 사역은 더 이상 문제가 되지 않음

우리가 이 길을 취한다면, 말씀의 사역은 더 이상 문제가 되지 않을 것입니다. 우리가 해야 할 것은 다만 중심적인 한 지방에서 그러한 사역을 계속 유지하는 것뿐입니다. 다른 지방들은 스스로를 돌보도록 인도받을 필요가 있습니다. 만약 그 지방에 있는 사람들이 그들 스스로 일을 돌보는 사람들이라면, 말씀의 사역에는 전혀 문제가 없을 것입니다. 바로 이런 이유 때문에, 구링에 있는 우리는 훈련을 위한 장소를 준비하고 있습니다. 앞으로 우리는 각지 교회들로부터 훌륭하고 유망한 이들을 이곳으로 이끌어서 얼마간의 훈련을 받게 할 것입니다. 그런 다음 우리는 그들을 다시 돌려보낼 것입니다. 따라서 나는 나의 일을 하고 여러분은 여러분의 일을 하면서, 각자가 자기 자신의 일을 돌보게 될 것입니다. 나는 우리가 머지않아 이 길을 통과할 수 있고, 많은 지방들에 강한 증거들이 지속적으로 세워질 수 있다고 믿습니다.

일의 기초

오늘날 모든 일의 기초는 바로 이것에 있습니다. 이것이 혼란스럽게 되면 모든 것이 혼란스러울 것이고, 우리는 한커우(漢口)에서 모이기 이전의 상태로 되돌아가게 될 것입니다. 한커우에서 우리는 단지 교회의 문제만을 보았을 뿐입니다. 그 당시 우리는 일의 문제를 보지 못했습니다. 이제 일의 길이 우리 앞에 있습니다. 우리에게 올바른 사람들이 있고 주님의 긍휼이 우리와 함께한다면, 몇 년이 안 되어 중국 전역에 복음이 확산될 것입니다. 나는 중국 전체에 복음을 전파하는 이것이야말로, 우리가 궁극적으로 이루어야 할 위대한 결말이라고 믿습니다. 만약 우리가 이 길을 취하지 않는다면, 또 다른 오십 년이 지난다 하더라도 별 진전이 없을 것입니다.

나는 지금까지 우리 가운데 하나님의 축복이 많았다는 것을 인정합니다. 과거에 나는 하나님께서 언제나 사람들을 구원하신다고 말한 적이 있습니다. 사실 하나님은 우리 가운데서 매우 많은 사람들을 구원하셨습니다. 그러나 나는 항상 이것으로는 충분하지 않다고 느낍니다. 우리는 아직도 충분한 정도로 사람들을 구원하지 못했습니다. 최근에 우리 모두는 성경을 다시 연구하는 일에 우리 자신을 드렸습니다. 나 자신도 하나님의 말씀을 다시 한두 번 읽고, 하나님의 말씀이 이전보다 더 분명해진 것을 발견했습니다. 과거에 우리는 교회의 길을 보았을 뿐 일의 길은 보지 못했습니다. 일의 길이 합당하지 않을 때, 교회의 길도 합당하지 않은 것입니다. 하나님의 긍휼이 우리에게 임하여 그분께서 오늘 우리의 눈을 열어 주셔서, 이토록 오랜 세월 후에 이 길을 보게 해 주신 것에 대해 감사드립니다. 한 지방에 있는 형제들은 언제나 자신의 책임을 짊어져야 합니다. 그들은 반드시 동역해야 하며, 복음을 전파하기 위해 한 무리씩 다른 곳들로 이주해야 합니다.

이것은 매우 간단한 일입니다. 예루살렘은 이 일에 있어서 큰 성공을 거두었습니다. 하나님 앞에서 예루살렘은 교회를 대표합니다. 하늘에 있는 예루살렘은 교회를 대표하고, 땅에 있는 예루살렘 또한 교회를 대표합니다. 베드로는 항상 그곳에서 일하고 있었고, 그 결과 많은 사람들이 나가서 복음을 전했습니다. 사람들이 떠났다고 해서 복음도 막을 내리는 일은 결코 없습니다. 복음은 계속해서 이어져 나아갈 것입니다. 이것은 지극히 영광스러운 일입니다.

오늘날의 요구 — 동역에 신실함

그러므로 오늘날 동역자들이 동역할 뿐 아니라 인도하는 이들도 동역해야 한다는 요구가 있습니다. 우리 가운데 어느 누구도 자기가 하고 싶은 대로 선택할 수 없습니다. 교회는 이런 방식으로 복음을 전할 것입니다. 각 사람이 다 어디로 가든지 반드시 복음을 위해 가야 합니다. 그들의 입은 복음을 전파하기 위해 존재해야 합니다. 우리는 몸으로서 나가야 합니다. 나는 주님께서 오늘날 그분의 길을 얻으실 것이라고 믿습니다.

만약 우리가 믿을 만하지 못하고 신실하지 않다면, 주님은 다른 사람들을 선택하셔서 이 길을 취하게 하실 것입니다. 나는 주님께서 이렇게 하실 수 있다는 것을 믿지만, 그렇게 되면 최소한 또 다른 이십 년이 걸릴 것입니다. 주님께서 우리를 한쪽으로 제쳐 두지 않으실 것이라고 부디 말하지 마십시오. 주님은 쉽게 우리를 한쪽으로 제쳐 두실 수 있지만, 그러면 또 다른 이십 년이 허비될 것입니다. 우리는 주님을 위하여 이십 년을 절약해 드리기를 기대합니다. 우리가 따라잡을 수 있도록, 주님께서 우리에게 긍휼을 베푸시기 바랍니다. 이것을 위해 우리의 모든 것을 드리도록 합시다. 그분은 우리로 하여금 매우 힘들고 어려운 체험들을 통과하게 하신 후에, 우리에게 이 길을 보여 주셨습니다. 우리가 이 길을 버리지 않기를 바랍니다.

워치만 니 형제님이
1948년 8월 19일 오전에 전한 메시지로
주(周) 형제님이 기록한 것입니다.

부록

교회의 명칭

부록

교회의 명칭

성경에 따라 본다면, 교회 자체는 우주적이지만 교회의 출현은 현 시대에서 지방적이다. 우주 가운데 있는 교회 자체가 하나이듯이, 현 시대에 어느 지방에서든 교회의 출현 역시 하나이다. 이 출현은 마땅히 하나여야 한다. 우주 가운데에 있는 교회 자체로 보거나 지방적인 출현에서 보거나 교회는 모두 유일하기 때문에, 우주적인 교회든 지방적인 교회는 결코 어떤 명칭이 있어서는 안 된다.

성경에는 (1) '하나님의 교회'(행 20:28, 고전 10:32), '하나님의 교회들'(고전 11:16), (2) '그리스도의 모든 교회들'(롬 16:16), (3) '성도들의 모든 교회들'(고전 14:33)이 있다. 그러나 이것들은 교회의 명칭이 아니라 교회가 누구에게 속했는지를 묘사하는 세 가지 표현이다. '하나님의 교회'는 교회가 하나님께 속했다는 것을 의미하는데, 이것은 교회가 모든 하나님의 자녀들을 포함한다는 것이다. '그리스도의 모든 교회들'은 교회가 그리스도께서 피 흘려 사신 것이므로 그분 자신께 돌아간다는 뜻이고, 그분 자신의 생명으로 우리를 거듭나게 하셔서 그분의 몸이 되게 한다는 뜻이다. 이것은 그리스도의 피 뿌림을 받고 그리스도의 생명을 받은 모든 사람들을 포함한다. '성도들의 모든 교회들'은 교회가 성도들로 구성되었다는 뜻이며, 그 교회는 모든 성도들을 포함한다.

성경에 있는 교회에 관한 또 한 가지 표현은 교회가 어느 지방에 있는 교회로 묘사된다는 것이다. 예를 들어 '고린도에 있는 하나님의 교회'(고전 1:2)가 그러하다. 그 의미는 '하나님의 교회'가 고린도에 있다는 뜻이다. 결코 '고린도'가 교회의 명칭이라는 말이 아니다. 그러므로 지방의 이름으로 교회를 명명하는 것 역시 성경에 있는 것이 아니다.

이러한 표현들을 사용하여 교회가 누구에게 속했다거나 교회가 어느 지방에 있다고 묘사한 것 외에 교회가 다른 명칭을 가지고 있다고 말하는 곳은 한 군데도 없다.

명칭은 소수의 하나님의 자녀들을 한 영역 안에 가두어 놓는 하나의 영역으로서, 그들을 하나님의 다른 자녀들과 분리하여 하나의 종파로 만든다. 오늘날 기독교 안에 있는 많은 명칭은 그것들이 '분열'임을 증명한다. 그것들은 '종파'의 명칭일 뿐이다!

이십여 년 전에 우리가 중국에서 주님에 의해 일으켜졌을 때, 이 진리의 빛을 보았기 때문에 모든 명칭의 종파를 떠났고, 지방이라는 교회의 하나의 터로 돌아와 집회하고 하나님을 경배하며 주님을 섬겼다. 비록 우리가 이렇게 모이기는 했지만, 감히 우리의 모임에 대해 어떤 명칭을 사용하려고 하지 않았다.

그 후 정부의 치안 기관이 우리의 모임에 대해 정부에 등록할 것을 요구했다. 등록하려면 반드시 명칭이 필요했다. 우리는 등록하기 위해

'그리스도인 집회소' 혹은 '교회 집회소'라는 명칭을 사용했다. 우리가 당초 이러한 명칭을 사용한 것은 그곳이 단지 우리가 모이는 장소를 가리킬 뿐 우리의 모임을 가리키지 않게 하기 위해서이다. 우리는 이렇게 모이는 장소로 불렀을 뿐 우리의 모임에는 어떤 명칭도 없었다.

우리의 소망 — 교통과 하나를 추구함

우리의 모임은 어떤 명칭을 갖고자 하지 않으며, 어떤 명칭이 있어서도 안 된다. 그러면 우리의 모임은 어떤 것인가? 우리의 모임은 한 무리의 하나님의 자녀들이 하나님의 긍휼과 빛 비춤을 받아, 그분의 은혜로 말미암아 한 지방에서 교회가 잃었던 위치로 돌아와 함께 모이고, 성경의 진리에 따라 깨끗한 양심으로 영을 사용하여 경배하고 섬기는 것에 불과하다. 우리는 다만 교회의 일원에 불과할 뿐 결코 교회 전체가 아니다. 그러나 우리는 교회의 터 위에 서서 함께 모이고 경배하며 섬기고자 한다. 우리는 교회의 터 외에 오늘날 기독교 안에 있는 모든 종류의 터를 다 부정한다. 우리는 오늘날 기독교 안에 있는 어떤 명칭도, 어떤 조직도, 어떤 종파도 다 거절한다. 그러나 우리는 주님께 속한 사람들, 곧 주님 안에 있는 모든 형제자매들과 교통하기를 원한다. 비록 그들이 모두 각자의 종파 안에 있지만, 그들은 여전히 우리의 형제자매들이다. 비록 우리가 그들이 속해 있는 종파를 거절하고 그들이 서 있는 터를 부정하지만, 우리는 그들이 우리의 형제자매들이라는 점을 절대적으로 인정한다. 우리가 하나님의 긍휼과 빛 비춤을 받아 교회의 터로 돌아와 어떤 명칭도 어떤 인간에 속한 조직도 없는 것처럼, 그들도 동일한 긍휼과 빛 비춤을 받아 교회의 터 외에 모든 것을 벗어 버리기를 원한다. 우리는 모든 하나님의 자녀들이 교회의 순수한 터 위에서 동일하게 하나에 이르기를 원한다. 우리는 특별한 사람들이 아니기 때문에, 우리의 모임을 표방하기를 원하지 않고 우리의 모임이 어떤 명칭을 갖는 것도 원하지 않는다. 주님께서 그분의 교회와 교회의 길을 축복하시기 바란다!(말씀의 사역, 제1기, 1951년 7월 1일)

이 땅 위의 교회들은 지방적으로만 구분됨

이번에 주님의 안배로 동역자들이 함께 모일 기회가 있었다. 각지 교회의 상황을 이야기하면서 우리는 몇몇의 각 지방에 있는 교회들이 자칭 '지방 교회'라고 하고, 대다수의 교회들이 '그리스도인 집회소'를 그 지방에 있는 교회의 명칭으로 사용하는 것을 발견했다. 이것은 심각한 오류이다. '지방 교회'가 명칭이 아닌 것은 '지방 교회'라는 말은 단지 이 땅 위의 교회가 지방을 범위로 한다는 것을 나타낼 뿐이기 때문이다. '그리스도인 집회소'를 더욱 교회의 명칭으로 삼을 수 없는 것은 '그리스도인 집회소'는 교회가 집회하는 건물과 장소를 가리키는 것일 뿐이지 사람을 가리키는 것이 아니기 때문이다. 그러므로 오늘 이후로 각지의 형제자매들은 특별히 이 문제를 분명하게 분별할 수 있기를 바란다. 우리는 '지방 교회' 형제들이 아니며 더더욱 '집회소' 형제들도 아니다. 우리는 다만 어느 지방에 있는 하나님의 교회 안에 있는 형제들이거나, 어느 지방에 있는 그리스도의 교회 안에 있는 형제들이다. 우리의 명칭은 '지방 교회'가 아니며 더더욱 '그리스도인 집회소'도 아니다. 우리는 어느 지방에 있는 하나님의 교회이다. 가령 난징(南京)에 있는 형제들은 자신들을 '지방 교회' 형제들이라고 불러서는 안 되며, 더욱이 자신들을 '집회소' 형제들이라고 불러서도 안 된다. 그들은 자신을 '난징 교회'라고 부르거나 '난징에 있는 하나님의 교회'라고 불러야 한다.

우리는 이 땅에서 교회에게 지방적인 구분이 있고 또한 지방을 중요시한다는 것을 믿어 왔다. 성경에는 오직 '고린도에 있는 하나님의 교회'(고전 1:2)가 있고, '그리스도 안에 있는 데살로니가 사람들의 교회'(살전 1:1)가 있으며, '성도들의 모든 교회들'(고전 14:33)이 있다. 이것은 교회가 하나님께 속하고 그리스도께 속하며 성도들에게 속하는 동시에 지방을 범위로 한다는 뜻이다.

그러므로 각지 교회들은 앞으로 편지를 쓸 때, 어떤 경우에도 '그리스도인 집회소 알림'이나, '그리스도인 집회소 드림' 혹은 '그리스도인 집회소에게'라고 하지 않기를 바란다. 왜냐하면 그것은 건물이지 결코 사람을 가리키지 않기 때문이다. 건물은 편지를 쓰거나 보내거나 받을 수 없다. 예를 들어, 누가 상하이 교회에게 다음과 같이 주소를 써서 보냈다고 하자. 즉 그가 '상하이 난양루 145호 그리스도인 집회소에게'라고 쓴다면, 상하이 교회는 그 편지를 받을 수 없게 된다. 왜냐하면 '상하이 난양루 145호 그리스도인 집회소'는 모이는 장소이지 교회가 아니기 때문이다. '난양루 145호 그리스도인 집회소에 있는 상하이 교회에게'라고 쓰거나 '상하이에 있는 하나님의 교회'라고 쓰거나 '상하이에 있는 그리스도의 교회'라고 쓴다면, 모두 괜찮다. 교회는 살아 있는 인격이기 때문에, 그렇게 하면 상하이 교회는 그 편지를 받을 수 있게 된다.

우리는 이것을 작은 일로 여기지 말아야 한다. 일단 우리가 지방의 터를 소홀히 하면 증거를 잃어버리게 된다. 그러므로 여러분은 이 점에 있어서 신중하게 주의를 기울여야 한다.

교회의 길
(부제: 교회생활에 관한 더 전진된 말씀)

초판 발행일/ 1988년 11월 15일
개정판 1쇄/ 2019년 8월 23일
개정판 3쇄/ 2025년 5월 13일
저자/ 워치만 니
역자/ 한국복음서원 편집부
발행인/ 이희득
발행처/ 한국복음서원
등록/ Ⓡ1978.3.6. 제16-12호

주소/ 경기도 성남시 중원구 사기막골로 124,
SKn테크노파크 비즈센터 B210호 (13207)
전화/ 1600-3191
팩스/ 031) 709-3389

ISBN/ 978-89-6737-886-8 03230

http://www.kgbr.co.kr
E-mail:kgbr@kgbr.co.kr

정가 13,000원